쉬지 않는 기도

쉬지 않는 기도

행복한 삶으로 초대하는 기도 실천서

초판 1쇄 인쇄 | 2020년 2월 06일
초판 2쇄 발행 | 2022년 4월 14일

지은이 | 김석년
발행인 | 강영란
편집 | 강혜미, 권지연
디자인 | 트리니티
마케팅 및 경영지원 | 이진호

펴낸곳 | 도서출판 샘솟는기쁨
주소 | 서울시 충무로 3가 59-9 예림빌딩 402호
전화 | 대표 (02)517-2045
팩스 | (02)517-5125(주문)
이메일 | atfeel@hanmail.net

홈페이지 | https://blog.naver.com/feelwithcom
페이스북 | https://www.facebook.com/publisherjoy
출판등록 | 2006년 7월 8일

ISBN 979-11-89303-24-2(03200)

이 도서의 국립중앙도서관 출판예정도서목록(CIP)은
서지정보유통지원시스템 홈페이지(http://seoji.nl.go.kr)와
국가자료종합목록 구축시스템(http://kolis-net.nl.go.kr)에서
이용하실 수 있습니다. (CIP제어번호 : CIP2020004817)

※책값은 뒤표지에 있습니다.
※잘못 만들어진 책은 바꿔 드립니다.

예수와 함께하는 하루하루

쉬지 않는 기도

김석년 지음

샘솟는
기쁨

기도 여행에 초대합니다

프롤로그

기적이다. 내가 '기도'를 주제로 책을 쓰다니 말이다. 나는 기질상 명상이나 사색보다 순간적인 직관에 반응하고 기민하게 행동하는 편이었다. 예수님의 제자 중 우레의 아들이라 불렸던 사도 요한과 같았다고나 할까. 그런 내가 기독교 신앙에서 가장 깊고 높고 심오한 기도에 관해, 그것도 '이렇게 기도하라'고 권유하는 책을 쓰다니 아무리 생각해도 기적이 아닐 수 없다. 은혜, 이 두 글자 외에 달리 설명할 길이 없다.

시간을 정해두고 오래 기도하기보다 짧고 진하게 기도하고, 보다 활동적인 사역들에 매진해왔다. 되돌아보면 그저 목사이기에 의무감으로 새벽 기도를 수행하는 평범한 기도자였던 것이다. 그러나 쉬지 않는 기도에 대한 갈망은 끊임없었다.

인생의 한계와 버거운 사역 속에서 더 깊은 기도, 더 많은 기도, 더 친밀한 기도를 하고 싶었다. 그러던 어느 날, 은혜는 갑작스레 찾아왔다. 마치 마른 하늘에서 벼락이 내리꽂히듯 쉬지 않는 기도가 무엇인지, 어떻게 쉬지 않고 기도할 수 있는지 깨닫게 되었다. 그때부터 지금까지 날마다 쉬지 않는 기도를 이어가고 있다. 요즘 나는 생의 그 어느 때보다 평온하고 행복하고 넉넉하다.

"험한 세월 가고, 아아, 평온하다. 이리도 넉넉하고 충만한 것을….."

사실 2천 년 기독교 역사 속에 기도를 다룬 책은 셀 수 없이 많다 해도 과언이 아니다. 통찰력 있는 훌륭한 기도서들이 이미 즐비하다. 하지만 그 대부분이 기도에 '관한' 책이다. 기도 신학과 이론이거나, 예배 의식용이거나, 또는 성경의 주요한 기도문을 해설하거나, 아니면 기도의 거장들을 살펴보며 더 많이 기도하고 더 열심히 기도해야 한다고 독려하고 있다. 그러다 보니 막상 기도의 필요를 깨닫고 기도하기로 마음먹은 이들에게 실제적인 지침과 가이드가 되어줄 만한 책이 그다지 보이질 않았다.

진정 우리에게 필요한 것은 기도에 관한 지식이 아니라 기도하는 능력이다. 이 책은 이런 실제적 필요를 향한 하나의 작은 응답일 것이다. 오랫동안 나처럼 기도하지 못했던 사람들과 또 제대로 기도하고 싶은 갈망을 가진 모든 이들을 위해 이 책을 나누고 싶다. 물론 이 책만으로 모든 기도에 통달할 수는 없다. 한 가지 분명한 것은 이 책을 읽는 만큼 더 기독교 신앙에 침잠하게 하게 되고, 더 하나님께 친밀히 기도하게 될 것이라는 사실이다. 기도의 첫 단추를 꿰고자 하는 누구에게나 힘이 되어 줄 것이다.

이 책의 구성을 먼저 언급하고자 한다. 도움이 될 것이다.

PART 1은 쉬지 않는 기도가 무엇인지, 우리가 어떻게 쉬지 않고 기도할 수 있는지 그 과정을 간단하게 설명한다. PART 2~4는 쉬지 않는 기도의 근간인 정시기도를 이야기한다.

PART 2는 '사도신경으로 드리는 아침의 기도'이다. 교회와 나의 신앙고백인 사도신경을 묵상하며 하루를 기도로 시작하는 방법을 설명한다.

PART 3은 '십계명으로 드리는 정오의 기도'이다. 나와 세상을 살리는 사랑의 법도인 십계명을 묵상하며 분주한 정오에 다시 믿음을 불러일으키는 기도를 나눈다.

PART 4는 '주기도문으로 드리는 밤의 기도'이다. 가장 완전하고 풍성한 기도인 주기도를 묵상하며 하루의 일과를 갈무리하고 모든 일을 주님께 맡기는 기도를 다룬다.

PART 2~4는 각 10장으로 구성되어 있으며, 열흘간 아침, 정오, 밤마다 실제로 정시기도를 연습할 수 있도록 짜여 있다.

특히 별책 『쉬지 않는 기도 연습』은 책의 내용을 바탕으로 쉬지 않는 기도를 실천하도록 고안된 기도 실천서이다. 이는 고단한 일상 속에 쉬지 않고 기도하길 원하는 누구에게나 영적 나침반이 되어줄 것이다.

이 거룩한 기도 여행에 앞서 한마디 하고 싶다. 기도를 향한 막연한 부담을 내려놓으라는 것이다. 쉬지 않는 기도를 향한 여정은 결코 힘겹지 않다. 도리어 이 세상 어떤 여행보다 매일 매일 기대되는 충만한 시간이 될 것이다. 그러니 언제나 두 가지, 하나님을 사랑하는 마음과 지금 여기에서 시작하는 용기만 준비하자.

하나님은 멀리 계시지 않는다. 그리스도의 영 성령으로 내 안에, 나와 함께, 내 주변 모든 것들과 함께 계신다. 혼자서 산책할 때, 친구들과 대화

할 때, 식구들과 식사할 때, 노동의 현장에서 고달픈 시간을 보낼 때, 문제로 인하여 좌절하거나 낙심할 때, 심지어 실수와 죄악 가운데 있을 때도 주님께서 그곳에 우리와 함께 계시니 우리는 그저 그분을 찾고 부르기만 하면 된다.

쉬지 않는 기도에는 왕도가 없다. 그저 일상의 작은 길, 작은 봉우리부터 꾸준히 걷고 오르는 연습을 해야 한다. 종종 원치 않게 중단되거나 분주한 일상에 떠밀려 끊어지기도 하지만, 하나님을 사랑하는 마음만 있으면 언제든지 다시 시작할 수 있다. 바로 이 기도서가 우리의 거룩한 기도 여행에 좋은 동반자가 되어주기를 간절히 기도하는 바이다.

> 내가 여호와께 바라는 한 가지 일
> 그것을 구하리니
> 곧 내가 내 평생에 여호와의 집에 살면서
> 여호와의 아름다움을 바라보며
> 그의 성전에서 사모하는 그것이라
>
> _시 27:4

2020. 02. 15.

日殉 김석년 목사

PART 3
십계명으로 드리는 정오의 기도

PART 4
주기도로 드리는 밤의 기도

쉬지 않는 기도를 위하여

"모든 기도와 간구를 하되 항상 성령 안에서 기도하고 이를 위하여 깨
어 구하기를 항상 힘쓰며 여러 성도를 위하여 구하라" _엡 6:18

기도 생활을 다시 새롭게 시작하고 싶은 사람, 나아가 쉬지 않고 기
도하기를 습득(習得), 터득(攄得), 체득(體得)하기 원하는 사람을 위해 이
책이 쓰여졌다. 쉬지 않는 기도를 하고자 한다면 다음의 특별한 태도
를 유지할 것을 제안한다.

1. 먼저 선입관을 내려놓고 1장에서 4장까지 한 번 완독하라.
2. Workbook 『쉬지 않는 기도 연습』을 가지고 다니면서 순서에
   따라 열흘간 매일 아침, 정오, 밤에 정시기도를 하라.
3. 정시기도를 처음 시작한 뒤 한동안은 반드시 『쉬지 않는 기도』
   와 『쉬지 않는 기도 연습』에 나와 있는 기도문으로 기도하라.

4. 기도의 주제와 의미가 불분명할 때는 다시 그날의 해설을 찾아 정독하고 묵상하라.

5. 정시기도 사이에 하루 최소 30번 이상 네 마디의 항시기도(1부 단숨기도 참조)를 드려라.

6. 쉬지 않는 기도를 익히는 동안 나의 영적이고 외적인 변화를 영성 일기로 기록하라.

7. 훈련 중에 부득이한 사정으로 기도를 놓쳤더라도 그날의 것으로 다시 시작하라.

8. 의무감이 아닌 하나님을 향한 사랑으로 천천히 꾸준히 즐기면서 주님과 함께 기도하라.

9. 기도는 프로그램이 아니기에 일평생 죽는 순간까지 기도자로 살 것을 다짐하라.

10. 가정이나 교회에서 소그룹을 구성하여 매일 1과씩 집중적으로 훈련할 수 있다.

"기도는 모든 것을 변화시킨다. 무엇보다 내 자신을, 그리스도를 닮은 존재로 변화시킨다."

PART 1

쉬지 않는 기도, 예수 기도

항상 기뻐하라 쉬지 말고 기도하라 범사에 감사하라 이는 그리스도 예수 안에서 너희를 향하신 하나님의 뜻이니라
대살로니가전서 5.16.17.18.

1

쉬지 않는 기도로의 초대

하루는 러시아의 한 크리스천이 예배드리다가 "쉬지 말고 기도하라"는 말씀을 듣고 큰 감동을 받았다. 그는 진정 그렇게 살고 싶었다. 그래서 목회자들을 찾아다니며 어떻게 하면 쉬지 않고 기도할 수 있는지 그 방법을 물었으나, 저마다 일반적인 가르침만 내놓을 뿐 구체적인 해답을 얻을 수 없었다.

쉬지 않는 기도를 하고 싶다는 열망에 이끌린 그는 순례의 길을 떠난다. 그 여정에서 만난 스승을 통해 『필로칼리아』라는 책을 알게 되었는데, 이는 기독교 교부들, 수도자들의 가르침이었다. 그 책에서 교회사 대대로 전승되어 온 '예수 기도'를 배울 수 있었고, 그것을 꾸준히 훈련하면서 마침내 그는 쉬지 않는 기도의 사람이 될 수 있었다.

바른 기도가 중요하다

이는 한 사람만의 이야기일까? 아마 거듭난 하나님 자녀라면 누구나 기도하길 원할 것이다. 그러나 상당수의 기도자들은 이처럼 기도하길 원하면서도 정작 어떻게 기도해야 할지 알지 못한다. 더 많은, 더 오랜, 더 깊은, 더 친밀한 기도를 향한 바람은 있어도 막상 기도의 자리로 쉬이 나아가질 못한다. '내 기도하는 그 시간 그때가 가장 즐겁다'라고 찬송을 부르지만 기도 시간이 그만큼 즐겁지 않다. 기도가 너무 짧고, 너무 적고, 너무 형식적일 때가 많다. 5분만 기도해도 금세 기도거리가 바닥이 나고 그마저 온갖 일과로 산만하여 집중하기 어려워 결국 기도를 포기하기 일쑤이다.

어떤 이들은 열심히 기도한다. 하지만 그 속내를 들여다보면 기독교의 기도라기보다는 차라리 샤머니즘에 가까운 경우가 많다. 자녀와 교회와 나라를 위해 기도한다고 해도 먼저 하나님의 뜻을 헤아리지 않고 자기 소유, 성공, 번영에 온통 맘이 쏠려 있기 때문이다. 그리하여 아무리 열심히 기도해도 하면 할수록 진정한 기독교와는 점점 더 멀어지는 비극이 벌어지고 있다.

기도는 하는 것도 중요하지만 '어떻게' 하느냐가 더 중요하다. 내 맘대로 기도하는 것이 아니라 성경에 계시된 말씀기도와 2천 년 역사를 이어 온 전승기도를 먼저 배워야 한다. 그렇다면 성경은 우리에게 어떻게 기도하라고 말씀하는가?

"쉬지 말고 기도하라"(살전 5:17)

"나는 너희를 위하여 기도하기를 쉬는 죄를 여호와 앞에 결단코 범하지 아니하고"(삼상 12:23)

"모든 기도와 간구를 하되 항상 성령 안에서 기도하고"(엡 6:18)

성경은 기도가 쉬지 않고 하는 것이고, 항상 하는 것이라고 말씀한다.

대다수의 크리스천은 이 이야기에 혀를 내두를지도 모른다. 가뜩이나 하루 일과가 분주하고 할 일 많은 세상에서 쉼 없이 기도를 한다는 게 도무지 가능해보이지 않기 때문이다. 그러나 하나님은 신실하시다. 자녀에게 불가능한 일을 요구하지 않으신다.

기도는 생각에 달려있다. 우리의 생각이 항상 하나님께로 향할 때 (그러려면 어느 정도 훈련이 필요하다) 자연스럽게 일상에서 기도가 쉬지 않고 흐르게 된다. 음악을 좋아하는 이라면 쉽게 이해할 수 있을 것이다.

언제나 음악 채널에 라디오 주파수를 고정시켜 놓으면 무슨 일을 하고 있더라도 일과 전반에 음악이 배경(BGM)으로 흐르게 된다. 이와 같이 우리의 생각이 하나님께 고정되어 있으면 일상 전반에 걸쳐 성령의 온전한 지배가 일어나고, 어떤 상황이든지 순간순간 하나님과의 대화가 이루어진다. 이것이 바로 쉬지 않고 기도하는 것이다.

다양한 기도를 배우라

쉬지 않는 기도는 하루아침에 이루어지지 않는다. 먼저 상황에 따른 다양한 기도를 배우고 연습하는 시간이 필요하다. 그동안 우리는 "주여 삼창"으로 시작하는 합심기도나 통성기도는 많이 해서 익숙하지만, 아쉽게도 기독교 역사에 전승되어 온 넓고 깊은 기도의 세계는 풍성히 경험하지 못했다. 그러나 기독교 영성에는 그 주제와 방식에 따른 다양한 기도가 존재한다.

- 친밀한 기도: 고백 기도, 성찰 기도, 임재 기도, 충만 기도 등
- 말씀의 기도: 주기도, 십계명 기도, 사도신경 기도, 성구 기도 등

- 중보의 기도: 손가락 기도, 파장 기도 등
- 영성의 기도: 묵상 기도, 연상 기도, 찬양 기도, 금식 기도,
  신유 기도, 은사 기도 등
- 단숨의 기도: 성호 기도, 화살 기도 등
- 간구의 기도: 필요 기도, 일과 기도, 제목 기도, 사건 기도 등
- 공동체 기도: 통성 기도, 합심 기도, 깃발 기도 등

이런 다양한 기도들은 마치 집을 짓는 목수의 연장과도 같다. 목수는 망치만으로 집을 지을 수 없다. 적재적소에 필요한 다양한 연장이 있어야 완벽한 집을 지을 수 있듯, 크리스천 역시 다양한 기도를 익혀야 항상 성령 안에서 적시적소에 합당하게 기도할 수 있다.

쉬지 않는 기도를 온전히 누리며 살았던 필리핀 영성가이자 문맹자의 사도로 불리는 프랑크 라우바흐(Frank C. Laubach)는 "내가 해야 할 것은 하나님과 끊임없이 마음으로 대화하며 그분의 뜻에 온전히 순종하여 이 시간을 영광스럽고 풍성하게 만드는 것입니다. 이것이 내 생각의 전부입니다. 나머지는 하나님께서 하실 것입니다"라고 고백했다.

이렇듯 쉬지 않고 기도하는 사람은 언제나 평안하고 안전하다. 지금 이 순간 하나님께서 나와 함께 하신다는 확신이, 모든 것을 하나님께서 책임지실 것이라는 믿음이 있기 때문이다. 이러한 영적 풍요는 특별한 사람에게 주어지는 것이 아니라 쉬지 않고 기도하는 누구에게나 주어지는 은혜이다.

오래전 인터넷에서 본 감동적인 사진 한 장이 있다. 아마도 1960대 경

노무라 모토유키(Nomura Motoyuki) 목사, 〈청계천변 판자촌 거주민〉

쉬지 않고 기도하는 사람은 언제나 평안하고 안전하다.
지금 이 순간 하나님께서 나와 함께하신다는 확신이,
모든 것을 하나님께서 책임지실 것이라는 믿음이 있기 때문이다.

으로 보이는데, 한 어머니가 예배당에서 아이를 들쳐 엎고 무릎을 꿇은 채 간절히 기도하는 모습을 사진에 담은 것이다. 기도하는 어머니의 모습이 얼마나 간절한지 보는 이의 마음까지도 뭉클하게 한다. 먹고 살기 힘들었던 그 시절, 우리 어머니들은 기도를 통해 모든 역경을 극복했다. 어머니의 등 뒤에 엎인 아이를 보라. 그 기도 안에서 즐겁고 평온하게 놀고 있지 않은가. 바로 이것이 기도의 능력이요 기도의 은혜이다.

오래전 한 크리스천이 쉬지 않는 기도를 하고자 순례의 길을 떠났던 것처럼 이제 우리도 기도를 향한 여행을 떠나보자. 그 길에서 만날 뜻밖의 주님을 기대하자. 날마다 하나님과 대화하고 동행하면서 매순간 놀라운 일(every moment surprising)을 경험하게 될 것이다.

$$\overset{\diagup}{2}$$

기도의 원리

세계적인 영성가 리처드 포스터(Richard Foster)가 내한하여 강의를 한 적이 있다. 그는 강의 후 질의문답 시간에 참가자들과 대화를 나눴는데, 그때 어떤 사람이 기도란 무엇인지 한마디로 정의해 달라고 요청했다. 그러자 그는 곰곰이 생각하고 나서 이렇게 답했다. "기도는 하나님과의 사귐입니다."

그의 대답에서 우리는 기도의 진면목을 본다. 기도는 사귐이다. 사귐이란 누군가를 만나 친밀함을 쌓아가는 과정이다. 상대를 더 많이 알아가고, 상대를 더 깊이 느껴서 마침내 서로를 누리게 되는 것이다. 그리스도인은 그 누구보다 하나님과 사귐을 쌓아가는 사람들이다. 그분과 친밀한 관계를 맺어가는 사람들이다. 성경은 분명히 말씀한다. "여호와의 친밀하심이 그를 경외하는 자들에게 있음이여 그의 언약을 그들에게 보이시리로다"(시 25:14)

하나님과의 사귐에 기도보다 더 좋은 통로는 없다. 기도로 하나님과의 사귐을 쌓아갈수록 친밀감 또한 더욱 깊어지게 된다. 일찍이 이 사실을 깨달았던 중세 영국의 영성가 노르위치의 줄리안(Julian of Norwich)은 "주님, 제게 하나님 자신을 주옵소서. 저는 주님만 있으면 충분합니다. (중략) 오직 주님 안에 있을 때 저는 모든 것을 가진 것입니다"(The Book Thousand Prayers 74)라고 했다.

기도의 원리부터 체득하라

그렇다면 이런 사귐, 이런 기도를 어떻게 누릴 수 있을까? 무슨 일이든 원리가 중요하다. 먼저 원리를 바르게 배워야 어떤 상황에나 적용하고, 발전하며, 더 나은 재창조가 가능해진다. 쉬지 않는 기도의 기본 원리를 알아보자.

첫째로 내주(內住)하시는 하나님을 믿어야 한다. 예수를 그리스도로 영접한 자라면 누구에게나 예수의 영, 성령께서 내주하신다(고전 12:3). 그리스도께서 성령을 통해 항상 함께하고 계신 것이다. 성령은 임마누엘이시요, 보혜사(파라클레토스-돕는 자, 상담자, 변호자)이시다(요 14:16-17). 성령은 항상 내 안에서 나를 위로하고 격려하며 인도하신다. 또 기도로 아버지께 나아가게 하고, 기도할 것을 생각나게 하며, 쉬지 않고 기도하게 하신다. 쉬지 않는 기도는 이러한 성령께서 내 안에 거하신다는 진리를 인식하는 것으로부터 시작한다. 우리는 혼자일 때도 혼자가 아니다. 이 순간 나와 함께하시는 임마누엘, 보혜사 성령 하나님을 믿고 느껴보라.

"오, 파라클레토스 성령 하나님! 내 안에 거하심에 감사합니다. 충만히 임하소서. 하나님께 더 가까이 나아가도록 인도하소서."

둘째로 가난한 마음으로 기도해야 한다. 기독교 신앙의 대전제는 언제나 '가난한 마음'이다. 곧 하나님 앞에 내가 죽을 수밖에 없는 죄인이요, 한 없이 비천한 자요, 아무것도 할 수 없는 무력한 존재임을 스스로 인정하는 것이다. 오직 하나님을 바라며 긍휼과 자비를 구하는 것이다.

우리에게 이런 가난한 마음이 있을 때만 쉬지 않는 기도가 가능하다. 생각해보라. 하나님을 의지하지 않고서 어떻게 우리가 항상 깨어 그분을 의식하고 그분께 나아갈 수 있단 말인가? 하나님 없이 할 수 있는 일도 없고 되는 일도 없다는 아니, 한순간도 살 수 없다는 가난한 마음이 있어야 비로소 쉬지 않고 기도할 수 있다.

"오, 키리에 엘레이손! 주여, 나를 불쌍히 여기소서. 나는 가난하고 궁핍하오니 주의 귀를 기울여 내게 응답하소서(시 86:1)."

셋째로 하나님 자신을 구해야 한다. 우리의 기도는 대체로 일의 성취나 고민의 해답 등 무언가를 '얻고자 함'에 초점이 맞춰져 있다. 그러나 우리가 구하는 것들 중 그 어느 것도 하나님 자신보다 중요한 것은 없다.

이제 기도의 우선순위를 바꾸자. 내 소원을 잠시 뒤로하고, 먼저 하나님 자신부터 구하라. 하나님을 향한 신앙고백, 사랑고백, 감사고백부터 드리는 것이다(시 18:1-2). 쉬지 않는 기도의 목표는 무엇을 얻는 것이 아니라 언제나 하나님과 사귐을 누리는 데 있다.

"나의 목표는 하나님 자신입니다. 어떤 값을 치르더라도 어떤 길을 가더라도 나의 사랑하는 주님이 나의 목표입니다. 나의 전부입니다."_오스왈드 챔버스(Oswald Chambers)

이를 위해서는 기도 중에 찬양을 활용하는 것이 좋다. 내주하시는 성령을 느끼면서 〈아버지 사랑합니다〉, 〈좋으신 하나님〉, 〈지존하신 주님

이름 앞에〉, 〈약할 때 강함 되시네〉, 〈나 무엇과도 주님을 바꾸지 않으리〉 등 찬양을 반복하고 집중하여 고백해보라. 주님은 내 안에 나는 주님 안에 거하는 신비한 합일을 경험하게 될 것이다. 그리하여 주님으로 인한 충만함을 누리게 되면 마치 해바라기가 태양을 향하듯 우리의 영혼이 지속적으로 그리스도께 이끌림을 받고, 더 이상 세상 무엇에 갈증을 느끼지 않는다. 삶의 어떤 순간에도 평안하고 자유하고 만족할 수 있다.

"오, 예수 그리스도시여! 사랑합니다. 주는 나의 주님이시오니 주 밖에는 나의 복이 없다 하였나이다(시 16:2)."

그분을 즐기자

쉬지 않는 기도는 내 안에 거하시는 하나님을 때마다 시마다 느끼는 것이다. 주님 없이 살 수 없다는 가난한 마음으로 하나님께 나아가는 것이다. 세상 그 무엇이 아니라 하나님 자신을 먼저 구하고 누리는 것이다.

수채화가 권오웅의 작품 〈주님과 함께〉는 이렇게 매일 쉬지 않고 기도하는 삶이 어떠한지를 우리에게 보여준다. 곧 우리가 쉬지 않고 기도할 때 그림 속 어린 아이들처럼 어떤 환경에서도 주님과 동행하고, 어떤 상황에서도 주님 손잡고 온 세상을 즐기며 기뻐하는 것이다. 우리가 주님과 동행하며 쉬지 않고 기도할 때 삶의 왼편에는 항상 기쁨이 있고 오른편에는 범사 감사가 있다(살전 5:16-18). 그러니 이제 무엇을 구하는 데 그치지 말자. 오늘부터 쉬지 않는 기도로 인하여 주님을 즐기자. 주님을 즐기는 것이 최고의 기도요, 최고의 행복이다.

권오웅, 〈주님과 함께〉

주님으로 인한 충만함을 누리게 되면
마치 해바라기가 태양을 향하듯 우리의 영혼이 지속적으로 그리스도께 이끌림을 받고,
더 이상 세상 무엇에 갈증을 느끼지 않는다.

당신 입에서 나온 두 마디가

내 삶을 바꾸었어요.

"나를 즐기렴."

(중략)

기도의 밤 후에

그분이 노래하실 때

그분은 내 삶을 바꾸셨어요.

"나를 즐기렴".

_아빌라의 테라사(Teresa of Avila), 기도시 'Enjoy Me' 중에서

3

아침의 기도

사람은 사랑으로 산다. 사랑받고 사랑하며 살아야 한다. 그런데 이 사랑을 제대로 하기가 참 쉽지 않다. 사랑을 잘한다는 것은 대체 어떤 의미일까? 사랑은 상대를 위해 무슨 대단한 일을 하는 것이 아니다. 그와 함께 시간을 보내고, 서로 친밀하게 사귀고 나누는 것이다.

그런데 언제부턴가 우리는 바쁜 시간에 쫓겨, 또 먹고 살기 바빠 사랑조차 해치우려 한다. 사랑을 해결해야 할 과제쯤으로 여긴다. 그러나 사랑은 서로를 즐기는 것이다. 서로를 갈망하며 함께 시간을 보내는 것이다. 편안하게 이런저런 얘기, 쓸데없는 이야기를 나누는 것이다. 이것이 사랑이요 사랑을 잘하는 것이다.

영국의 작가 사무엘 코울리지(Samuel Coleridge)는 "사랑을 잘하는 사람이 기도도 잘한다"고 말했다. 기도 역시 하나님과 사랑을 나누는 시간이기 때문이다. 하나님을 사랑하는 사람은 하나님과 함께 많은 시간을 보내기 원한다. 더 많은 이야기를 나누기 원한다. 즉 항상 쉬지 않고 기도하며 하나님을 즐기는 것이다. 날마다 더욱 하나님께 가까이 나아가는 것이다. 때마다 시마다 주님의 품에 거하며 하나님을 느끼고 누리는 것이다.

우리와 이런 사랑의 관계를 나누기 원하는 주님의 마음을 C. S. 루이스(Clive Staples Lewis)는『순전한 기독교』에서 이렇게 표현한다. "그리스도는 말씀하신다 (중략) 네 돈이나 네 일을 원하지 않는다. 나는 너를 원한다."

정시기도의 시작

주님의 품에 거하며 쉬지 않고 기도하기 위해서는 무엇보다 원리가 중요하다. 먼저 원리를 알고, 원리대로 배워야 한다. 또한 아는 정도로 그치지 말고 기도할 적마다 그 원리를 적용하여 어느 순간 완전히 온몸에 체득되도록 꾸준히 반복하고 연습해야 한다(딤전 4:8).

원리와 더불어 중요한 것은 실제로 쉬지 않고 기도할 수 있도록 일상 속에 기도의 근간(根幹)을 세우는 일이다. 근간이란 나무의 뿌리와 줄기, 곧 어떤 것의 중심을 가리킨다. 그렇다면 쉬지 않는 기도의 근간은 무엇인가? 바로 '정시(定時)기도'이다.

정시기도는 초대교인들이 하루 세 번 성전에서 기도했듯이(행 3:1), 또 옛 성현들이 삼성오신(三省吾身)했듯이, 우리도 성도로서 아침, 정오, 밤, 하루 세 번 시간을 성별하여 하나님께 기도하는 것이다. 하루에 한 번 기도하는 것도 어려운데 세 번이나 기도하라니, 누군가에게는 불가능한 일처럼 느껴질 수 있다.

그래서 나는 누구나 하나님을 생각하며 하루 세 번 기도할 수 있도록 정시기도의 원형을 정해두었다. 즉 아침에는 사도신경, 정오에는 십계명, 밤에는 주기도를 중심으로 기도하는 것이다. 정시기도는 아침의 기도로 아침에 잠자리에서 눈을 뜨면서 시작한다. 혹은 새벽예배에서 하늘을 향해 두 손을 살포시 올리고 입을 열어 그날의 첫 마디, 첫 고백을 하나님께 드리는 것이다. 시편 5편은 아침기도의 전형이다. 시편의 저자는 아침에 눈을 뜨며 이렇게 기도한다.

"여호와여 아침에 주께서 나의 소리를 들으시리니 아침에 내가 주께 기도하고 바라리이다"(시 5:3)

이런 아침의 기도는 매일 아침에 영적 첫 단추를 꿰는 일이라 할 수 있다. 지금 바로 예시를 따라 한 단어 한 단어 뜻을 새기며 사도신경으로 아침을 여는 기도를 드려보자.

아, 행복한 새 날입니다. 감사합니다.
오늘도 하나님의 사랑받은 자로서 자녀답게 살겠습니다.
이 아침, 주님을 향한 나의 신앙을 다시 새롭게 고백합니다.

나는 전능하신 아버지 하나님, 천지의 창조주를 믿습니다.
나는 그의 유일하신 아들, 우리 주 예수 그리스도를 믿습니다.
그는 성령으로 잉태되어 동정녀 마리아에게서 나시고,
본디오 빌라도에게 고난을 받아 십자가에 못 박혀 죽으시고,
장사된 지 사흘 만에 죽은 자 가운데서 다시 살아나셨으며,
하늘에 오르시어 전능하신 아버지 하나님 우편에 앉아 계시다가,
거기로부터 살아있는 자와 죽은 자를 심판하러 오십니다.
나는 성령을 믿으며,

거룩한 공교회와 성도의 교제와 죄를 용서 받는 것과

몸의 부활과 영생을 믿습니다. 아멘.

오 주 하나님, 오늘 하루 언제 어디서나 무엇에든지

신앙고백적 삶을 살게 하시어

오늘도 나로 인하여 주의 나라 주의 뜻 이루어지게 하소서.

예수님의 이름으로 기도합니다. 아멘.

그런데 왜 하필 사도신경으로 아침의 기도를 드려야 할까? 그것은 검증된 신앙고백을 통해 다양한 영적 유익을 누릴 수 있기 때문이다. 사도신경으로 기도할 때 자신의 정체성을 확인하고 하나님 자녀답게 살게 된다. 삼위일체적으로 균형 잡힌 그리스도인으로 자라나게 된다(엡 4:13). 하루 시작부터 하나님과 동행하는 신앙고백적 삶을 살게 된다. 하나님의 보호하심과 인도하심을 받는 은혜를 누리게 된다. 신앙고백에서 나오는 믿음으로 인하여 실제로 임마누엘 구원을 경험하게 된다. 무엇에든지 하나님과 동행하여 주의 나라 주의 뜻을 이루어 가게 된다. 그리고 무엇보다 하루의 처음 것을 통해 하나님께 예배하고 영광을 돌리므로 내 안에 주의 사랑이 충만해져서 하루를 믿음으로 승리하게 된다.

"오직 나는 주의 풍성한 사랑을 힘입어 주의 집에 들어가 주를 경외함으로 성전을 향하여 예배하리이다"(시 5:7)

홍혁기, 〈주님의 품〉

쉬지 않는 기도는 우리가 하나님을 더 사모하고, 즐기게 한다.
어떤 응답이 필요한 게 아니라
그 자체로 기쁨이요 평안이요 만족이요 감사인 것이다.

하루를 주님 품에서

쉬지 않는 기도는 우리가 하나님을 더 사모하고, 즐기게 한다. 어떤 응답이 필요한 게 아니라 그 자체로 기쁨이요 평안이요 만족이요 감사인 것이다. 우리가 이 쉬지 않는 기도를 누리기 위해서는 먼저 정시기도부터 바로 세워야 한다. 만일 정시기도가 불가능하다면 쉬지 않는 기도 역시 불가능할 것이다. 정시기도가 언제나 첫 걸음이다.

자, 오늘부터 아침마다 눈을 뜨는 대로 사도신경으로 기도를 드려보자. 새날을 주신 하나님께 감사하며 나의 신앙을 올려드리는 것이다. 거기에 찬양의 고백을 더하면 금상첨화, 주님의 품에 거하는 만족을 누리게 될 것이다. 기도를 통해 날마다 주님의 품에 거하는 행복을 누렸던 홍혁기 작가는 이렇게 노래했다.

주님의 품은
가을 햇살보다
더 부드럽고 따스합니다.

주님의 품은
대지의 품속보다
더 넉넉하고 아늑합니다.

주님의 품은
깊고 깊은 바다 속보다

더 고요하고 신비합니다.

주님의 품은

세상에서 가장 든든한 철옹성보다

더 안전한 피난처입니다.

주님의 품은

내 영혼과 몸의

가장 편안한 쉼터입니다.

주님의 품보다

더 행복하고 더 믿음직한 데는

세상 어디에도 없습니다.

이 세상에 주님보다 더 좋은 것이 어디 있으랴. 기도로 주님을 즐기는 하루, 이보다 더 행복한 것은 없다.

4

정오의 기도

　우리가 어떤 영역에서 무슨 일을 하든지 기본적으로 갖춰야 할 것이 있다. 바로 체력이다. 체력은 기본 중의 기본이다. 체력이 따라주지 않으면 아무 일도 할 수 없다. 또 만일 일을 한다 해도 꾸준히 좋은 성과를 낼 수가 없다. 만화가 윤태호는 작품 『미생』에서 "네가 이루고 싶은 게 있거든 체력을 먼저 길러라. 평생 해야 할 일이라고 생각되거든 체력을 먼저 길러라"라고 했다. 체력이 만사의 근간인 것이다.

　마찬가지로 쉬지 않는 기도를 하기 위해서도 먼저 갖춰야 할 근간이 있다. 곧 정시기도이다. 정시기도는 하루 세 번 시간을 정해 아침에는 사도신경으로, 점심에는 십계명으로, 밤에는 주기도로 하나님 앞에 기도하는 것을 말한다. 이 정시기도가 없다면 쉬지 않는 기도를 할 수 없다. 아니, 가능하다고 해도 꾸준히 할 수 없다. 쉬지 않고 기도하길 원하는 사람은 반드시 정시기도부터 체득해야 한다.

십계명으로 드리는 기도

두 번째 정시기도는 정오(점심시간)에 드린다. 일반적으로 정오는 기도하기가 가장 어려운 시간일 것이다. 왜냐하면 분주한 일과의 한 중간에 있기 때문이다. 처리해야 할 일들이 산적해 있고, 복잡한 문제들이 떠밀려오는데 기도할 여유가 있겠는가? 그러므로 정오의 기도를 위해서는 특단의 조치를 취해야 한다.

먼저 점심식사 전후로 적절한 시간을 정해 기도 알람을 맞춰 놓으라. 그 다음은 무엇에도 방해받지 않는 나만의 골방을 마련하라. 직장이나 업무 공간 안에서 찾을 수 있다면 좋겠지만, 마땅치 않다면 가까운 공원 벤치나 차량 안을 이용할 수 있을 것이다. 또는 엘리베이터가 아닌 계단을 오르내리는 것도 한 가지 방법이다. 어디든 잠시 동안 나만의 시공간을 확보하는 것이다. 그리고 나서 십계명으로 이렇게 기도해보자.

오 하나님 아버지, 우리에게 신실한 사랑의 법도를 베푸서서
하나님 백성으로 하루하루 살아가게 하시니 감사와 찬양을 올려드립니다.

오전에도 은혜로 살았습니다. 감사합니다.
그럼에도 때때로 원치 않는 실수와 죄를 범했으니
키리에 엘레이손, 나를 불쌍히 여기소서.

이제 오후 시간도 하나님 자녀로 합당하게 살기 원합니다.
나를 도우소서.

마르크 샤갈(Marc Chagall), 〈모세가 십계명을 받다〉, 1963년 경

십계명은 하나님께서 자기 백성에게 주신 선물이다.
성경시대만큼 이 시대에 더욱 절실히 필요하다고 할 수 있다.

하나님 외에 다른 신을 섬기지 않겠습니다.

우상을 섬기지 않겠습니다.

하나님의 이름을 망령되게 하지 않겠습니다.

주일을 기억하여 거룩히 준비하겠습니다.

부모님을 공경하겠습니다. 살인하지 않겠습니다.

간음하지 않겠습니다. 도둑질하지 않겠습니다.

거짓말하지 않겠습니다. 탐욕하지 않겠습니다.

오 주 하나님, 내 힘으로 불가하오니 십자가 사랑을 부어주셔서

남은 하루도 저로 인하여 주의 나라 주의 뜻 이루어지게 하소서.

예수님의 이름으로 기도합니다. 아멘.

불행하게도 상당수 크리스천은 이 십계명을 구시대의 유물이나 현대 사회와 맞지 않는 관습이라 여기는 것 같다. 그러나 이는 십계명에 대한 오해이다. 프랑스 작가 마르크 샤갈의 〈모세가 십계명을 받다〉라는 작품을 보라. 그림을 보면 백성의 복잡다단한 일상 한 가운데, 우뚝 선 시내산 꼭대기에 모세가 서 있다. 모세는 그곳에서 하나님께 십계명을 수여받는데 마치 상이라도 받는 듯 찬란한 광채 속에서 즐거워한다. 이렇듯 십계명은 하나님께서 자기 백성에게 주신 선물이다. 성경시대만큼 이 시대에 더욱 절실히 필요하다고 할 수 있다.

오늘날 알 만한 명사들이 하루아침에 추락하는 것을 보라. 그들은 왜

그리 되었는가? 세상 무언가에 매여 있거나 자기만 생각하며 살기 때문이다. 십계명은 우리를 세상의 다양한 매임(우상, 시간, 물질, 관계 등)으로부터 자유롭게 하며, 하나님과 이웃을 사랑하고 배려하게 한다. 십계명을 통해 자유와 사랑을 누리는 것이다.

오후에는 몸이 나른해지며 피로가 쌓이고 마음이 흐트러지기 쉽다. 이 시간에 이처럼 십계명으로 기도하면 광야에서 샘물을 만나듯 하나님의 생수를 공급받을 수 있다. 열 가지 계명을 통해 자신에 대해 점검하고 성찰하면서 하나님 자녀답게 살 것을 새롭게 결단할 수 있다. 예기치 못한 어떤 상황에 놓이더라도 마음을 하나님께로 비끄러매어 주님과 동행할 수 있다.

십계명으로 기도할 때 두 가지를 잊지 말아야 한다. 하나는 성령의 감화에 민감하게 반응하는 것이다. 기도하는 중에 성령께서 마음에 깨달음이나 뉘우침을 주시면 그 즉시 회개하고 돌이켜야 한다. 그리고 그 회개에 합당한 처신도 뒤따라야 한다(마 3:8). 다른 하나는 모든 것을 하나님과의 사귐 안에서 하는 것이다. 기도는 억지로 힘들여 하는 일이 아니다. 얽매는 계율도 아니다. 기도는 사귐이다. 하나님과 사귐을 나누는 것이다.

그러므로 십계명으로 기도하기에 앞서, 또는 기도를 마치고 나서 하나님께 감사하고 사랑을 고백하라. 잊지 말자. 기도는 하나님과의 사귐이다.

하나님과 밀회를 나누라

리처드 포스터는 기도를 '하나님과의 밀회'라고 표현한 바 있다. 그렇게 보자면 정오의 기도야말로 분주한 일상에서 잠시 빠져나와 하나님과 친밀한 사귐을 누리는 사랑의 시간이 아닐까? 하나님께서는 멀리 계시지 않는다. 바로 우리집에, 직장에, 일과에 함께하신다. 이제 십계명을 통하여 일상의 한 가운데서 하나님과 깊은 사랑을 나누어보라. 우리가 기도하는 어느 곳이든, 바로 그곳이 성전이요 하나님 나라이다.

"주는 어느 곳에나 계시니, 여기에도 계실 것이 분명합니다."_성 안셀무스(St. Anselmus)

5

밤의 기도

프랑스 빈민의 아버지 아베 피에르(Abbe Pierre)는 인생을 가리켜 '사랑을 배우는 과정'이라고 말했다. 사랑할 줄 모르는 사람은 인생 또한 제대로 살 줄 모른다는 이야기이다. 그렇다면 사랑은 어떻게 해야 하는가? 무엇보다 사랑은 사귐이다. 서로를 알아가며 깊은 교제를 쌓는 것이다. 그것이 쌓일수록 서로의 친밀함도 점점 더 깊어간다. 마침내 서로를 떼려야 뗄 수 없는, 그야말로 그는 내 안에 나는 그 안에 머무는 사랑의 관계가 되는 것이다.

하나님을 사랑하고, 또 사랑받는 자라면 응당 하나님과 이런 관계를 누려야 한다. 바로 기도를 통해서 말이다. 우리는 기도를 통해 하나님과 사귐을 나눈다. 하나님을 알아가고, 하나님께 속삭인다. 그분이 내 안에 내가 그분 안에 거하는 평안을 누리고 신비한 힘을 얻는다.

삶의 매순간 기도를 통해 하나님과 이런 풍성한 관계를 누린 잔느 귀용(Jeanne Guyon)은 그 은혜를 이렇게 서술한다. "하나님과 하나가 될 때 주님 안에서 안식을 누리게 되고, 놀라운 방법으로 모든 신비를 계시 받고

40

가르침을 받게 됩니다."

주기도로 드리는 기도

우리가 쉬지 않는 기도를 통해 하나님과 친밀한 관계를 누리려면 하루 세 번 시간을 정해 정시기도를 드리는 것이 중요하다. 이제 그 중에 세 번째, 밤에 드리는 기도를 살펴볼 차례이다.

밤은 분주했던 일과를 마치고 하루를 갈무리하는 시간이다. 이 중요한 시간에 우리는 무엇을 하며 보내는가? 혹여 중요치 않은 무언가로 허비하진 않는가? 아니면 무거운 짐을 진 것처럼 해결할 수 없는 일들로 근심하고 있진 않는가? 이제 이러한 것들을 내려놓고 하루의 맨 끝자락을 하나님께 드리자. 지나간 하루 베푸신 은혜에 감사하고, 주님 뜻대로 살지 못한 것을 회개하며, 어둔 밤 잠든 동안의 모든 것을 위탁하고, 허락하실 새 날을 소망하며 하나님께 나아가는 것이다. 잠자리에 들기 전 마음의 준비, 환경의 준비가 되었다면 주기도문을 중심으로 이렇게 기도해보자.

오늘도 은혜로 살았습니다.
감사합니다.
이 하루 주께서 행하신 모든 일에
찬양과 영광을 돌립니다.

주님 뜻대로 살기에도 부족한 하루임에도
나의 연약함으로 실수한 것 많사오니,

키리에 엘레이손, 주여 저를 긍휼히 여기소서.

이 밤에 주께서 친히 가르쳐주신 기도로 간구하오니 받으시옵소서.

하늘에 계신 우리 아버지,

아버지의 이름을 거룩하게 하시며

아버지의 나라가 오게 하시며,

아버지의 뜻이 하늘에서와 같이 땅에서도 이루어지게 하소서.

오늘 우리에게 일용할 양식을 주시고,

우리가 우리에게 잘못한 사람을 용서하여 준 것 같이

우리 죄를 용서하여 주시고,

우리를 시험에 빠지지 않게 하시고 악에서 구하소서.

나라와 권능과 영광이 영원히 아버지의 것입니다. 아멘.

오 주 하나님, 우리의 힘으로 불가하오니

보혜사 성령의 능력으로

이 밤에도 주의 나라 주의 뜻 이루어지게 하소서.

예수님의 이름으로 기도합니다. 아멘.

　예배에 익숙한 이들은 주기도를 으레 예배 중에 하는 기도로 대수롭지 않게 여길지도 모르겠다. 그러나 주기도는 예수님께서 제자들에게 직접 가르치신, 우리에게 가장 필요하고 위대한 기도이다. 이 기도에는 하나님

박영, 〈기다리는 아버지〉

오늘도 망설임 없이 아버지께 나아가라.
우리의 하루를 살피신 하늘 아버지께서 이 밤에, 아니 내일도 함께하실 것이다.

을 향한 모든 찬양과 간구가 있고, 인간을 위한 모든 필요와 요청이 있다. 그래서 성 어거스틴(St. Augustine)은 "성경의 모든 거룩한 기도들이 주기도문에 포함되어 있다"고 했으며, 하이델베르크 교리문답서는 이 주기도문에 "우리의 영혼과 몸에 필요한 모든 것"이 담겨 있다고 명시했다.

무엇보다 주기도는 하늘에 계신 아버지를 향해 드리는 '자녀의 기도'이다. 전능하신 창조주 하나님을 나의 아버지로 고백하며 필요와 요청을 아뢰는 것이다. 더구나 오늘 밤 내가 잠든 사이에도 사랑하는 가족들, 교우들, 지인들, 병고에 신음하는 이들, 나라와 민족, 온 세상에 주의 나라와 권세와 영광이 임하도록 기도할 수 있다니 이 얼마나 위대한 시간인가?

그러므로 밤마다 주기도로 기도하는 것은 세상에서 가장 아름답고 복되게 하루를 마감하는 일이다. 다시 한 번 천천히 내용을 곱씹으며 경건한 마음으로 기도해보라. 우리가 주기도로 기도할 때 하나님께 영광이요 우리에게 평안이며 이 땅에 주의 나라와 뜻이 이루어지는 것을 보게 될 것이다.

주여, 제가 잠든 동안에도

나눔 화가로 널리 알려진 작가 박영의 그림 중에 〈기다리는 아버지〉라는 작품이 있다. 그림 속의 아버지는 호롱불을 밝힌 채, 밤 깊도록 홀로 쭈그리고 앉아 자식을 기다리고 있다. 도무지 언제 올지 알 수 없는 자식을 생각하며 애를 태우는 것이다.

이것이 바로 예수님께서 우리에게 알려주신 하나님의 모습이다(눅 15:24). 아버지 하나님께서는 언제나 우리가 나아오기를 기다리고 기대하고 계신다. 그러니 오늘도 망설임 없이 아버지께 나아가라. 우리의 하루를 살피신 하늘 아버지께서 이 밤에, 아니 내일도 함께하실 것이다.

"오 자비하신 하나님 아버지, 오늘 나를 보호하여 주심에 겸손히 드리는 나의 감사를 받으시고, 주의 친절하심을 보여주시고 밤 동안에도 나를 보호하여 주소서. (중략) 내가 평안하게 휴식하였다가 주를 섬기겠다는 열망으로 아침에 힘차게 깨어나게 하소서."_존 웨슬리(John Wesley)

6

단숨기도 (1)

하루는 세 살 난 손녀와 함께 시간을 보냈다. 호기심 많고 활기찬 손녀를 데리고 집 근처 쇼핑몰을 찾았다. 아이는 도착하자마자 이것저것 구경하며 신나게 뛰어다녔다. 그런데 정신없이 다니면서도, 오직 한 가지만은 잊지 않았다. 바로 할아버지의 시선이다.

아이는 어디서든 할아버지의 시선을 확인하며 놀았다. 때로는 정신없이 다니다가 시야에서 할아버지를 놓치면 순간 어쩔 줄 모르다가 다시 할아버지의 시선을 발견하고 나면 안심했다. 자신의 시야에서 할아버지를 놓치지 않는 것, 그것이 아이의 평안이며 행복인 것이다.

쉬지 않는 기도란 바로 이런 것이다. 우리의 마음, 우리의 생각, 우리의 시야에서 하나님을 놓치지 않아야 한다. 언제나 하나님의 시선 안에 머물러야 한다. 그리하여 어디에 있든, 누구와 있든, 무엇을 하든 하나님의 시선 안에서 하나님을 의식하며 행동해야 한다.

20세기 신학의 교부 칼 바르트(Karl Barth)는 "목표를 시야에서 놓치지 마라. 우리의 시작, 우리의 목표는 오직 그리스도이다"라고 했다. 이처럼 늘 주님을 시선에서 놓치지 않고, 또 그분의 시선에서 벗어나지 않게 머물러야 한다. 매일 매일 그렇게 사는 것이 우리의 평안이요 행복이다.

정시기도에서 항시기도로

연약한 죄인인 우리는 시선을 온전히 하나님께로 향하지 못하고 금세 흐트러지곤 한다. 아니, 그분을 전혀 의식하지 않고 살 때도 많다. 때문에 쉬지 않는 기도를 위해서는 먼저 시선을 하나님께 고정하는 연습부터 해야 한다. 이것이 지금까지 살펴본 정시기도이다.

정시기도는 분주한 일과를 잠시 멈추고 하나님의 시선을 확인하는 시간이다. 그 시선 안에서 평안과 행복을 누리는 시간이다. 이렇게 정시기도를 실천하고 있는 한 크리스천은 "오늘 무슨 일이 생기든 곧 기도하게 된다는 걸 알았어요"라고 고백한다. 이는 정해진 시간에 규칙적으로 기도하는 것이 얼마나 마음과 영혼의 평안에 중요한지를 알려준다.

이 정시기도 없이 쉬지 않고 기도하기란 여간 어려운 일이 아니다. 사실상 불가능하다. 하루 세 번도 하나님께 시선을 맞추지 못하면서 어떻게 쉬지 않고 기도를 한단 말인가. 언제나 정시기도부터 시작해야 한다. 먼저 정시기도부터 마음먹어야 한다. 지금 결단하고 바로 시도하라. 정시기도를 위해 알람을 맞춰라. 정시기도를 어디서 어떻게 할 것인지 결정하라.

그러나 정시기도만으로는 충분하지 않다. 쉬지 않고 기도하기 위해서는 정시기도의 틈을 메우는 항시기도가 더해져야 한다. 항시기도란 때마다 시마다 순간적으로 하나님을 찾는 것이다. 여러 말을 길게 하지 않고 그저 한 호흡으로 하나님을 부르는 것이다. 그래서 소위 '단숨기도'라고 한다. 나는 단숨기도를 위해 주로 네 단어를 사용한다.

- 하나님 아버지 (마 6:9)

- 키리에 엘레이손 (눅 18:38 주여 불쌍히 여기소서)

- 파라클레토스 (요 14:16 보혜사)

- 예수 그리스도 (마 1:18)

이는 성경 속 믿음의 사람들이 고백했고, 또 교회사의 수많은 선진들이 애용해 온 검증된 기도의 언어들이다. 이 단어를 되뇌이며 고백하는 것이 단숨기도이다. 어쩌면 '키리에 엘레이손'이나 '파라클레토스' 같은 단어는 생소할 수도 있다. 이는 헬라어로서 신약성경에 기록된 성경적 언어요 믿음의 고백임을 명심하라. 실제로 나는 일상의 다양한 상황에서 이 단숨기도를 드린다.

"오 하나님 아버지, 감사합니다. 오늘도 은혜로 삽니다."

"오 키리에 엘레이손, 속상합니다. 제가 부족하여 거칠게 행동했습니다. 불쌍히 여기시고 용서하소서."

"오 파라클레토스 보혜사 성령님, 임하소서. 제가 무지하오니 지혜로 임하소서. 연약하오니 능력으로 임하소서."

"오 예수 그리스도시여, 사랑합니다. 구원은 여호와께 있사오니 주의 복을 저에게 내리소서."

단숨기도는 드리면 드릴수록 신비하기 그지없다. 고백의 고저, 장단, 시간, 장소, 환경에 따라 그에 걸맞은 적절한 하나님의 응답과 인도가 주어지기 때문이다. 아마 이 네 마디로 하나님을 찾을 때 성령께서 역사하시

장 프랑수아 밀레(Jean Francois Millet), 〈만종〉

삶에는 말로 다 할 수 없는 사건과 상황들이 산재해 있다.
그때마다 단숨기도로 하나님을 바라보면 일순간 우리 일상에 하나님의 시선이 비취며
평안과 위로를 얻고 더 풍성한 기도로 나아가게 될 것이다.

는 것이라 여겨진다.

분명 삶에는 말로 다 할 수 없는 사건과 상황들이 산재해 있다. 그때마다 단숨기도로 하나님을 바라보면 일순간 우리 일상에 하나님의 시선이 비춰며 평안과 위로를 얻고 더 풍성한 기도로 나아가게 될 것이다(롬 8:26).

가장 충만한 삶으로

장 프랑수아 밀레의 〈만종〉을 본 적이 있는가? 저 멀리 예배당이 보인다. 예배당에서 저녁시간을 알리는 종이 울린다. 그러자 가난한 부부는 아직 한창인 일손을 멈춘 채 손을 모은다. 고개를 숙인다. 비록 가진 것 많지 않고 살림살이 넉넉하지 못해도 지금 선 그 자리에서 하나님께 나아간다.

나는 믿는다. 비록 예배당은 멀리 있을지라도 하나님께서 이들 가까이에 계시다는 것을, 분명 가난한 부부이지만 하나님께 시선을 두었기에 가장 행복한 이들이라는 것을….

우리의 시작, 우리의 목표는 언제나 그리스도이다. 이제 단숨기도를 통해 시야에서 예수 그리스도를 놓치지 말자. 그분의 시선 안에 머물며 그분을 향해 시선을 고정하자. 이것이 쉬지 않는 기도이고, 평안과 자유로 충만한 삶의 비결이다.

모든 시선을 주님께 드리고 살아계신 하나님을 느낄 때
내 삶은 주의 역사가 되고 하나님이 일하기 시작하네.
_ 김명선 작사 (CCM 가수)

7

단숨기도(2)

교계에 제법 이름이 알려진 한 장로님과 교제를 나눈 일이 있다. 이런 저런 환담 중에 그분은 이런 고충을 털어놓으셨다. "목사님은 기도를 어떻게 하세요? 전 평생 주님을 믿었는데 부끄럽게도 기도를 잘하지 못해요. 기도를 하고픈데 잘 안돼요. 나름대로 한다고 하는데도 감이 잡히질 않네요. 기도는 어떻게 해야 하나요?"

오늘날 많은 크리스천이 이 장로님처럼 기도해야 한다고 생각하면서도 기도 생활을 유지하지 못한다. 기도에 관한 책을 읽고, 기도에 관한 설교를 열심히 듣지만 정작 기도는 하지 않는다. 기도의 자리로 나아가기보다 바쁘다는 핑계로 회피하고 멀리하고, 한편 기도하지 않는다는 부담과 죄스러움에 시달린다.

할 수 있는 만큼 기도하라

무엇이 우리를 기도할 수 없게 하는 것일까? 이유는 크게 두 가지이다. 하나는 심적 부담이다. 기도를 해보지도 않고 막연히 어렵다고 생각하는

쉬지 않는 기도

것이다. 바쁜 생활에 시간이 없다며 미룬다. 믿음이 성숙해지면 언젠가 하겠거니 생각하며 미룬다. 실상은 기도해야 할 일이 산더미 같은데도 부담감으로 기도를 포기하고 마는 것이다.

다른 하나는 기도 훈련의 부재이다. 신앙생활하며 제대로 기도하는 법을 훈련받지 못한 것이다. 여전히 많은 크리스천이 교회나 기도원 같이 특별한 장소에서 예배나 집회 시간에 기도해야만 '제대로 기도했다'고 여기는 것 같다. 물론 정해진 시간과 장소에서 오래도록 기도하는 것은 정말 귀한 일이다. 그러나 그에 못지않게 우리는 있는 자리에서 언제든 쉽게 기도할 수 있어야 한다. 기도하고 싶을 때, 아니 기도해야 한다는 부담이 들 때, 심지어 죄 가운데 있을 때라도 즉시 기도 할 수 있어야 한다. 바로 단숨기도를 통해서 말이다.

쉬지 않는 기도의 사람이 되고자 한다면 이 단숨기도를 배우고 훈련해야 한다. 때마다 시마다 "오 하나님 아버지!(마 6:9)" "오 키리에 엘레이손!(눅 18:38)" "오 파라클레토스!(요 14:16)" "오 예수 그리스도!(마 1:18)" 이 네 마디를 고백하는 것이다. 이 같은 기도는 짧지만 강력하다. 거룩한 하나님의 성호(聖號)인 동시에, 성경과 교회사 속 믿음의 선진들을 통해 증거된 고백이기 때문이다. 더욱이 이 기도는 어렵지 않다. 부담스럽지 않다. 일과 중에 언제라도 쉬이 할 수 있다.

그러니 더 이상 기도하기를 미루지 말자. 지금 입을 열어 단숨기도를 시작하자. 여러 말을 길게 하지 말고 그저 한 호흡으로 하나님을 부르자. 고개를 들고, 두 손을 살포시 올리며 천천히 고백하라. "오 하나님 아버지!" 그 의미를 생각하며 하나님을 부르라. 또 순서에 상관없이 마음 가는

도메니코 페티(Domenico Fetti), 〈불떨기를 바라보는 모세〉

더 이상 기도하기를 미루지 말자.
지금 입을 열어 단숨기도를 시작하자.
여러 말을 길게 하지 말고 그저 한 호흡으로 하나님을 부르자.

대로 그분의 성호들을 반복하라. 하고 싶을 때까지, 할 수 있는 만큼 거룩한 하나님의 이름을 부르라.

"할 수 없는 만큼이 아니라 할 수 있는 만큼 기도하라."_돔 채프만(Dom Chapman)

무궁한 기도로의 초대

아시시의 성 프란체스코(St. Francis)는 짐승이나 산천초목과도 소통이 가능했던 깊은 영성의 사람이었다고 한다. 하루는 그의 제자들이 기도를 배우기 위해 찾아왔다. 스승이 어떻게 기도하는지를 보고 싶었던 것이다. 그런데 그는 밤새도록 "키리에 엘레이손"만 반복할 뿐이었다. 긴 침묵 속에 키리에 엘레이손, 또 잠시 뒤에 키리에 엘레이손 하며 밤을 지새운 것이다.

나 역시 이런 경험을 종종 한다. 하나님 아버지만 부르다가 한 시간이 지나가기도 하고, 위의 네 마디로 기도하며 밤을 새운 적도 있다. 전에는 뭔가 말을 많이 해야 기도한 것 같았는데 사실은 단 몇 마디로도 하나님과 깊고 친밀한 시간을 보낼 수 있었던 것이다.

이 단숨기도에는 우리를 깊은 영성과 무궁한 기도의 세계로 이끄는 신비함이 있다. '오, 하나님 아버지'라고 부르는 순간 큰 힘과 위로를 얻고 감사하게 된다. '오, 키리에 엘레이손'이라고 부르는 순간 십자가 대속의 은혜를 누리며 회개하게 된다. '오, 파라클레토스'라고 부르는 순간 메마른 심령이 성령충만으로 나아가게 된다. '오, 예수 그리스도'라고 부르는 순간 일상의 매사에 임마누엘 구원을 경험하게 된다. 우리가 하나님의 이름을 부를 때 성령의 역사로 인하여 말로 다 할 수 없는 신묘막측한 은혜를 누리는 것이다.

17세기 화가 도메니코 페티의 그림 중에 〈불떨기를 바라보는 모세〉라는 작품이 있다. 출애굽기 3장에 나오는 모세의 소명 사건을 그림으로 표현한 것이다. 불붙은 나뭇가지 가운데서 하나님은 모세에게 "신을 벗으라"고 명하셨다. 이에 그는 어리둥절하며 신을 벗는다. 바로 그곳이 하나님이 계신 거룩한 자리임을 그가 몰랐기 때문이다.

어쩌면 이것이 오늘 우리의 모습은 아닐까? 하나님께서는 언제나 어디에나 계신다. 그래서 우리는 그때가 언제이든, 그곳이 어디이든 상관없이 있는 자리에서 하나님을 부르며 기도할 수 있는 것이다. 이제 기도에 대한 부담을 내려놓고 오늘부터 단숨기도를 시작하자. 어디서나 하나님을 부르자. 바로 그 자리로부터 신비한 세계가 펼쳐질 것이다.

"어제는 지나고 내일은 아직 오지 않은 지금, 우리에게 오늘이 있습니다. 그러니 하나님을 부를 수 있는 바로 그 자리에서 다시 시작합시다."

8

기도의 실행

얼마 전 그림 한 점을 보고 크게 감동을 받은 일이 있다. 기독 작가 서영원의 〈기도〉라는 작품이었다. 그림에는 간절히 기도하고 있는 한 사람이 나온다. 그는 홀로 집에 앉아 성경을 펼친다. 그 앞에 무릎을 꿇는다. 그리고 온 몸을 웅크린 채 그 성경의 주인이신 하나님께 기도한다.

작품 전체에 스며든 따스한 색감은 그 자체로 하나님과 나누는 지고한 평온함, 진중함, 충만함을 보여준다. 그야말로 세상 무엇도 침범치 못할 평안의 순간인 것이다. 만일 우리가 기도를 통해 이런 깊은 평안을 누릴 수 있다면 얼마나 좋을까? 그것도 일상의 매순간 끊임없이 말이다.

이는 하나님을 아버지로 고백하는 이들에게는 불가능한 일도 아니다. 성경이 우리를 향해 "쉬지 말고 기도하라"라고 말씀하기 때문이다. 쉬지 않고 기도할 때 우리는 하나님과 깊은 사귐을 쌓아갈 수 있다. 주님이 내 안에 나는 주님 안에 거하는 기쁨을 누릴 수 있다. 세상이 주지 못하는 평안과 만족을 얻을 수 있다. 매사에 주의 인도를 받으며 승리할 수 있다. 우리는 기도를 통해 하늘의 놀라운 신비와 은혜를 누리는 것이다.

서영원, 〈기도〉

쉬지 않고 기도할 때 우리는 하나님과 깊은 사귐을 쌓아갈 수 있다.
주님이 내 안에 나는 주님 안에 거하는 기쁨을 누릴 수 있다.

"하나님과 끊임없이 교제하는 것, 하나님을 내 생각의 대상으로 삼고 내 대화의 상대로 삼는 것이야말로 내가 일찍이 경험한 것 중에서 가장 놀라운 일이다." _프랑크 라우바흐

가장 위대한 기도

다시 강조하지만 매순간 하나님을 의식하고 의지하려면 먼저 정시기도를 익혀야 한다. 처음에는 스스로 기도하기 어려우니 이 책의 샘플 기도들을 활용하여 기도해보자. 꾸준히 시도하다가 어느 정도 익숙해지면 그때부터 각자의 상황에 맞는 내용으로 자유로이 기도할 수 있을 것이다.

때때로 사도신경, 십계명, 주기도에 짤막한 고백을 보태어 기도하는 것을 보고 '너무 형식적인 것 같다'거나 '너무 단순한 것 같다'고 반문하는 이들도 있다. 그런 이가 있다면 개혁자 마틴 루터(Martin Luther)의 이야기에 귀를 기울여보기 바란다.

"저는 박사이자 설교자입니다. 배울 만큼 배웠고 산전수전 다 겪었습니다. 그러나 여전히 교리를 배울 때는 어린아이처럼 배웁니다. 매일 아침 시간 날 때마다 십계명, 사도신경, 주기도, 시편을 또박 또박 입으로 소리 내어 읽으며 기도합니다. 이것보다 더 위대한 진리, 더 위대한 기도를 알지 못하기 때문입니다."

그의 말대로 사도신경, 십계명, 주기도문은 기독교 신앙이 온축되어 있는 위대한 진리요 핵심적 고백이다. 따라서 이것을 제대로 이해하고 신뢰한다면, 그래서 한 구절 한 구절 자신의 마음을 담아 기도드릴 수만 있다면 우리의 신앙은 기초가 든든해지고, 언제나 주의 은혜 가운데 거하는

크리스천으로 성숙하게 될 것이다.

정시와 항시의 순환

우리는 연약한 인간이기에 정시기도를 드렸음에도 분주한 일상에 떠밀려 하나님의 시선을 놓칠 때가 많다. 그래서 정시기도에 더해 항시기도로 나아가야 함도 살펴보았다. 언제 어디서 무엇을 하든지 있는 자리에서 하나님의 시선을 의식하며 기도하는 것이다.

이를 위한 좋은 도구가 단숨기도이다. 즉 순간마다 "오 하나님 아버지!" "오 키리에 엘레이손!" "오 파라클레토스!" "오 예수 그리스도!"라고 하며 하나님의 성호를 부르는 것이다. 성경은 누구든지 주의 이름을 부르는 자는 구원을 받을 것이라 약속했다(행 2:21). 우리가 이 말씀에 의지하여 기도한다면 나도 모르는 새 하나님의 임재를 느끼고, 임마누엘 역사를 경험하게 될 것이다. 참으로 신비한 은혜이다.

무엇보다 중요한 것은 정시기도와 항시기도의 조화에 달려있다. 정시기도만으로는 바쁘고 분주한 일상 중에 하나님께 시선을 고정하기 힘들다. 또 항시기도만으로는 하나님과 깊고 진중한 교제를 나누기가 어렵다. 따라서 정시기도와 항시기도가 일상 가운데 적절하게 순환할 때 우리는 온전히 쉬지 않고 기도할 수 있게 된다. 기억하자. "정시기도에서 항시기도로! 항시기도에서 정시기도로!"

나는 쉬지 않는 기도의 풍성함을 누렸던 한 여인을 안다. 몇 해 전 그녀는 사모로서 교회를 섬기던 중 암 진단을 받았다. 의사는 회생 가능성이 없다며 퇴원을 권고했다. 청천벽력 같았다. 그녀는 더 이상 기도할 수 없었다. 어디서부터 어떻게 기도해야 할지 몰라 막막했던 것이다. 그때 우연히 나를 만나 쉬지 않는 기도에 대해 듣게 되었다. 그리고 다시 만났을 때 이전과 전혀 다른 사람이 되어 있었다. 그녀는 밝고 따스한 얼굴로 말했다.

"목사님, 쉬지 않는 기도가 저를 살렸어요. 이 기도에 저의 모든 마음과 간구가 들어있습니다. 기도가 열렸어요. 이제는 살아도 죽어도 감사입니다."

그녀는 쉬지 않는 기도를 통해 하나님과 깊은 사귐을 나누었다. 매순간 그분과 동행하게 되었다. 더 이상 문제를 문제로 여기질 않았다. 이것이 쉬지 않는 기도의 능력이다. 이제 우리도 쉼 없이 하나님과 동행하자. 일상의 모든 것으로 하나님과 대화하자. 그리할 때 세상이 알지 못하는 지고한 평안과 기쁨, 능력이 가득하게 될 것이다.

"네가 원하는 모든 일을 하면서 기도하여라. 읽을 때도, 일할 때도, 걸을 때도, 먹을 때도, 말할 때도, 늘 나를 눈앞에 그리며 끊임없이 나에게 눈길을 보내며, 네가 할 수 있는 대로 나에게 말을 하여라." _샤를 드 푸코 (Charles de Foucauld)

9

식사기도

누가는 자신이 기록한 복음서에서 다른 복음서에는 나오지 않는 몇 가지 독특한 이야기들을 소개한다. 그 중 하나가 엠마오로 가는 두 제자 이야기이다. 예수님이 십자가에 달리신 후 낙담한 제자 두 사람은 예루살렘을 떠나 엠마오로 향한다. 가던 길에 부활하신 주님이 친히 그들 일행에 합류하셨지만, 실망에 쌓인 그들은 미처 주님을 알아보지 못한다.

저녁이 되어서야 마을에 당도한 그들은 예수님을 강권하여 집으로 초청한다. 그런데 그 집 식탁에 둘러앉자 예수님은 더 이상 손님이 아니셨다. 오히려 주인으로서 그들에게 떡을 떼어주신다. 그 떡을 받을 때 제자들은 비로소 눈이 뜨인다. 그분이 부활하신 예수님임을 온몸으로 느낀다. 그 순간 예수님이 그들의 시야에서 사라진다.

17세기 화가 렘브란트는 생전에 이 엠마오의 제자들 이야기를 여러 번 그렸다고 한다. 빛 가운데 계신 예수님을 보고 깜짝 놀란 제자들을 보라. 너무 놀란 나머지 한 제자는 얼굴을 가리며 어쩔 줄 몰라 하고, 다른 한 제자는 당장이라도 자리에서 일어날 것만 같다. 그들은 식사의 자리에서 부

렘브란트(Rembrandt van Rijn), 〈엠마오의 식사〉

우리의 영과 육은 하늘의 공급 없이는 하루도 살 수 없다.
풍성하신 하나님께서 매일의 양식을 우리에게 허락하시고,
또 예수 그리스도께서 생명의 밥이 되어 우리 영혼을 채워주시니
오늘도 우리는 생존하여 살 수 있는 것이다.

활 주님을 만났다. 식탁의 자리로부터 영안이 열려 부활 주님이 나와 함께 계심을 확실히 믿게 된 것이다. 참으로 놀라운 식사의 은혜, 식탁의 기적 아닌가?

끼니를 넘어 성례로

그리스도인에게 식사란 단순히 배를 채우는 것 이상의 의미가 있다. 먼저 식사는 그 자체로 하나님 은혜이다. 하나님께서는 만나와 메추라기로 이스라엘 백성을 먹이고 돌보셨듯이 오늘 우리에게도 동일한 은혜를 베푸신다. 그 은혜로 인하여 햇빛이 비치며, 이른 비와 늦은 비가 내리고, 곡식이 열매를 맺는다. 전능하신 하나님께서 온 세계 자연 만물을 주관하고 운행하시기에 우리의 식탁에 음식이 오를 수 있는 것이다.

또한 식사는 매일 감사의 이유이다. 우리의 영과 육은 하늘의 공급 없이는 하루도 살 수 없다. 풍성하신 하나님께서 매일의 양식을 우리에게 허락하시고, 또 예수 그리스도께서 생명의 밥(요 6:35)이 되어 우리 영혼을 채워주시니 오늘도 우리는 생존하여 살 수 있는 것이다. 따라서 매순간이 감사요, 선물임을 고백하지 않을 수 없다.

나아가 식사는 임마누엘의 체험이다. 우리는 믿음 안에서 형제자매들과 함께 성찬을 나누며 예수 그리스도를 기념한다. 또한 함께 애찬을 나누며 사랑 안에서 교제한다. 그 친밀함으로 함께 주의 교회와 하나님 나라도 세워간다. 먹고 마심이 그리스도 안에서 누리는 기쁨의 축제요 거룩한 성례인 것이다.

따라서 그리스도인이라면 누구나 하루 세 번의 식사 앞에 기도하지 않을 수 없다. 혹여 그간 형식적이었거나 마지못해 눈만 감았다면, 오늘부터 주어진 식사를 일상 속 성례로 여기며 새롭게 식사기도를 드려보자. 전심으로 드리는 식사기도는 쉬지 않는 기도의 좋은 도구로서 우리를 주님과 더욱 친밀하게 이끌어줄 것이다.

주님과 함께 하는 식탁

독일에서 유학할 때의 일이다. 당시 나는 경건주의 영향을 받은 독일 남부의 어느 시골집에 세 들어 살았다. 집주인은 2층, 우리집은 1층이었다. 주인은 80대 어르신으로 몇 년 전 부인을 잃고 홀로 지내고 계셨다. 기억 속 그분의 일과는 늘 규칙적이고 경건했다.

저녁시간에 안부 차 종종 방문하면 어김없이 혼자 앞치마를 두르고 식사 준비 중이셨다. 정성껏 식탁보를 깔고 식기들을 가지런히 놓는다. 요리를 끝낸 음식을 어울리는 그릇에 담아 놓는다. 앞치마를 벗고 옷매무새를 가다듬은 후 식탁에 앉는다. 손을 모으고 기도한다. 그리고 식사를 시작한다. 요리 한두 개와 스프, 차가 전부였지만 식탁은 매번 넉넉하고 정갈했다. 음식을 비워도 식사를 마친 것은 아니다. 이어서 매일기도서를 꺼내 읽는다. 잠시 묵상한 뒤에 주기도를 하며 비로소 식사를 끝낸다.

보다 못해 하루는 그분께 혼자 살며 이렇게 정성껏 만찬을 준비하는 게 귀찮지 않냐고 여쭈어보았다. 그러자 그분은 즉시로 내 가슴을 울리는 한마디를 남기셨다. "그리스도께서 함께하시는 식탁입니다(Das ist der Tisch mit meinem Herrn)."

그 말에 절로 고개가 끄덕였다. 엠마오의 제자들처럼 그분도 식탁에서

부터 눈이 열려 부활 주님을 보고 교제했던 것이다. 생각해보면 주님과 식탁 교제를 나누던 그분은 삶 또한 남달랐다. 늘 검소하게 생활했고 남을 잘 섬겼으며 어려운 이들을 보면 매번 친절히 돌봐 주셨다. 이것이 바로 언제나 주님과 교제하는 삶, 쉬지 않고 기도하는 크리스천 아닐까? 우리도 그렇게 살기를 또 우리의 식탁에 그런 은혜가 임하길 소원하며 식사기도를 드려본다.

> 하나님 아버지, 오늘도 밥상을 베풀어 주심에 감사합니다. 모든 것이 은혜입니다. 주님과 함께 먹고 마시는 이 양식으로 인하여 우리의 영·혼·몸이 강건하도록 지켜주소서.
> 세상에 밥으로 오셔서 우리를 살리신 그리스도시여, 그 밥을 먹고 힘내어 우리도 하나님 사랑, 이웃 사랑으로 살길 원합니다. 언제나 환한 얼굴, 밝은 마음, 굳센 믿음, 충실한 삶으로 이 땅에 하나님 나라를 세우려 합니다. 보혜사 성령이시여, 오늘도 우리를 새롭게 하시고 진리로 인도하소서. 감사로 애찬을 들겠습니다.
> 예수님의 이름으로 기도합니다. 아멘.

오늘부터 주어진 식탁을 소홀히 대하지 말자. 바로 그 식탁에 그리스도께서 함께 계신다. 가능한 식사 때마다 함께하는 이들과 손을 모으고 식사기도를 드려보라. 그날의 엠마오 만찬처럼 우리의 밥상도 그리스도와 함께 하는 풍성한 애찬이 될 것이다.

복 있도다! 복 있도다! 복 있도다!

모든 식탁마다 계신 그리스도

내 곁에 계시고

내 뒤에 계시고

내 사방에 계시네

이 빵을 나눔 속에.

_켈트 기도문

일과기도

사람은 저마다 감당해야 할 나름의 일과가 있다. 나이, 성별, 직업 등에 따라 인생을 살아가는 누구에게나 매일 주어지는 것이다. 이와 관련하여 소설가 엔도 슈사쿠(Endo Shusaku)는 "순간이 모여 일상을 이루고, 일상이 모여 인생이 된다"는 멋진 말을 남겼다. 우리에게 주어지는 매순간을 잘 감당하는 것이 우리의 매일과 삶 전체에 매우 중요하다는 뜻이다. 곧 매일 반복되는 일과를 어떤 마음으로 어떻게 감당하느냐가 그의 인생이요, 그 자신인 것이다.

이스라엘의 왕 다윗은 일과를 성실하게 감당했던 대표적인 사람이었다. 그는 어린 시절 아무도 알아주지 않던 광야에서부터 목동이라는 지극히 평범한 일과를 성실히 수행했다. 그런데 놀랍게도 목동으로서 성실했던 그 모든 일이 후일 그가 왕위에 오르고, 왕업을 수행하는 데 결정적인 기여를 한다. 즉 목동으로서 성실히 감당했던 일과가 왕업의 일환이었던 것이다.

오늘 우리 역시 마찬가지이다. 우리는 왕이신 하나님 자녀로서 매일의 일과를 맞이한다. 개중에는 하찮은 일, 귀찮은 일, 껄끄러운 일도 있을지 모른다. 그러나 주어진 일들을 다윗처럼 견실하고 진실하게 감당한다면 우리가 하는 모든 일은 하나님의 일, 왕업이 될 것이며 마침내 그 일이 모여 이 땅에 하나님 나라가 이루어지게 될 것이다(골 3:23-24).

일과기도의 원칙

그렇다면 매일 주어지는 일과, 일상의 왕업을 위해 우리는 어떻게 기도해야 할까?

첫째로 하루의 일과를 하나님 앞에 내려놓아야 한다. 하나님께서는 우리 인생의 주인이시다. 오직 하나님만이 우리를 아시며, 우리가 나아갈 바도 아신다(시 139:3). 그러니 오늘 주어진 일과들을 먼저 하나님께 아뢰고 맡겨라. 마치 어린아이가 부모에게 오늘 있을 일을 종알대며 이야기하듯 그렇게 기도하는 것이다. 모든 일이 다 끝난 뒤 하나님께 통보하기보다는 그 모든 일에 주님께서 함께 하실 것을 믿고 미리 기도로 준비하라.

"기도를 제외한 준비는 준비가 아니다. 충분히 준비한다는 것은 곧 충분히 기도한다는 말이다."_피러스(Pyrrhus) 12세

둘째로 일과의 우선순위를 구해야 한다. 누가복음을 보면 예수님께서 마르다와 마리아의 집에 방문하신 이야기가 나온다. 마르다는 손님들을 위한 식사 준비로 분주하다. 얼마나 바빴던지 예수님 말씀을 듣던 마리아도 불러내려 한다. 그러자 예수님이 어떻게 하셨는가?

17세기 화가 요하네스 베르메르는 이 장면을 〈마르다와 마리아 집의 예수님〉에서 아주 실감나게 묘사한다. 그림 속 예수님의 손은 마리아를

요하네스 베르메르(Johannes Vermeer), 〈마르다와 마리아 집의 예수님〉

오늘 주어진 일과들을 먼저 하나님께 아뢰고 맡겨라.
마치 어린아이가 부모에게 오늘 있을 일을 종알대며 이야기하듯 그렇게 기도하는 것이다.

향하고 있다. 마르다를 향해 "마리아처럼 하여라" 하신 것이다.

성경 본문은 결코 마르다의 수고를 폄하하지 않는다. 다만 지금 이 순간 진정 예수님께서 원하시는 것이 무엇인가를 헤아려 그 일부터 하라는 것이다. 나 중심이 아니라 그리스도 중심으로, 나 우선이 아니라 그리스도 우선으로 일하는 지혜가 있어야 한다.

셋째로 일과 가운데 주의 성품과 뜻이 드러나기를 구해야 한다. 흔히 사람들은 큰 일, 많은 일을 하길 원한다. 그러나 그 어떤 대단한 일이라 할지라도 그 속에 내 욕망과 탐욕이 가득하다면, 또 그 일로 인해 내 주변 사람들이 상처받고 아파한다면 그것은 결코 하나님의 뜻이 아니다. 하나님께서는 우리가 얼마나 이루었는가보다 어떻게 행하였는가, 곧 마음의 순전함을 귀하게 여기신다(시 51:10). 따라서 주어진 모든 일과는 빛의 자녀로서 주님의 성품과 뜻으로 감당해야 한다(마 5:3-12, 엡 5:9).

"일은 보일 수 있게 만들어진 사랑이다."_칼릴 지브란(Kahlil Gibran)

넷째로 일과를 감당할 지혜와 능력을 구해야 한다. 인생이 우리의 계획에 달려있지 않듯, 일과도 우리의 능력에 달려 있지 않다. 사람이 수고하면 사람이 수고할 뿐이지만 사람이 기도하면 하나님께서 일하신다. 내 노력과 수고에 비할 수 없는 더 풍성한 열매를 맺게 하시는 것이다. 그러므로 일이 많고 어렵다고 좌절하지 말고 능히 감당할 지혜와 능력을 구하라. 하나님께서 넉넉히 주실 것이다(약 1:5).

휘파람을 불며 일하자

1960년대, 모든 것이 궁핍하던 시절 이야기이다. 당시 나의 할머니는 산과 들로 다니며 나물을 캐어 시장에 팔곤 하셨다. 그것을 소일 삼아 교회에 헌금을 내고 손주들 용돈도 챙기셨던 것이다. 식구들은 그런 모습이 창피하다며 만류했지만 그때마다 할머니는 이렇게 반문하셨다. "성경에 일하기 싫거든 먹지도 말라고 했다. 사지가 건강한 몸으로 내가 할 수 있는 일을 하는데 무엇이 문제냐? 이 일은 너무나 복된 일이다."

하루는 지나가던 길에 시장 한 구석에서 나물을 파시던 할머니를 보았다. 고된 노동 중에도 찬송을 흥얼거리며 즐겁게 일하고 계셨다. 해가 저물고 저녁이 되어 할머니께서 들어오시자 나는 무슨 좋은 일이 있기에 찬송하며 일하시냐고 여쭈었다. 그러자 할머니가 기막힌 대답을 하셨다. "도리어 살기 어려워서 찬송하는 거야. 기도하고 찬송하면 힘들어도 기뻐하게 된단다."

삶을 살아가는 누구의 일과든 녹록치 않다. 고단하고 어려운 일로 가득하다. 그럴수록 우리는 기도로 일과를 준비하자. 모든 것을 하나님께서 내게 주신 일, 곧 왕업으로 여기며 즐거이 노래하며 감당하자. 주님께서 그 모든 일 가운데 우리와 함께 하시며 우리를 인도하실 것이다.

"왕업을 행하는 사람들은 어떤 직업에 종사하든지 휘파람을 불며 일한다."_유진 피터슨(Eugene Peterson)

11

중보기도

추운 겨울날, 군복무 중인 아들을 면회 간 일이 있다. 겨울의 된바람을 맞으며 철책의 부대로 가는 길이 얼마나 춥던지 지금도 그날의 추위를 잊을 수가 없다. 아들과의 짧은 만남을 마치고 면회소를 나오려는데 차마 발걸음이 떨어지질 않았다. 이 엄혹한 추위를 견뎌야 할 자식 생각에 아비로서 가슴이 미어졌던 것이다. 부모라고 하면서도 정작 자녀를 위해 할 수 있는 게 별로 없었다. 입에서 절로 기도가 나왔다.

"하나님 아버지, 제 아들을 지켜주소서. 저는 해줄 수 있는 것이 아무것도 없습니다. 임마누엘 주님께서 아들에게 굳건한 믿음을 주시어 이 고생을 능히 이기게 하소서."

성 어거스틴은 기도를 가리켜 "하나님 앞에서 다른 사람의 행복을 위하여 중재하는 것"이라고 했다. 우리는 모두 연약한 인간이기에 사랑하는 사람을 위해 최선의 것을 줄 수 없고, 그 최선의 것이 무엇인지 알지도 못한다. 그래서 우리는 그를 위해 기도한다. 그를 생각하며 선하신 하나님께 나아간다. 누군가를 사랑할 때 우리가 할 수 있는 최고의 방법이 바로 중보기도인 것이다(출 17:8-13).

중보기도의 원리

우리의 하루하루는 분주한 업무와 복잡한 관계로 얽혀 있다. 쉬지 않는 기도는 이 모든 상황 속에서 우리가 끊임없이 주님을 의식하게 한다. 곧 정시기도, 항시기도, 식사기도, 일과기도, 중보기도 등을 통해서 주님과 끊임없이 동행하는 것이다. 특히 이중에서도 중보기도는 내 자신뿐 아니라 나와 함께 하는 이들의 행복을 구한다는 점에서 기도 중의 기도라 할 수 있다. 그렇다면 우리는 어떻게 중보기도를 해야 하는가?

첫째로 무엇보다 하나님의 뜻을 물어야 한다. 중보기도는 단순히 누군가를 향한 나의 기대나 소원을 아뢰는 것이 아니다. 무엇보다 먼저 그를 향한 하나님의 뜻을 구해야 한다. 말 그대로 중보(仲保), 곧 하나님과 그 사람 사이에서 기도로 중재하는 것이다(창 18:22-32, 출 32:30-32). 따라서 중보기도를 할 때 먼저 대상자를 만나게 하신 하나님께 감사하고, 다음으로 그의 형편과 필요를 구하되 반드시 그를 향한 하나님의 뜻이 무엇인지 물어야 한다. 성령의 감화를 따라 그를 위해 진정으로 구해야 할 것이 무엇인지 여쭙는 것이다(롬 8:26-27).

둘째로 믿음으로 끈질기게 구해야 한다. 일과기도나 식사기도와 달리 중보기도는 대체로 응답이 느리다. 어쩌면 그의 평생을 두고 기도해야 할지 모른다. 때로는 같은 기도를 오랫동안 반복해야 할지도 모른다. 그럴 때면 의심이 들거나 실망이 찾아오기도 할 것이다. 그러나 성경은 말씀한다. "하나님이 아브라함을 생각하사 롯을 그 엎으시는 중에서 내보내셨더라"(창 19:29) 하나님께서는 우리의 기도를 결코 잊지 않으신다. 그러니 지금 당장 응답이 없더라도 실망하지 말라. 끝까지 기도하며 하나님의 때를 기다리자.

"필요할 때마다 백번이고 천 번이고 자꾸만 해야 한다. (중략) 하나님의 도우심을 기다리는 일에 결코 지쳐서는 안 된다."_존 칼빈(John Calvin)

셋째로 예의와 존중을 잃지 말아야 한다. 중보기도는 하나님을 경외하는 행위인 동시에 누군가를 사랑하는 방법이다. 따라서 기도자는 기도 대상자에게는 물론이거니와 언제 어디서나 누구에게나 예의와 존중을 갖추어야 한다. 기도를 많이 하면 할수록 기도하는 사람에게서 반드시 나타나야 할 예수님의 인격과 성품이 보여야 하는 것이다(고전 14:40).

넷째로 손가락 기도를 활용하는 것이 좋다. 중보기도는 하면 할수록 자연스럽게 그 대상이 늘어가게 되어 있다. 그럴 땐 손가락 하나하나에 대상을 정해 놓고 기도 때마다 그 대상을 꼽아가며 기도하는 것이 효율적이다. 예를 들어 엄지는 교회와 국가의 최고 리더들, 검지는 나를 양육하고 가르치는 이들, 중지는 사랑하는 가족들, 약지는 복음전도자와 예비신자들, 소지는 연약한 이웃과 환우들로 정해놓고 기도하는 것이다. 처음에는 손가락마다 한두 명씩 정해 기도하다가 조금씩 그 범위를 늘려 가면 그만큼 기도의 분량이 넓고 깊어질 것이다.

영원히 돕는 손길

19세기 프랑스 화가 에밀 라누는 〈돕는 손〉이란 유명한 작품을 남겼다. 수면 위 작은 배 한 척에 어린 소녀와 늙은 어부가 함께 있는 그림이

에밀 라누(Emil Renouf), 〈돕는 손〉

하나님께서는 우리의 기도를 결코 잊지 않으신다.
그러니 지금 당장 응답이 없더라도 실망하지 말라.
끝까지 기도하며 하나님의 때를 기다리자.

다. 흔들리는 배 위에 앉아 제 몸만치 육중한 노에 손을 올리고 있는 소녀의 눈망울을 보라. 긴장한 기색이 역력하다. 그러나 그림을 보는 이들은 별로 염려하지 않는다. 그 소녀 곁에는 우직한 손으로 노를 잡고 그녀를 바라보는 할아버지가 함께 있기 때문이다. 이 배는 소녀가 아니라 전적으로 할아버지의 손에 달려 있다. 그 할아버지로 인하여 배는 앞으로 나아가고, 마침내 목표한 곳에 안전히 도착할 것이다.

마찬가지다. 우리는 저마다 인생이란 대양 위에 떠 있는 작은 조각배에 올라탄 존재들이다. 우리의 능력, 우리의 노력으로 얼마나 갈 수 있겠는가? 그러나 우리가 기도의 노를 잡을 때 영원한 중보자이신 예수 그리스도께서(히 7:25) 우리 인생의 배에 함께 오르신다. 우리의 힘만으로 버거운 기도의 노를 함께 저으신다. 그러므로 기도하기를 쉬지 말라. 중보하기를 멈추지 말라. 우리를 도우시는 주님께서 마침내 응답이란 안전한 포구로 인도하실 것이다.

"우리를 사랑하시는 하나님께서 항상 우리 영혼을 위해서 최선의 길을 준비하신다."_미우라 아야코(Miura Ayako)

12

회개기도

십수 년 전 개봉하여 많은 이들로 하여금 기독교 신앙을 돌아보게 했던 영화가 있다. 바로 이창동 감독의 〈밀양〉이다. 이 영화의 중심에는 회개의 문제가 자리잡고 있다.

영화에 등장하는 살인범의 고백이다. "하나님께서 이미 저를 용서하셨습니다." 그는 사람을 죽이고도 자신은 용서받았다며 피해자 앞에서 태연한 표정을 짓는다. 이 무책임한 모습을 보며 진정 회개란 무엇인지 우리는 다시 고민하지 않을 수 없다.

회개는 결코 영화처럼 단순하지 않다. 마치 자판기에 동전을 넣어 상품을 취하듯, 얄팍한 몇 마디로 원하는 용서를 얻어낼 수 있는 게 아니라는 말이다. 이런 식의 회개는 회심, 곧 삶의 변화를 가져다주지 않는다. 이것은 디트리히 본회퍼(Dietrich Bonhoeffer)가 지적했던 싸구려 복음이요 싸구려 은혜이다. 세상의 소금과 빛으로 하나님 나라를 이루어 가야 할 크리스천들이 도리어 세상으로부터 멸시와 천대를 받게 만드는 것이다.

"키리에 엘레이손, 주여 우리를 불쌍히 여기소서."

회개기도를 위한 제언

하나님과 친밀한 관계를 맺어 가는데 회개는 절대적이다. 특히 쉬지 않는 기도를 위한 모든 방법(정시기도, 항시기도, 식탁기도, 일과기도, 중보기도 등)은 반드시 회개가 전제되어야 한다. 왜냐하면 회개는 우리의 심령을 정결케 하여 주님을 사모하게 한다. 예배의 자리로 가까이 나아가게 한다. 주님과의 사귐을 더욱 깊고 진솔하게 한다. 함께하는 이들과 서로 용서하고 사랑하게 한다. 내 안에서 역사하시는 성령님께 반응하여 쉬지 않고 기도하게 한다.

우리의 삶에 회개가 일어날 때 하나님과 친밀한 관계를 회복하고 기쁨과 화평의 하나님 나라를 열망하게 되는 것이다. 회개기도를 위해 기억해야 할 네 가지 원리는 다음과 같다.

첫째로 항상 마음을 성찰해야 한다. 하나님은 우리의 외모가 아니라 중심을, 결과가 아니라 의도를 보신다. 따라서 겉만 번지르르한 사람이 아니라 내면이 정결해야 한다. 마음이 하나님 앞에서 항상 정결하고 정직할 수 있기를 간구하라(시 51:10).

"진정한 크리스천이라면 마음속에 더러운 것을 주의 깊게 그리고 끊임없이 냄새 맡을 줄 알아야 한다."_C. S. 루이스

둘째로 생각나는 죄는 그 즉시 자백해야 한다. 죄는 하나님과 우리를 멀어지게 만든다. 성령께서 죄를 지적하실 때 우리는 그것을 부인하지 말고 용기 있게 인정해야 한다. 그리고 모든 것을 변명 없이, 핑계 없이, 빠짐없이 고백해야 한다. 말로 다할 수 없는 부끄러운 죄악이라 할지라도 통회하며 자백하는 것이다(시 51:3-5).

"형통을 잃는 길이 죄를 숨기는 것이라면, 자비를 얻는 길은 죄를 드러내는 것이다." _존 스토트(John Stott)

셋째로 믿음으로 죄 사함 받아야 한다. 본래 죽을 수밖에 없는 죄인인 우리는 스스로 자기 죄를 사할 능력이 없다. 오직 예수 십자가를 믿을 때 죄를 사함 받을 수 있다. 십자가는 인간의 모든 죄를 심판하는 하나님 공의의 사건이자, 죄인을 구원하기 위해 자신의 독생자까지 내어주신 하나님 사랑의 사건이다. 이 사실을 믿고 죄를 자백할 때 우리는 그 믿음으로 인하여 죄 사함을 얻는 것이다(요일 1:9).

"너희는 그 은혜에 의하여 믿음으로 말미암아 구원을 받았으니"(엡 2:8)

넷째로 회개에 합당한 열매를 맺어야 한다. 교회사가 알렌 크라이더(Alan Kreider)는 『회심의 변질』에서 초대 교회의 회개에는 반드시 '소속과 행동의 변화'가 뒤따랐음을 증언한다. 그의 지적처럼 회개는 언제나 변화된 삶을 동반한다. 이전의 방식이 아닌 주님의 방식으로 새롭게 사는 것이다. 당연히 이웃에게 용서를 구하고, 그에 상응하는 보상도 뒤따라야 한다(눅 19:8). 이 모든 과정을 통해서만 우리는 이전의 죄로부터 온전히 벗어나고, 순종의 기쁨을 누리게 되며, 하나님의 이름을 높일 수 있고, 그리스도와 동행하는 거룩한 삶을 살게 되는 것이다.

날마다 회개하라

진실한 회개로 삶을 돌이켰던 대표적 한 사람으로 사도 베드로가 있다. 예수님이 잡히시던 밤, 그는 주님과 3년을 동행하고도 사람들 앞에서 그분을 부인했다. 그것도 세 번이나 그리 했다. 그는 새벽 닭 울음소리를

구이도 레니(Guido Reni), 〈베드로의 회개〉

매일 자신의 허물을 들고 주님께 나아가라.
그분은 우리의 회개기도를 기쁨으로 받으시며
우리를 다시 새롭게 하시는 은혜로운 주님이시다.

들고 그제야 정신을 차린다. 주님의 음성을 다시 떠올린다. 그분을 부인했다는 사실에 주저앉아 통곡하며 회개한다.

이런 베드로의 절절함이 16세기 화가 구이도 레니의 〈베드로의 회개〉에 잘 나타나 있다. 베드로는 두 손을 간절히 모은 채 굵은 눈물을 흘리며 회개한다. 그러나 그의 시선만은 하늘을 향한다. 하나님께서 반드시 용서하시리라는, 그 사랑이 변함없으리라는 확신 때문이다. 이 회개 이후로 그의 삶은 변했다. 주의 제자로서 회개에 합당한 열매를 맺어 담대하게 예수님을 전파하고 신성한 성품에 참여하는 사람이 된 것이다(벧후 1:4).

사람은 누구나 완벽하지 않다. 우리는 모두 넘어지고 실수할 가능성을 지닌 채 살아간다. 따라서 중요한 것은 실수한 이후이다. 미국 뉴호프 펠로우십 설립자인 웨인 코데이로(Wayne Cordeiro)는 말한다. "실수는 그다지 치명적이지 않다. 그 실수를 처리하는 방법이 치명적이다."

하나님 앞에서 또 이웃들에게 실수하거나 죄를 지었을 때 핑계대거나 대충 넘어가서는 안 된다. 우리는 날마다, 바르게, 그리고 진실하게 회개해야 한다. 하루에도 몇 번씩, 아니 그리스도의 장성한 성품에 이를 때까지 날마다 돌이켜야 한다. 매일 자신의 허물을 들고 주님께 나아가라. 그분은 우리의 회개기도를 기쁨으로 받으시며 우리를 다시 새롭게 하시는 은혜로운 주님이시다.

"하나님은 은혜로우시고 자비하셔서 죄인의 죽음보다 그의 회개를 원하시며, 화는 더디 내시며, 오래 참는 사랑은 풍성하시다." _성 제롬(St. Jerome)

PART 2

사도신경으로 드리는 아침의 기도

항상 기뻐하라 쉬지 말고 기도하라 범사에 감사하라 이는 그리스도 예수 안에서 너희를 향하신 하나님의 뜻이니라

데살로니가전서 5 16.17.18

1

교회와 나의 신앙고백, 사도신경

제2차 세계대전 당시 미군 최고사령관 더글러스 맥아더(Douglas MacArthur)는 전쟁이 끝난 후 일본 땅에 발을 딛고 이런 예언자적인 연설을 했다.

"온 세계가 당면하고 있는 문제는 경제 문제다. 경제 문제는 군대 문제다. 군대 문제는 정치 문제다. 정치 문제는 정치가의 양심 문제다. 양심 문제는 도덕 문제다. 도덕 문제는 종교 문제다. 종교 문제는 신학의 문제다."

그의 말에 따르면 세상의 모든 문제는 신학의 문제, 곧 하나님을 바로 아는가의 문제로 귀결된다. 하나님을 알면 나를 알고 또 나를 알면 하나님을 아는 신인적(神人的) 지혜가 있어야 세상의 모든 문제를 바르게 보고 바르게 대처하여 결국 승리할 수 있는 것이다.

문제는 우리가 어떻게 하나님을 알 수 있느냐는 것이다. 본질상 죄인인 우리는 하나님을 알 수 있는 그 어떤 능력이나 방법이 없다. 오직 은혜로 주어지는 계시에 의해서만 하나님을 알 수 있는 것이다. 감사하게도 이미 우리에게는 하나님께서 주신 자기 계시, 곧 성경 말씀과 기독교 역사를 통해 베푸신 믿음의 내용이 있으니 그것이 바로 사도신경(使徒信經)이다. 오늘날 거의 모든 그리스도교는 공적 예배에서 이 사도신경으로 신앙을 고백한다.

우리가 사도신경으로 신앙을 고백하는 것은 매우 중요하고 필요한 일이다. 사도신경은 누가 크리스천인지 아닌지를 판별하는 시금석이기 때문이다. 누군가가 진실로 사도신경을 자신의 신앙으로 믿고 고백할 수 있다면 그는 그리스도인의 요건을 갖춘 것이다. 그러나 고백할 수 없다면 그는 그리스도인이 아니다. 또 사도신경을 뒤틀어 다르게 고백한다면 그는 사이비나 이단이다. 나는 어떤가? 나는 진실로 사도신경을 믿고, 나의 신앙으로 고백할 수 있는가? 한 목회자는 이렇게 말한다.

"어떤 것도 사도신경만큼 하나님을 간결하고, 단순하고, 핵심적으로 표현한 것은 없다. 사도신경은 기독교의 믿음의 내용을 가장 적절히 요약한 신앙고백이다."

사도신경의 유래

사도신경은 그 말 자체에서 알 수 있듯이 사도들의 신앙고백에서 비롯되었다. 그 대표적인 예로 기독교 첫 신앙고백인 사도 베드로의 고백을 들수 있다.

"주는 그리스도시요 살아 계신 하나님의 아들이시니이다"(마 16:16)

이런 제자들의 신앙고백은 교회가 처음 세워지고 공동체가 성장하면서 세례 문답을 위해 정형화되기 시작했고, 시간이 지날수록 발전하게 된다. 더욱이 교회 초기에는 여러 이단 종파들이 등장했는데 그들로부터 교회와 신앙을 수호하기 위해 신학을 정비하는 과정에서 내용이 더욱 보완되었다.

이렇게 다듬어진 신앙고백은 훗날 세례식 때만 아니라 모든 공적 예배에서 함께 고백하게 된다. 오늘날 우리가 고백하는 사도신경은 주후 750년에 확정된 공인원본(Forma Recepta)이다. 그 이후 로마가톨릭교회, 정교회 그리고 거의 모든 개신교회가 이 공인원본을 바탕으로 신앙을 고백하고 있다.

한 가지 참고사항으로 짚고 넘어갈 것이 있다. 본래 사도신경에는 "본디오 빌라도에게 고난을 받아 십자가에 못 박혀 죽으시고" 다음에 예수의 음부행(陰府行)에 관한 고백이 나온다. 곧 "예수께서 지옥에 내려가셔서(He descended into hell)"라는 문장으로 이어지는 것이다. 세계 많은 교회의 사도신경에는 이 문구가 들어있는데 유독 우리나라는 제외되어 있다. 사도신경의 전례 과정에서 누가 무슨 이유로 이것을 누락하였는지는 자세히 알지 못한다. 또 그동안 이것을 복원하려는 노력도 거의 하지 않았다.

다만 새로 번역된 사도신경(2007)에 주(註)를 첨가해서 이런 내용이 있음을 밝히고 있다. 이 구절에 대한 역사적·신학적 해석은 다양하므로 여기서는 그저 이런 사실이 있다는 것만 알아두고 넘어가기로 한다.

이 구절을 생략한다고 해서 우리가 온전한 신앙을 유지하는데 문제가 되는 것은 아니다. 억지로 알려고 하기 보다 이미 알고 있는 사도신경으로 진실하게 신앙고백 하는 것이 중요하다.

사도신경의 라틴어 원문은 크레도(Credo)로 시작한다. 이 단어는 '믿습니다'라는 뜻인데 여기서 cre는 '심장', do는 '드리다'의 뜻을 가지고 있다.

즉 믿음은 나의 심장, 나의 생명을 드리는 행위인 것이다. 믿음의 대상인 하나님이 내 생명보다 귀하기에 기꺼이 아낌없이 바치는 것이다.

그러니 이제 사도신경으로 신앙고백 할 때마다 생각 없이 외우는 것이 아니라 심장을 드리는 각오로 드려보라. 사뭇 의미가 달라지고, 신앙고백을 할 때마다 하나님의 생명과 지혜와 능력을 공급받아 하나님을 아는 것과 믿는 것에 하나가 되어 그리스도의 장성한 분량에 이르게 될 것이다(엡 4:13).

삼위일체 하나님

사도신경은 하나님을 향한 믿음의 내용과 고백으로 크게 세 조문으로 정리할 수 있다.

제1조는 성부 하나님을 향한 고백이다. 하나님은 어떤 분이신가? 그분은 전능자이시고, 천지의 창조주이시며, 우리의 아버지 되신 하나님이시다.

제2조는 성자 하나님을 향한 고백이다. 성자 하나님은 어떤 분이신가? 그분은 하나님의 독생자 주 예수 그리스도(구원자)이시다. 예수님은 다섯 가지 역사적 사건인 동정녀 탄생, 십자가 죽음, 승리의 부활, 영광의 승천, 약속된 재림으로 우리의 그리스도가 되신 하나님이시다.

제3조는 성령 하나님을 향한 고백이다. 성령 하나님은 어떤 분이신가? 성령님은 다음의 네 가지 역사 곧 거룩한 공교회를 세우고, 성도의 교제를 인도하며, 죄의 용서가 있게 하고, 마지막 그날에 몸의 부활과 영생을 주시는 임마누엘 그리스도의 영이신 하나님이시다. 그러므로 사도신경은 성부 성자 성령 삼위일체 하나님(유일한 기독교식 하나님의 이름)에 대한 교회

의 공적이고도 총체적인 고백이라 할 수 있다.

삼위일체라는 말이 나오면 꼭 이렇게 질문하는 이들이 있다. "하나님이 오직 한 분이라면 왜 굳이 성부 성자 성령 셋이라고 하는가?" 그런 사람들을 위해 16세기 종교개혁의 유산『하이델베르크 요리문답서』는 다음과 같이 친절하게 해설하고 있다. "하나님께서 말씀으로 그렇게 계시하셨기 때문이다. 이렇게 구별되는 삼위들이(these three distinct Person) 하나의 참되고 영원하신 하나님이시다."

즉 하나님은 성부 성자 성령 삼위로 존재하시고 역사하시지만, 그 존재와 영광과 권세에 있어서는 동등하시며 동일 본질을 가지고 계시는 한 분 하나님이신 것이다(요 10:31, 요 14:26, 행 5:3-4). 물론 삼위일체 교리는 우리 인간의 이성으로는 완전히 파악될 수 없고, 또 인간의 언어로는 온전히 설명될 수 없다. 다만 하나님께서 우리에게 삼위일체로 존재하심을 계시하셨기에 우리는 그에 근거해서, 그에 합당하게 하나님을 믿고 섬기는 것이다.

"성부 성자와 성령 영원히 영광 받으옵소서 태초로 지금까지 또 길이 영원무궁 성삼위께 영광 아멘." _찬송가 4장

사도신경으로 드리는 기도의 유익

언젠가 서점을 거닐다가 한 에세이집에 눈이 고였다. 『자고 깨어나면 늘 아침』이란 제목이었는데, 멈춰 서서 다시 읽고 보니 참으로 희망찬 고백이었다. 그 책의 제목처럼 아침(새벽)은 다시 새로운 하루가 시작되는 신선한 시간이다. 지나간 어제를 뒤로하고 다시 새로운 마음으로 싱그러운

새 날을 맞이할 수 있는 기쁨과 기대의 순간인 것이다.

이런 아침에 우리의 신앙을 담아 주님께 기도하는 것은 그 자체로 즐겁고 행복한 일일 것이다. "나는 주의 힘을 노래하며 아침에 주의 인자하심을 높이 부르오리니 주는 나의 요새이시며 나의 환난 날에 피난처심이니이다"(시 59:16) 특별히 새 날, 새 아침 우리가 사도신경으로 기도한다면 다음과 같은 유익을 누릴 수 있다.

하나, 하루의 문을 믿음의 기도로 열어 하나님께 모든 일과를 위탁한다.

둘, 오늘 살아있는 신앙고백으로 하나님께 기쁨과 영광을 돌린다.

셋, 그리스도인의 정체성을 재확인하여 하나님 자녀로서 확신을 갖는다.

넷, 무엇에든지 신앙고백 한 대로 생각하고 구하며 복된 하루를 산다.

다섯, 어떤 상황에서나 신앙고백 한 대로 이루어지는 임마누엘 구원을 본다.

여섯, 언제든지 신앙고백 한 대로 그리스도의 성품과 섬김을 점차 닮아간다.

일곱, 신앙고백적 삶으로 인해 이 땅에 하나님의 나라와 의가 이루어진다.

어느 날 성 어거스틴이 잠을 자다가 꿈을 꾸었다고 한다. 꿈에서 그토록 바라던 천국 문 앞에 당도하였는데 한 천사가 그 앞을 지키고 있었다. 천사는 그를 보더니 가로막으며 대뜸 누구냐고 물었다. "저는 그리스도인 어거스틴입니다." 그러자 천사는 그를 유심히 살펴보더니 갸우뚱하며 이렇게 대답했다. "아니다. 너는 그리스도인이 아니다. 너는 그리스도의 말씀과 교훈이 아니라 철학자 키케로의 사상으로 가득 찼구나." 천하의 어거스틴이 천국 문 앞에서 쫓겨나고 만 것이다. 화들짝 놀라 잠에서 깬 그는 눈물로 회개하며 자신의 신앙을 다시 돌이켰다고 한다.

그렇다면 우리는 진정 그리스도인인가? 혹여 오늘 우리가 천국의 문에 당도하였을 때 이런 말씀을 듣는 것은 아닐까? "너는 그리스도인이 아니다. 네 안에는 그리스도의 말씀이 아니라 돈으로, 성공으로, 탐심으로 가득 찼구나." 이제 스스로 자신의 믿음을 점검해보자. 그 믿음을 입술로 고백해보자.

그리고 매일 아침 그 고백으로 기도하여 예수로 충만한 그리스도인, 예수를 닮은 그리스도인으로 살아가자. 바른 믿음 바른 고백을 통하여 우리는 구원을 얻고(롬 10:9-10), 전인적 조화를 이룬 복된 신앙을 유지하며(살전 5:23), 이 땅에 하나님 나라와 의를 이루어 가게 될 것이다(마 6:33).

"우리가 살아도 주를 위하여 살고 죽어도 주를 위하여 죽나니 그러므로 사나 죽으나 우리가 주의 것이로다"(롬 14:8)

제
1
일
아
침
의
기
도

아, 행복한 새 날입니다. 감사합니다.
오늘도 하나님의 사랑받은 자로서 자녀답게 살겠습니다.
이 아침, 주님을 향한 나의 신앙을 다시 새롭게 고백합니다.

나는 전능하신 아버지 하나님, 천지의 창조주를 믿습니다.
나는 그의 유일하신 아들, 우리 주 예수 그리스도를 믿습니다.
그는 성령으로 잉태되어 동정녀 마리아에게서 나시고,
본디오 빌라도에게 고난을 받아 십자가에 못박혀 죽으시고,
장사된 지 사흘 만에 죽은 자 가운데서 다시 살아나셨으며,
하늘에 오르시어 전능하신 아버지 하나님 우편에 앉아 계시다가,
거기로부터 살아있는 자와 죽은 자를 심판하러 오십니다.
나는 성령을 믿으며,
거룩한 공교회와 성도의 교제와 죄를 용서 받는 것과
몸의 부활과 영생을 믿습니다. 아멘.

오 주 하나님, 오늘 하루 언제 어디서나 무엇에든지
신앙고백적 삶을 살게 하시어
오늘도 나로 인하여 주의 나라 주의 뜻 이루어지게 하소서.
예수님의 이름으로 기도합니다. 아멘.

2

전능하신 아버지 하나님

"나는 전능하신 아버지 하나님"

우리는 최첨단 기술 시대를 살고 있다. 인류 역사상 그 어느 시대도 오늘날만큼 변화무쌍하진 않았다. 이런 시대를 살아가려면 그에 걸맞은 지식이 우리에게 있어야 한다. 특히 시대를 앞서가는 사람이 되기 위해서는 반드시 세 가지 지식이 있어야 한다. 바로 검색, 탐색, 사색이다.

먼저 검색의 지식이 있어야 한다. 인터넷을 능수능란하게 다루어 바다같이 넓은 정보의 세계에서 내가 필요로 하는 정보를 찾아낼 수 있어야 한다. 또한 탐색의 지식이 있어야 한다. 찾아낸 정보를 더 깊이 탐색하여 나만의 지식으로 만드는 것이다. 그리고 사색의 지식이 있어야 한다. 내가 가진 지식이 어떤 의미가 있고 어떻게 사용해야 하는지를 깊이 생각하는 것이다.

그러나 또 한 가지, 인생을 살아가는 사람이라면 누구에게나 필요한 더 근원적인 지식이 있다. 그것은 바로 하나님을 아는 지식이다. 이것은 세상에서 인간이 가질 수 있는 가장 위대한 지식이다. 하나님을 알면 내 자신을 알고, 하늘로부터 오는 지혜로 말미암아 아름답고 복된 인생을 살 수 있기 때문이다.

15세기 독일의 영성가 토마스 아 켐피스(Thomas a Kempis)는 동시대인들을 향해 "우리의 불행은 전적으로 하나님을 알지 못하는 데 있다"고 말했다. 그의 지적처럼 하나님을 모르는 인생은 삶의 의미도 방향도 목적도 모른다. 따라서 자기 욕망이 이끄는 대로 살게 된다. 그런 사람이 제아무리 검색, 탐색, 사색으로 지식을 축적하면 무엇하겠는가? 그것은 결국 자신과 공동체에 불행한 결과만 초래할 뿐이다. 그 인생도, 그 세상도 결국 허무와 죽음과 종말에 이르고 마는 것이다.

"사람이 하나님을 발견하기까지는 그의 인생에 시작도 끝도 없다. 하나님을 발견하지 못한 인생은 무인생이다."_H. G. 웰즈(H. G. Wells)

성경은 우리를 향해 무엇보다 하나님을 아는 지식을 가지라고 말씀한다. 그래서 호세아 선지자는 "나는 인애를 원하고 제사를 원하지 아니하며 번제보다 하나님을 아는 것을 원하노라"(호 6:6)고 호소하며, 지혜자는 "여호와를 경외하는 것이 지혜의 근본이요 거룩하신 자를 아는 것이 명철이니라"(잠 9:10)라고 권면한다. 그러니 지식이 없어 망하는 자가 아니라 깨끗한 양심으로 하나님을 바르게 알고, 바르게 믿는 주의 백성으로 살아가야 할 것이다.

"지혜와 계시의 영을 우리에게 주사 하나님을 더 바르게 더 온전히 더 친밀히 알게 하소서!"

전능하신 아버지 하나님

사람은 누구나 나름대로 무언가를 믿고 사는 종교적 존재이다. 설혹 무신론자라고 할지라도 실상은 스스로 자신에게 속아서 무신론을 믿는 것일

뿐, 아무것도 믿지 않는 사람은 없다(시 53:1). 중요한 것은 내가 무엇을 믿는지, 누구를 믿는지에 달려 있다. 믿음은 언제나 바른 지식에서 비롯된다.

누군가 우리에게 무엇을 믿는가, 누구를 믿는가 묻는다면 어떻게 대답할 것인가? 우리의 첫 번째 대답은 이것이어야 한다. "나는 전능하신 아버지 하나님을 믿습니다." 이 믿음의 고백에는 하나님에 관한 두 가지 지식이 담겨 있다.

첫째로 하나님은 전능자이시다. 하나님께서 이스라엘 백성에게 자신의 이름을 처음 계시하셨는데, 그것이 바로 '여호와(야훼)'이다. 여호와는 스스로 있는 자(I am who I am 출 3:13)라는 뜻으로 무엇에 종속되거나 의존하지 않고 스스로 자존(自存)하는 분이라는 뜻이다. 이 전능하신 하나님께서는 최소한 세 가지 신적 특성을 내포하고 계신다.

먼저 영원성이다. 시편의 저자는 하나님을 향해 "산이 생기기 전, 땅과 세계도 주께서 조성하시기 전 곧 영원부터 영원까지 주는 하나님"(시 90:2)이라고 고백한다. 이처럼 여호와 하나님은 무엇에 종속되거나 의존하지 않고 스스로 영원부터 영원까지 영존하신다. 스스로 계시기에 온 우주의 근원이시고, 영원히 지존(至尊)으로 존재하신다.

"여호와여 주는 영원토록 지존하시니이다"(시 92:8)

또한 전능성이다. 여호와 하나님은 무엇이든지 행할 능력이 있으시고, 반드시 뜻한 바를 성취하시는 전능자이시다. 그 전능하심으로 천지를 창조하셨고, 죽을 수밖에 없는 모든 죄인과 세상을 위해 구원의 길을 마련하셨으며, 예수 그리스도를 통하여 구원 역사를 다 이루셨다. 그리고 그날에 새 하늘과 새 땅의 하나님 나라를 도래시키어 구원의 역사를 완성하실 것이다.

"너의 하나님 여호와가 너의 가운데에 계시니 그는 구원을 베푸실 전능자이시라"(습 3:17)

그리고 거룩성이다. 여호와 하나님이 전능하시다고 해서 아무 일이나 행하시는 것은 아니다. 그분은 언제나 거룩한 신적 성품 안에서 행하신다. 인간은 다 알 수 없고 헤아리지도 못할 거룩한 뜻에 따라 우리를 자녀로 택하시고, 그리스도 안에서 구속하셨으며, 성령으로 인치셔서 거룩한 교회로 삼으시고, 신성한 성품에 참여하게 하시며(벧후 1:4-7), 이 땅에 거룩한 하나님 나라를 세워 가시는 것이다.

"나는 여호와 너희의 거룩한 이요 이스라엘의 창조자요 너희의 왕이니라"(사 43:15)

둘째로 하나님은 아버지이시다. 신학자 스텐리 그렌츠(Stanley J. Granz)는 하나님을 "공동체로 존재하시는 분"이라고 정의했다. 즉 하나님께서는 홀로 외롭게 존재하시지 않고 삼위일체 안에서 서로 친밀한 관계 가운데 존재하신다. 이 공동체로 존재하시는 하나님께서는 우리 사람과도 친밀한 관계, 인격적인 관계를 맺기 원하신다. 친히 우리의 아버지가 되어 주시는 것이다.

사실 유대교나 이슬람교에서도 전능하신 하나님을 믿고 고백한다. 그러나 하나님을 아버지로, 우리를 그분의 자녀로 친밀하게 고백하는 것은 오직 그리스도교의 신앙이다. 먼저는 예수 그리스도께서 하나님을 아버지로 부르셨다(마 5:16, 마 26:39,42). 나아가 그 예수를 그리스도로 믿는 우리 역시 성령으로 말미암아 하나님을 "아바 아버지"로 부를 수 있게 된 것이다.

"너희가 아들인고로 하나님이 그 아들의 영을 우리 마음 가운데 보내사 아바 아버지라 부르게 하셨느니라"(갈 4:6, 참조 요 1:12, 롬 8:15)

하나님 자녀로서 합당하게

우리가 믿는 하나님은 여호와, 곧 스스로 계시는 영원하시고 전능하시고 거룩하신 하나님 아버지이시다. 당신은 이 사실을 믿는가? 그렇다면 이제 하나님의 사랑받는 자녀로서 마땅히 그에 합당하게 살아야 한다.

하나, 오직 하나님만을 섬기라. 여호수아는 이스라엘 백성 앞에서 "오직 나와 내 집은 여호와를 섬기겠노라"(수 24:15)고 당당히 선언했다. 이처럼 하나님의 자녀는 하나님 외에는 다른 신을 섬겨서는 안 된다. 오직 하나님만이 우리의 하나님이시고, 하나님만이 우리의 구원자이시며, 하나님만이 우리의 아버지이시다.

둘, 더욱 하나님께 감사하라. 우리의 존재, 생명, 인생, 건강, 소유, 구원 등 모든 것은 다 아버지 하나님께로부터 온 것이다. 그 은혜가 아니면 우리는 단 한시도 살아갈 수 없고, 존재할 수도 없다. 따라서 언제나 하나님의 이름을 높이고 범사에 감사해야 한다(시 103:1-5).

셋, 좋으신 아버지 하나님을 신뢰하라. 살다보면 때때로 어려움과 고난을 마주하게 된다. 그럴 때마다 우리에게 좋은 것을 베푸시는 아버지 하나님을 믿고 인내하며 기도하라. 아버지께서는 모든 것이 합력하여 선이 되게 하신다. "자기 아들을 아끼지 아니하시고 우리 모든 사람을 위하여 내주신 이가 어찌 그 아들과 함께 모든 것을 우리에게 주시지 아니하겠느냐"(롬 8:32)

넷, 힘써 거룩함을 유지하라. 거룩하신 하나님의 자녀는 누구든 그에 걸맞은 거룩한 삶을 살아야 한다. 거룩한 삶이란 하나님을 향한 순전한 영성과 이웃을 향한 정직한 도덕성을 함께 갖추는 것이다. 우리가 거룩한 자녀로 살아간다면 하나님께서 우리를 존귀하게 오래도록 사용하실 것이다. "하나님이여 내 속에 정한 마음을 창조하시고 내 안에 정직한 영을 새롭게 하소서"(시 51:10)

하루는 남미에 있는 아르헨티나의 유력 정치인이 미국 기자 로저 밥슨(Roger Babson)과의 인터뷰에서 이런 질문을 던졌다. "유럽인이 먼저 정착한 곳은 북미가 아니라 남미였습니다. 남미는 자원이 더 풍부하고 기후도 온화합니다. 그럼에도 오늘날 남미보다 북미가 훨씬 잘사는 이유는 무엇일까요?" 질문에 기자가 선뜻 대답하지 못하자 그가 이어서 대답했다. "남미는 스페인 사람들이 황금(gold)을 구하러 찾아온 땅입니다. 그러나 북미는 영국의 청교도들이 신앙(God)을 구하러 찾아온 땅입니다. 바로 여기에 근본적인 차이가 있습니다."

이처럼 하나님을 먼저 알고 하나님을 먼저 구하는 것이 지혜의 근본이고 행복의 근원이다. 우리가 믿는 하나님은 어떤 분이신가? 하나님은 여호와, 스스로 계시는 영원하시고 전능하시고 거룩하시며 좋으신 아버지이시다. 그러므로 세상 그 무엇보다 먼저 하나님을 구하라. 하나님만을 섬기라. 하나님께 감사하라. 하나님을 신뢰하라. 하나님께 나아가라. 그리하면 우리가 구하거나 생각하는 모든 것에 더 넘치도록 능히 하실 아버지 하나님의 은혜와 풍성이 우리에게 날마다 차고 넘치게 될 것이다(엡 3:20).

제 2 일 아침의 기도

오 하나님 아버지,
사도들로부터 전승된 신앙고백을 통하여
성부 성자 성령 삼위일체 하나님을 마음으로 믿고
입으로 고백하게 하시니 감사와 찬양을 드립니다.

스스로 계시는 전능하신 하나님,
여호와 주 만이 하나님이고, 구원자이십니다.
평생에 오직 여호와만을 높이고 찬양하며 섬기고자 하오니
오늘 이 아침, 나의 찬양과 경배와 인생을 받으시옵소서.

오, 파라클레토스 성령이시여
날마다 아버지 하나님과 더 친밀하게 지내는 자녀 되게 하소서.
먼저 하나님을 구하고 하나님만을 섬기며 범사에 감사하게 하소서.
고난 중에도 하나님을 더욱 신뢰하고,
매사에 구별된 하나님 자녀로서 거룩하게 살게 하소서.

성부 성자 성령 삼위일체 하나님
세세무궁토록 영광을 받으소서!

예수님의 이름으로 기도합니다. 아멘.

3

천지의 창조주 하나님

"천지의 창조주를 믿습니다"

어느 무더운 여름 오후, 청년 두 사람이 호박밭 옆에 있는 도토리나무 그늘에서 쉬고 있었다. 한 사람은 크리스천이었고 다른 한 사람은 불신자였는데, 믿음이 없던 친구는 항상 다른 친구의 신앙을 트집 잡곤 했다. "친구야, 네가 믿는 하나님은 참 불합리하구나. 어떻게 저렇게 큰 도토리나무에서 작은 도토리가 열리고, 저렇게 작은 호박넝쿨에서는 큰 호박이 열리냐?" 크리스천 친구는 그 말을 듣고 어처구니가 없었다.

그때 마침 바람이 "휘익" 불어 도토리나무에서 작은 도토리 한 알이 떨어져 트집잡던 친구의 머리에 떨어졌다. 그러자 크리스천 친구는 얼른 이렇게 응수했다. "친구야, 우리 하나님은 얼마나 합리적이시냐? 만약 도토리나무에서 호박만큼 큰 열매가 열렸다면 벌써 네 머리는 박살났을 거야."

단순한 우스갯소리이지만 우리는 이를 통해 하나님의 섭리에 대해 생각해볼 수 있다. 평소 우리는 잘 느끼지 못하지만 사실 도토리나무 한 그루, 호박넝쿨 한 줄기에도 창조자의 섭리가 담겨 있다. 사람의 작은 지혜로는 다 헤아릴 수 없는 하나님의 뜻과 계획이 모든 피조 세계 안에 담겨 있는 것이다. "하늘이 땅보다 높음 같이 내 길은 너희의 길보다 높으며 내 생각은 너희의 생각보다 높음이니라"(사 55:9)

창조 신앙을 갖는다는 것

사도신경에서 성부 하나님을 향한 두 번째 고백은 "천지의 창조주를 믿습니다(I believe … Maker of heaven and earth)"이다. 이는 전능하신 아버지 하나님께서 이 세상을 창조하신 근원자이시며, 우리는 그의 피조물이라는 사실을 인정하는 것이다. 그렇다면 우리가 가져야 할 창조 신앙의 내용은 무엇인가? 크게 세 가지로 살펴본다.

첫째로 창조 신앙은 하나님께서 존재의 근원이심을 인정하는 것이다. 창조 신앙은 하늘과 땅의 모든 생명과 우주의 근원이 하나님께 있다는 믿음이다. 우리는 유(有)로부터 유가 나오는 진화론을 단연코 거부한다. 오직 하나님만이 생명과 우주의 근원이심을 믿는다.

이 세상이 있기 전부터 하나님께서는 계셨고, 그분의 인격과 역사가 있었다. 보이지 않는 하나님께서 먼저 존재하셨으며, 그분의 역사로 말미암아 보이는 세계가 창조된 것이다. "믿음으로 모든 세계가 하나님의 말씀으로 지어진 줄을 우리가 아나니 보이는 것은 나타난 것으로 말미암아 된 것이 아니니라"(히 11:3)

믿음은 눈에 보이는 사실(fact) 너머에 있는, 눈으로 다 헤아릴 수 없는 진실(truth)을 추구한다. 이것이 과학적 관점과 성경적 관점의 차이이다. 과학은 사실을 증명하려고 하지만, 성경은 진실을 증거한다. 주어진 계시를 통하여 하나님께서 생명과 우주의 근원이심을 분명히 밝히는 것이다. "이는 만물이 주에게서 나오고 주로 말미암고 주에게로 돌아감이라 그에게 영광이 세세에 있을지어다 아멘"(롬 11:36)

둘째로 창조 신앙은 하나님께서 우주만물의 창조주이심을 인정하는 것이다. 성경의 첫 책 창세기를 펴면 가장 먼저 나오는 것이 "태초에 하나님이 천지를 창조하시니라"(창 1:1)라는 창조주 하나님을 향한 고백이다. 여기서 창조라고 번역된 히브리어 '바라'는 유로부터 유가 나오는 것(make)이 아니라 무(無)로부터 유가 나오는 것(create)이다.

창세기에는 창조 이야기가 두 가지 버전으로 기록되어 있다. 첫 번째 이야기는 "태초에 하나님이 천지를 창조하시니라"로 시작해서 "이것이 천지가 창조될 때에 하늘과 땅의 내력이니"(창 2:4a)로 끝을 맺는다. 두 번째 이야기는 "여호와 하나님이 땅과 하늘을 만드시던 날에"(창 2:4b)로 시작하여 "사람이 생령이 되니라"(창 2:7)로 끝이 난다.

이 두 이야기에서 주요한 차이점은 무엇에 초점을 맞추고 있는가이다. 즉, 첫 번째 이야기는 하늘에 초점을 둔 우주론적 창조이고, 두 번째 이야기는 땅에 초점을 둔 인간론적 창조인 것이다.

이 두 가지 창조 이야기는 하나님께서 우주만물을 비롯한 물질세계와 눈에 보이지 않는 영적세계까지 모든 것을 완벽하고 균형있게 창조하셨음을 보여준다. 그리고 그 창조의 끝자락에 하나님의 형상대로 사람을 창조하셔서 이 모든 것을 다스리고 정복하며 생육하고 번성하도록 하셨음도 알려준다(창 1:27-28).

이처럼 하나님께서는 자신의 목적에 따라 우주만물이 하나의 유기체를 이루어 적절한 질서와 아름다운 조화를 이루며 운행하도록 창조하셨다. 그래서 창조 세계의 신비를 깨닫는 사람은 누구나 감탄하며 하나님을 고백할 수밖에 없다. 노벨물리학상을 받은 과학자 아서 캄튼(Arthur H. Compton)의 고백을 들어보자. "이 우주는 최고의 지성을 가지신 분이 지으셨고 또 그분이 사람을 창조했다고 깨닫게 되어, 나는 신앙을 갖게 되었다."

셋째로 창조 신앙은 하나님께서 역사의 주관자이심을 인정하는 것이다. 그리스도인들은 흔히 history(역사)를 His story(그의 이야기)로 번역하곤 한다. '그분(하나님)'께서 우리 인간 역사를 주관하고 계심을 믿기 때문이다. 이처럼 기독교 역사관은 하나님께서 역사의 알파와 오메가이시고, 역사를 다스리시는 주관자이심을 믿는 섭리적 사관이다. 곧 창세전부터 우리 각 사람을 창조하시고, 인류 구원 계획을 세우시고, 세상에 하나님 나라를 세우려고 그리스도를 보내시고, 그 뜻대로 부름 받은 주의 백성(교회)을 모으시고, 세상 모든 사건들이 합력하여 선이 되도록 섭리하셔서(롬 8:28) 하나님 나라로 나아가게 하시고, 종말의 그날에 악한 역사를 심판하셔서 마침내 새 하늘 새 땅의 하나님 나라를 완성하신다는 것이다.

일찍이 예수님께서는 참새 한 마리가 땅에 떨어지는 것 같은 아주 사소한 일까지도 다 하나님의 섭리 가운데 있다고 확언해 주셨다(마 1:29). 세상에 우연은 없다. 모든 것은 하나님의 선하신 섭리 안에서 필연이 된다. "모든 일을 그의 뜻의 결정대로 일하시는 이의 계획을 따라"(엡 1:11) 이루신다는 말씀대로, 우리의 개인사는 물론이거니와 세상에 일어나는 모든 일이 다 하나님의 손길 안에 있는 것이다.

중요한 것은 내가 이 선하신 뜻을 깨닫고, 그 구원 계획에 즐겨 참여하는가에 달렸다. 인생은 심판적이다. 만일 이 믿음을 가지고 하나님의 구원 역사에 참여하면 복된 인생이 되겠지만, 그렇지 않다면 끝내 불행한 인생이 되고 말 것이다. 잊지 말라. 종말의 그날은 누구에게나 반드시 온다. "내가 진실로 속히 오리라 하시거늘 아멘 주 예수여 오시옵소서"(계 22:20)

창조주 하나님 앞에서

창조 신앙은 하나님께서 모든 존재의 근원이시고 우주만물의 창조주이시며 세상 역사의 주관자이심을 인정하고 고백하는 것이다. 당신은 이를 믿는가? 진실로 믿는다면 이에 따라 당연히 말과 생각과 행동이 변화될 수밖에 없다. 창조주 하나님을 나의 아버지로 믿을 때 우리는 어떻게 살아야 하는가?

하나, 오직 창조주 하나님을 경외하라. 인생의 제일원리는 창조주 하나님을 전능하신 아버지 하나님으로 인정하고 경외하는 것이다. 경외란 "네 마음을 다하고 목숨을 다하고 뜻을 다하여 주 너의 하나님을 사랑하라"(마 22:37)고 하신 말씀을 따라 하나님을 높이며 사랑하고, 무엇에든지 하나님을 의식하며 행하는 것이다.

인생의 모든 좋은 것은 하나님을 경외하는 것으로부터 나오며, 인생의 모든 불행은 하나님을 경홀히 여기는 것으로부터 시작된다. 창조주 하나님을 경외하며 사는 것보다 세상에 더 복되고 안전한 것은 없는 것이다. "너는 청년의 때에 너의 창조주를 기억하라"(전 12:1)

둘, 기독교 역사관을 가져라. 하나님께서는 세상이 어떠하든 자신의 뜻에 따라 역사를 이끌어 가시고, 반드시 그날에 하나님 나라를 완성하실 것이다. 이런 기독교 역사관을 갖고 살아가기 위해서는 우리에게 두 가지가 전제되어야 한다.

하나는 나만의 사명을 발견하는 것이다. 스위스 사상가인 칼 힐티(Carl Hilty)는 "내 인생 최고의 날은 사명을 자각한 날"이라고 말했다. 사명은 존재 목적이며, 살아야 할 이유이고, 필생의 과업이며, 삶의 에너지이다. 하나님의 계획 안에서 주어진 나만의 사명을 찾아 감당함으로 우리는 이 땅에 하나님 나라를 일구어가며 하나님의 역사에 동참할 수 있다.

다른 하나는 주님의 섭리를 인정하는 것이다. 살다보면 내 생각으로는 도저히 받아들일 수 없는 억울한 일과 환난을 당하기 마련이다. 그럴지라도 거기에 선하신 주의 섭리가 있는 줄 믿고 예수 십자가를 바라보며 기도로, 감사로, 사랑으로 인내하면 지금 안 된 것이 훗날 더 잘되는 은혜를 경험하게 될 것이다(창 45:5-8). "과거는 에벤에셀 하나님께 감사하고, 미래는 여호와이레 하나님께 맡기고, 현재는 임마누엘 하나님과 동행하라."

셋, 문화사명으로 세상을 회복시켜라. 우리는 세상의 청지기로 지음받은 존재이다. 그런데 우리의 타락과 죄악으로 인하여 세상 자연만물도 함께 오염되어 고통 받으며 신음하고 있다(롬 8:22). 만일 우리가 그리스도인이라면 이런 피조물의 탄식소리에 귀를 기울여야 한다.

하나님께서는 세상을 만드신 뒤 우리에게 모든 피조물을 다스리라는 문화명령(cultural mandate 창 1:28)을 주셨다. 우리는 이를 받들어 모든 피조물과 자연환경을 잘 다스리고 관리하여 아름답고 복된 세상으로 가꾸어야 한다. 문화사명을 감당하기 위한 우리의 행동지침은 다음과 같다. "생각은 지구적으로 크게 하고, 실천은 나부터, 할 수 있는 것부터, 작은 것부터, 지금부터 하는 것이다."

윌리엄 윌버포스(William Wilberforce)는 18세기 영국의 노예제도 철폐를 위해 인생을 바친 사람이다. 1787년 10월 28일, 그는 자신의 일기에서 "전능하신 하나님은 내 일생을 바쳐 완수해야 할 두 가지 사명을 주셨다. 하나는 노예 제도를 폐지하는 것이고, 또 하나는 도덕성을 회복하는 일이다"라고 고백한다.

당시 노예무역은 영국의 주요 수입원이었다. 당연히 그는 왕족과 귀족들로 구성된 노예제 지지 세력으로부터 엄청난 박해와 핍박, 매국노라는 모욕을 당했다. 그러나 그는 온갖 위협과 고통에도 흔들리지 않고 끝까지 사명을 감당했다. 그의 유명한 연설을 들어보라.

"영국이 진정으로 위대한 나라가 되고자 한다면 하나님의 법을 지켜야 하는데, 노예제도는 분명 하나님의 분노를 자극하는 일이다. 기독교 국가를 자처하는 영국이 황금에 눈이 어두워 노예제도를 용인하고 있다니, 이러고도 오래 살아남은 제국은 역사에 없었다."

그는 자주 반대에 부딪혔으나 존 웨슬리 같은 뜻 있는 목사들과 동역자들의 도움을 받으며 외롭고 기나긴 싸움을 싸웠다. 1833년 7월 27일, 마침내 하나님 앞에서 뜻을 세운지 46년 만에 영국 국회는 노예제도를 영원히 폐지하는 법안을 통과시켰다. 그리고 3일 후, 그는 다음과 같은 유언을 남기며 눈을 감았다. "나로 하여금 영국이 노예제도를 포기하는 날을 목도하고 죽게 하시니 하나님께 감사할 뿐이다."

오늘도 세상의 각처에 놓인 참담한 현실 속에서 하나님은 이 윌버포스와 같은 하나님의 사람을 찾고 계신다. 오직 창조주 하나님을 신뢰하며 기독교 역사관을 가지고 이 땅을 회복시켜 나갈 사명자를 찾고 계신 것이다. 18세기 영국의 윌버포스처럼 이 시대의 죄악과 불의와 깨어짐 앞에 나설 사람은 누구인가? 바로 우리가, 내가 이 부름에 응해야 할 사명자이다. "내가 여기 있나이다 나를 보내소서"(사 6:8)

제 3 일 아침의 기도

하나님 아버지,
존재의 근원이시고, 창조주이시며, 역사의 주관자이신 주님께
찬양과 경배와 영광을 드립니다.
인생의 제일원리는 창조주 하나님을 믿고 섬기는 것이니
먼저 신령과 진정으로 예배하는 자가 되게 하소서.

오 주 하나님, 나만의 부르심의 사명을 발견하게 하시어
천천히 꾸준히 즐기면서 주님과 함께 그 길 가게 하소서.
때때로 이해할 수 없는 고난이 있을지라도
모든 것을 합하여 선으로 이끄시는 하나님의 섭리를 믿고
더욱 기도로, 감사로, 십자가 사랑으로 살아가도록 이끌어주소서.

보혜사 성령이시여,
우리의 눈과 귀를 열어 만물의 탄식소리를 듣게 하시며
믿음으로 마음으로 행동으로 응답하게 하소서.
생각은 크게 하고, 나부터, 할 수 있는 것부터,
작은 것부터, 바로 지금 행하게 하시어
저로 인하여 주의 나라 주의 뜻이 바로 서게 하소서.

만물이 다 주께로부터 나오고, 주께로 돌아감이니
세세무궁토록 영광을 받으시옵소서.

예수님의 이름으로 기도합니다. 아멘.

4

우리 주 예수 그리스도

"나는 그의 유일하신 아들
우리 주 예수 그리스도를 믿습니다"

믿음은 신비이다. 우리가 가진 능력과 수단으로는 하나님을 완전히 이해할 수 없기 때문이다. 따라서 우리가 하나님을 알아가는 과정에서 반드시 잊지 말아야 할 한 가지 대전제가 있다. 그것은 우리가 하나님을 완벽하게 알 수 없다는 사실이다.

인간의 언어로는 그분을 정의할 수 없다. 인간의 지식으로는 그분을 파악할 수 없다. 인간의 능력으로는 그분을 측량할 수 없다. 우리는 그저 하나님께서 보여주시는 만큼 보며, 알려주시는 만큼 알 수 있을 따름이다. 일찍이 이 사실을 깨달았던 중세의 신학자 토마스 아퀴나스(Thomas Aquinas)는 말한다. "하나님이 누구신지 알 수 없음을 잊지 말라. 이것이 하나님에 대한 최후의 인간 지식이다."

따지고 보면 믿음의 내용뿐만 아니라, 믿는 것 자체도 신비이다. 생각해보라. 21세기를 살아가는 우리가 어떻게 2천 년 전 이스라엘 유대 땅 베들레헴의 마구간에서 태어나 십자가에 달려 처참하게 죽은 예수라는 청년을 하나님의 아들로, 그것도 나의 주 그리스도로 믿을 수 있단 말인가?

인간의 이성으로는 도저히 납득할 수 없는 일이다. 오죽하면 예수를 눈으로 보고, 그에게 세례를 주고, 심지어 그의 길을 예비하러 세상에 왔다고 자처하던 세례요한조차 제자를 보내어 다시금 확인하며 물어보지 않던가? "오실 그이가 당신이오니이까 우리가 다른 이를 기다리오리이까"(눅 7:19) 당시의 세례요한이 그러할진대 오늘 우리가 믿음을 갖는 것은 더욱 말이 안 되는 일이다.

우리에게 믿음이 있다는 것은 신비이다. 은혜라는 말 외에는 달리 설명할 길이 없다(엡 2:8). 그러므로 우리는 믿음 앞에 겸손해야 한다. 겸손한 마음으로 주님을 찾는 자만이 은혜를 입고, 하나님을 알고, 믿음을 가질 수 있는 것이다.

예수는 누구신가?

그렇다면 우리가 그 은혜를 인하여 믿음으로 말미암아 알게 된 예수 그리스도는 누구신가? 만일 누군가 우리에게 도대체 예수가 누구이기에 그를 믿느냐고 묻는다면 어떻게 대답해야 하는가?

우리는 사도신경의 두 번째 대목에서 과연 예수 그리스도께서 어떤 분이신지를 확인한다. "나는 그의 유일하신 아들 우리 주 예수 그리스도를 믿습니다." 여기서 우리는 예수님을 설명하는 네 가지 호칭이 있음을 알 수 있다.

첫째로 그분은 예수이시다. '예수'는 인류 구원을 위해 하늘로부터 이 땅에 오신 하나님의 아들에게 붙여진 이름이다. 이 이름은 그가 태어나시기 전부터 하나님께로부터 계시되었으며(눅 1:31), 그 뜻은 "자기 백성을 그들의 죄에서 구원할 자"(마 1:21)이다.

성경은 세상의 모든 문제가 죄로부터 비롯되었다고 말씀한다. 그런데 하나님께서 예수라 불리는 이 아기를 죄로 가득한 세상의 구원자, 치유자, 해방자로 보내신 것이다. 이 예수를 통해서 우리는 죄로부터 구원을 얻고 참된 치유를 받으며 해방의 자유를 누리게 되었다.

"다른 이로써는 구원을 받을 수 없나니 천하 사람 중에 구원을 받을 만한 다른 이름을 우리에게 주신 일이 없음이라 하였더라"(행 4:12)

둘째로 그분은 그리스도이시다. '예수'가 성육신하신 하나님의 아들에게 주어진 인간적 호칭이라면 '그리스도'는 그분이 세상에 오셔서 행하실 사역에 관한 직분적 호칭이다. 그리스도는 구약의 메시아와 동일한 단어로 그 뜻은 '기름부음을 받은 자'이다. 당시 사람들은 선지자, 제사장, 왕과 같은 중요한 직책을 맡길 때 기름을 부어 사람을 세웠다. 그리고 이것은 예수 그리스도께서 이 세상에 오셔서 행하신 일과도 매우 밀접한 연관이 있다.

예수 그리스도는 선지자이시다. 선지자란 하나님의 뜻과 경륜을 말씀으로 세상에 전하는 자이다. 예수님께서는 말씀으로 세상에 오시고, 말씀대로 사시고, 말씀을 가르치시고, 말씀을 다 이루셨으니 진실로 우리의 선지자이시다(히 1:1-2).

예수 그리스도는 제사장이시다. 제사장은 하나님께 나아가 희생 제사를 드려 백성의 죄를 사하는 자이다. 예수님께서는 친히 자신을 바쳐 십자가 죽으심으로 모든 사람을 위하여, 단번에, 영원히, 죄 사함 받는 대속의 길을 마련하셨으니 진실로 우리의 대제사장이시다(히 9:26).

예수 그리스도는 왕이시다. 왕은 그의 나라와 백성을 통치하고 다스리는 자이다. 예수님께서는 만물의 창조주요 역사의 주관자로서 세상 나라와 인간 개인을 다스리실 뿐만 아니라, 이 땅에 교회를 세우시고 그 백성을 성령과 말씀으로 인도하며 마지막 그날에 만왕의 왕 만주의 주로 임하실 영원한 왕이시다(딤전 6:15).

이처럼 예수님께서는 선지자, 제사장, 왕의 세 가지 직분을 동시에 이루신 유일하고 영원한 우리의 그리스도이시다.

셋째로 그분은 유일하신 아들이시다. 예수님은 성부 하나님께서 이 세상에 그리스도로 보내신 독생하신 하나님이시다(요 1:18). 예수님께서는 자신이 본질상 하나님과 하나이며, 그럼에도 세상에 보냄 받은 아들로서 받은 바 사명을 이루시는 '삼위일체적 아들'이심을 증거하셨다. "나와 아버지는 하나이니라 하신대 (중략) 너희가 아버지께서 내 안에 계시고 내가 아버지 안에 있음을 깨달아 알리라 하시니"(요 10:30,38) 곧 예수님은 하나님의 아들로 오신 하나님이시며, 그 유일하신 아들 예수님을 그리스도로 믿을 때 우리도 하나님의 자녀가 되는 은혜를 입는 것이다(요 1:12, 롬 8:29).

넷째로 그분은 주님이시다. 우리가 예수님을 주님이라고 부를 때, 우리는 스스로 그분의 종임을 인정하는 것이다. 종은 언제나 주인의 뜻을 따른다. 본래 우리는 죄의 노예로 살며 죄악을 행하던 존재였다. 그런데 예수님께서 보배로운 피를 통해 우리를 구속하셨기에 이제 우리는 예수님을 나의 주님으로 부르며 구원을 누리게 되었고(롬 10:13), 주님의 것이 되어 날마다 주님 뜻대로 살아가게 된 것이다(롬 14:8).

언제 어디서나 신앙고백을

예수님께서 예루살렘으로 가시던 길에 제자들을 향해 자신이 누구인지 물으셨다. 그러자 베드로가 나서서 예수님께 대답했다. "주는 그리스도시요 살아 계신 하나님의 아들이시니이다"(마 16:16) 그러자 예수님은 그를 칭찬하시며 이 고백이 사람의 지식이 아니라 하나님 아버지께로부터 온 계시라고 말씀하셨다.

앞서 이야기한 대로 하나님을 향한 신앙고백은 인간의 이성으로 할 수 있는 것이 아니다. 오직 겸손하게 하나님을 찾는 자에게만 주어지는 은혜인 것이다. 예수님은 나에게 누구신가? 과연 베드로처럼 망설임 없이 "예수님은 나의 주 그리스도 하나님이시다"라고 당당히 고백할 수 있는가? 스스로에게 진실로 물어보라. 내가 가난할 때도, 병 들었을 때도, 억울한 일을 당했을 때도, 고난당할 때도, 성공했을 때도, 직장에서도, 가정에서도, 혼자 있을 때도, 월급 앞에서도, 이익 앞에서도, 심지어 죽음 앞에서도 예수님은 나의 그리스도가 되고 계신가?

일본의 목회자 가가와 도요히코(Kagawa Toyohiko)는 제2차 세계대전 당시 반전평화운동 지도자로 활동하던 사람이다. 하루는 그가 붙잡혀 일왕 앞에 끌려가게 되었다. 그 살벌한 자리에서 일왕이 그에게 물었다. "네가 그렇게 죽도록 충성하는 예수는 도대체 누구냐?" 가가와 목사는 담담하게 한마디로 대답했다. "저를 보시면 예수님을 가장 잘 아실 것입니다." 대답을 듣자 일왕은 화를 내며 소리쳤다. "그걸 대답이라고 하느냐? 어떻게 예수가 너를 닮았단 말이냐?"

목사는 말한다. "지금 제 몸에 흐르는 피는 죄악으로 가득 찬 더러운 피입니다. 어머니는 천한 기생이었고, 할머니도 기생이었습니다. 그런데 예수님은 이렇게 더럽고도 천한 저에게 오셔서 저를 구원하시고 변화시켜 그분의 자녀로 사용하십니다. 또한 저는 폐결핵 3기로 살아날 가능성이 없다고 의사들이 진단했으나 예수님의 권능으로 고침을 받아 이렇게 반전 평화운동을 하고 있습니다. 예수님은 나의 주 하나님이시고 나는 그분의 종입니다."

참으로 놀랍고 담대한 신앙고백 아닌가? 이처럼 예수 그리스도의 주 되심은 언제 어디서나 우리의 삶으로 고백되어야 한다. 말로만이 아니라 우리의 온유, 겸손, 배려, 진실, 정직의 모습을 보고 도대체 어떻게 그런 삶이 가능한지 알고 싶을 만큼 신앙고백적 삶을 살아야 하는 것이다. 우리가 이렇게 살아갈 때만이 우리 믿음을 통하여 예수 그리스도의 주 되심은 드러날 것이며, 온 세상은 그 영광에 놀라게 될 것이다.

"너희 마음에 그리스도를 주로 삼아 거룩하게 하고 너희 속에 있는 소망에 관한 이유를 묻는 자에게는 대답할 것을 항상 준비하되 온유와 두려움으로 하고"(벧전 3:15)

제4일 아침의 기도

오 하나님 아버지,
성자 예수님을 세상에 보내셔서
그리스도 나의 주로 믿게 하시고
하나님 자녀로 구원받게 하시니 감사와 찬양과 영광을 돌립니다.

예수님은 그리스도 나의 주 하나님이십니다.
날마다 더욱 주의 이름을 높이고 찬양하며 전하기 원합니다.
언제 어디서나 무엇에든지 신앙고백적 삶을 살고자 하오니
성령이시여, 절대 불변하는 강한 믿음을 더하시옵소서.

삶이 고달플지라도 예수 그리스도 나의 주님을 진실로 믿어
어떤 시련과 환난도 넉넉히 이기는 구원을 보게 하소서.
오 주 하나님, 뜨겁게 믿는 자 되게 하소서.
큰 믿음, 산 믿음, 오직 믿음의 사람으로 날마다 일어나게 하소서.

예수, 나의 주 그리스도 하나님
주님 밖에는 나의 복이 없나이다.

예수님의 이름으로 기도합니다. 아멘.

5

성육신하신 예수 그리스도

"그는 성령으로 잉태되어
동정녀 마리아에게서 나시고"

1976년 7월 26일, 미국의 아홉 번째 유인(有人)우주선 아폴로 15호가 달에 도착했다. 당시 미국항공우주국의 비행사였던 제임스 어윈(James Irwin)은 사흘 동안 달의 표면을 탐사하며 일명 '창세기의 돌(Genesis Rock)'이라 불리는 월석을 채취해서 돌아왔다.

귀환 후 그는 많은 이들로부터 축하와 존경을 받는데, 어느 축하연에서 사람들을 향해 이렇게 고백했다고 한다. "인류 역사 최고의 날은 인간이 달에 도착한 날이 아니다. 하나님이신 예수께서 이 땅에 오신 날이다."

자신을 높이고 칭송하는 자리에서 무엇보다 하나님을 높이며 신앙을 고백할 수 있다니 참으로 놀라운 믿음이 아닐 수 없다. 동시에 우리의 믿음은 어떤지 돌아보게 된다. 우리는 과연 언제 어디서나 바르게 믿고 신앙을 고백하며 살고 있는가?

예수 탄생의 의미

예수님은 온 세상을 구원하러 오신 하나님의 그리스도이시다. 주님께

116

서는 다섯 가지 사건을 통해 우리에게 그리스도 되심을 드러내셨다. 곧 동정녀 탄생, 십자가 죽음, 승리의 부활, 영광의 승천, 약속된 재림이다. 일반적으로 크리스천들은 예수님의 십자가와 부활을 강조하지만 사실 시간적으로 가장 앞서는 것은 동정녀 탄생 사건이다. "그는 성령으로 잉태되어 동정녀 마리아에게서 나시고." 대체 동정녀 탄생에 어떤 의미가 있기에 우리는 이것을 예수 믿음의 첫 번째 내용으로 삼은 것일까? 세 가지로 정리해본다.

첫째로 동정녀 탄생은 삼위일체 하나님의 성육신(成肉身) 사건이다. 성육신은 성부 하나님께서 만세 전에 계획하시고, 성령 하나님의 개입하심을 통하여, 성자 하나님께서 우리와 같은 인간의 몸을 입고 세상에 오신 역사적 사건(historial fact)을 말한다.

성경에는 수많은 기적이 기록되어 있다. 그러나 그 어떤 기적도 이 성육신 사건에 비할 수 없다. 천지만물 온 우주를 만드신 창조주 하나님께서 인류 역사 한 가운데, 그것도 연약한 인간의 몸을 입고 들어오셨기 때문이다(요 1:13-14). 이 성육신은 인류 역사상 가장 이해 불가하고 초자연적인 사건이다. 다른 모든 것은 이에 비하면 그림자에 불과하다.

종종 성경의 다른 기적은 다 믿어도 예수의 동정녀 탄생은 믿을 수 없다고 하는 이들이 있다. 이들은 못 믿는 것이 아니라 안 믿는 것이다. 자기 지식에 매인 교만이요 불신앙인 것이다. 전능하신 창조주 하나님을 믿는다면 그분께서 무엇인들 못 하시겠는가? 홍해를 못 가르시겠는가? 죽은 자를 못 살리시겠는가? 죄인을 못 구원하시겠는가? 동정녀 탄생을 못 행하시겠는가? 전능하신 창조주 하나님께서는 무엇이든 얼마든지 하실 수 있다. 그러므로 예수님을 향한 첫 번째 신앙고백은 언제나 동정녀 탄생이어야 한다. 이것이 안 되면 기독교 신앙은 성립될 수가 없다. 언제나 이해보다 믿음이 먼저이다. 먼저 믿는 자가 되라. 지식으로 이해하려 하지 말고 먼저 삼위일체 창조주 하나님을 믿어라. 그러면 성경의 모든 것이 이해가 될 것이다.

둘째로 동정녀 탄생은 하나님께서 우리에게 오신 임마누엘 사건이다. 예수님은 온전한 거룩과 완전한 신성을 가지신 성자 하나님이시다. 그런데 성부 하나님께서 이런 예수님을 죄와 죽음으로 가득 찬 세상에 인간의 모습(in the same human nature)으로 보내셨다. 예수님의 제자 마태는 이 성탄의 기적을 다음과 같이 기록하고 있다. "보라 처녀가 잉태하여 아들을 낳을 것이요 그 이름은 임마누엘이라 하리라"(마 1:23)

임마누엘이란 "하나님이 우리와 함께 하신다"는 뜻이다. 즉 하나님께서 예수 그리스도를 통하여 우리 가운데 오시고, 우리를 만나시며, 우리를 이해하시고, 우리와 동행하신다는 것이다. 우리의 연약함을 직접 체휼하신(히 4:15) 예수님은 세상 끝날까지 항상 우리와 함께 하며 우리의 연약함을 도우시는 임마누엘 하나님이시다.

그러므로 우리는 힘들고 어려울 적마다 때를 따라 돕는 은혜를 얻기 위하여 담대히 예수님께 나아가야 한다(히 4:16). 예수 임마누엘을 믿고 신뢰할 때 우리가 헤아릴 수 없는 큰 감사와 감격을 경험하게 될 것이다.

"이 세상 가장 좋은 것은 하나님이 나와 함께 하심이다."_존 웨슬리

셋째로 동정녀 탄생은 인간 구원을 위한 하나님의 사랑 사건이다. 성

탄은 죄로 인해 죽을 수밖에 없는 진노의 자녀인 우리를 위해 하나님께서 독생자를 보내신 '오심의 기적'이다(coming). 그런데 더욱 놀라운 것은 하나님께서 단순히 오실 뿐만 아니라 친히 인간이 되셨고, 또 죄인들을 살리기 위해 죄인이 되셨다는 사실이다(being).

우리는 종종 개나 고양이를 좋아하는 사람들을 보곤 한다. 오죽하면 애완동물을 넘어 이제는 반려(伴侶)동물이라 부른다. 하지만 아무리 동물을 사랑한다고 해도 사람이 동물처럼 살 수는 없다. 더욱이 사람이 개나 고양이 자체가 될 수는 없다. 그런데 하나님께서 죽을 수밖에 없는 죄인을 구원하기 위하여 친히 인간이 되시고 죄인이 되시며 저주받은 자가 되신 것이다. 사랑이 아니라면 대체 무슨 이유로 전능하신 창조주 하나님께서 이런 일을 행하시겠는가?

이 이해할 수 없는 사건을 통해 우리가 분명히 알게 되는 한 가지가 있다. 그것은 바로 하나님께서 이 죄 많은 세상을 지극히 사랑하신다는 사실이다. "하나님이 세상을 이처럼 사랑하사 독생자를 주셨으니 이는 그를 믿는 자마다 멸망하지 않고 영생을 얻게 하려 하심이라"(요 3:16, 참조 요일 4:9)

사실 이 세상은 망했어도 벌써 망했을 세상이다. 예수님 오실 당시만 해도 어찌나 인심이 각박했던지, 만삭의 여인이 몸 둘 곳 없어 결국 마구간에서 출산해야 했던 흉악한 세상이었다. 이만하면 이미 말세인 것이다. 그럼에도 하나님께서는 죄 많은 세상을 사랑하신다. 그것도 독생자를 주실 만치 사랑하신다.

이처럼 독생자를 아낌없이 주시는 지극한 하나님의 사랑이 현존하기에 오늘도 세상은 존재할 수 있고, 새 아침을 맞이할 수 있다. 그 사랑이 우리의 모든 죄와 악을 상쇄하고도 남기에 세상은 아름다우며, 마침내 그 사랑이 모든 것을 이기고 승리하기에 우리는 평안한 것이다. 이 사랑의 확신에 찬 바울 사도의 고백을 들어보라.

"누가 우리를 그리스도의 사랑에서 끊으리요 환난이나 곤고나 박해나 기근이나 적신이나 위험이나 칼이랴 그러나 이 모든 일에 우리를 사랑하시는 이로 말미암아 우리가 넉넉히 이기느니라"(롬 8:35,37)

측량할 수 없는 사랑

오래전 한 젊은 그리스도인이 교회를 다니면서도 이 동정녀 탄생이 믿어지질 않아 한동안 방황하였다고 한다. 그러던 어느 날 해변을 거닐던 그가 어린 소년이 소라 껍데기에 바닷물을 계속 퍼 담는 모습을 보게 되었다. "얘야, 너 지금 뭐하고 있니?" "바닷물을 여기에 담는 중이에요." 그 말에 그는 자신의 어리석음을 깨달았다. '나도 저 소년처럼 소라 껍데기 같은 작은 지식으로 하나님을 이해하려고 했구나.' 순간 그는 예수님의 동정녀 탄생을 믿게 되었다. 은혜가 임한 것이다. 그가 바로 훗날 많은 크리스천에게 신앙적 모범이 된 성 프란체스코이다.

성경은 하나님께서 교만한 자는 대적하시고, 겸손한 자에게는 은혜를 베푸신다고 말씀한다(벧전 5:5). 오직 겸손하게 하나님 앞에 나아가는 자만이 하나님께서 보여주시는 동정녀 탄생의 신비를 믿고 깨달을 수 있는 것이다.

그러고 보면 하나님의 한량없는 사랑은 두 개의 나무로 요약되는 것 같다. 하나는 말의 밥통 구유로 깎아져 하나님 성육신의 사랑으로 드러났고, 다른 하나는 저주의 형틀 십자가로 세워져 하나님 대속의 사랑으로 드러났다. 목수의 아들(마 13:55)이신 예수님께서 가난과 저주의 표시인 말구유와 십자가를 온유와 겸손으로 감당하셔서 능력과 승리의 표적으로 바꾸신 것이다. 우리 주님이 그러할 진데 우리가 겸손하지 못할 이유가 어디 있겠는가?

그러므로 겸손한 마음으로 은혜를 구하라. 가난한 마음으로 주님을 구하라. 그리하면 2천 년 전 이 땅에 임하신 주님께서 우리의 누추한 삶에도 찾아오시는 성탄의 기적이 오늘 일어날 것이다.

"사람이 가져야 할 가장 중요한 덕목은 첫째도 겸손, 둘째도 겸손, 셋째도 겸손이다." _성 어거스틴

제 5 일 아침의 기도

성부 성자 성령 삼위일체 하나님,
성부 하나님의 계획하심과
성령 하나님의 개입하심 가운데
성자 하나님께서 마리아에게 성육신하셔서
우리 가운데 찾아오셨음에 감사와 찬양과 영광을 드립니다.

하나님의 본체이심에도 하나님과 동등 됨을 취하지 아니하시고
오히려 자기를 비우고 낮추어 인간의 몸으로 세상에 오신
예수님의 복종과 겸손을 진정 닮고 싶습니다.
오 성령이시여, 내 안에 겸손한 마음 가난한 심령을 허락하소서.

하나님께서 우리와 함께하심이 세상 가장 좋은 것인 줄 믿고
오늘도 주님의 사랑 가운데 거하면서
무엇에든지 주님께 묻고, 주님께 배우며, 주님을 따르는
임마누엘의 하루가 되게 하소서.
날마다 더욱 겸손히 오직 그리스도만 따르게 하소서.

예수님의 이름으로 기도합니다. 아멘.

6

십자가에 죽으신 예수 그리스도

"본디오 빌라도에게 고난을 받아
십자가에 못 박혀 죽으시고"

영국 전역에 부흥운동이 한창이던 18세기, 스코틀랜드 캠버스랭
(Camberslang)에서 있었던 일이다. 어느 집회에서 십자가 복음을 듣던 노인
한 사람이 고꾸라졌다. 백발이 성성한 그는 눈물을 펑펑 흘리며 엎드려 회
개하기 시작했다.

나중에 보니 그는 지역 신학교에서 교리학을 가르치던 신학 교수였다.
그렇게 철저히 회개한 후 그는 이렇게 고백했다고 한다. "나는 이제껏 속
죄의 교리를 알고 가르치기는 하였으나 속죄하시는 주님을 만나지는 못한
채 살아왔습니다. 전에는 십자가에 대해 단지 알고 있었으나 이제는 십자
가를 느끼고 있습니다."

복음주의 신학자 알리스터 맥그라스(Alister McGrath)는 "기독교적인 것
과 그렇지 않은 것 사이를 가늠하는 기준이 예수 그리스도의 십자가"라고
말했다. 즉 십자가를 알면 그리스도를 아는 것이고, 십자가를 모르면 그리
스도를 모르는 것이다.

십자가 신앙은 그리스도인의 진위를 판가름하는 기준이다. 사도 바울을

보라. 그는 당대 최고의 교육을 받고, 율법적으로도 흠이 없는 사람이었다. 그러나 그는 예수님을 만난 뒤 "예수 그리스도와 그가 십자가에 못박히신 것 외에는 아무것도 알지 아니하기로 작정"하였다고 고백한다(고전 2:2).

그렇다면 당신은 십자가를 알고 있는가? 날마다 그 십자가에 반응하며 살고 있고 있는가? 십자가는 단지 하나의 상징이 아니라 하나님의 실체다. 하나님을 떠올리는 그 무엇이 아니라 그 자체로 하나님의 사랑이며 구원의 능력인 것이다. "십자가의 도가 멸망하는 자들에게는 미련한 것이요 구원을 받는 우리에게는 하나님의 능력이라"(고전 1:18)

그리스도의 고난의 일생

예수님의 생애를 단 한마디로 정리한다면 고난의 일생(a life of suffering)이라고 할 수 있다. 생각해보라. 예수님은 인간의 몸으로 짐승의 먹이통에서 태어나셨다. 또 나자마자 죽음의 위기로 피난을 떠나셨다. 선택한 제자들로부터 잘 이해받지 못하셨다. 유대 지도자들과 종교인들로부터는 의심과 박해를 받으셨다. 온갖 질병과 고통으로 신음하는 자들이 따랐다. 오죽하면 신학자 루이스 벌코프(Louis Berkhof)는 "무죄하신 하나님이 인간으로 세상에 오셔서 날마다 죄 있는 사람들 사이에서 사신다는 것, 거룩하신 분이 죄로 저주받는 세상에 사신다는 것 자체가 고난"이었다고 말한다.

십자가는 이런 예수님께서 당하신 고난의 정점이다. 단순히 육체적으로도 큰 고통이었지만, 무엇보다 삼위일체 하나님 아버지께로부터 버림받는 단절이었기에 그 무엇과도 비교할 수 없는 고통 중의 고통이었던 것이다. "엘리 엘리 라마 사박다니 하시니 이는 곧 나의 하나님, 나의 하나님,

어찌하여 나를 버리셨나이까 하는 뜻이라"(마 27:46)

그런데 이런 십자가에 예수님을 내몰아 고통 받고 죽게 만든 불의한 자가 있으니 그가 바로 본디오 빌라도이다. 사도신경에는 두 사람의 이름 이 나온다. 하나는 예수님의 어머니 마리아이고, 다른 하나는 예수님 당시 총독 빌라도이다.

믿음의 관점에서 볼 때 이 두 사람은 무척이나 대조되는데 마리아가 하나님의 뜻에 순종하여 세상 가장 귀한 이름이 되었다면, 빌라도는 양심 을 저버리고 예수님을 십자가에 내어주어 세상 가장 수치스런 이름이 되 었다. 그리하여 전 세계 그리스도인들은 주님께서 다시 오실 그날까지 예 배 때마다 이렇게 그를 고발한다. "본디오 빌라도에게 고난을 받아 십자가 에 못 박혀 죽으시고."

사실 빌라도는 예수님께 못질 한 번 하지 않았다. 심지어 유대인들 앞 에서 자신은 아무 책임이 없다며 손을 씻기도 하였다(마 27:24). 그러나 당 시 예수님을 십자가에 내어줄 수 있는 모든 권한이 그에게 있었기에 하나 님께서는 그에게 책임을 물으신다.

다시 말해 이 신앙고백을 할 적마다 우리도 하나님께 받은 저마다의 권한, 능력, 역할을 주의 뜻대로 합당하게 사용하고 있는지 스스로 물어야 하는 것이다. 혹여 나는 빌라도처럼 무책임하게 하나님의 뜻을 저버리고 내 이익, 내 안위, 내 성공만을 구하고 있지는 않는가? 제아무리 큰 성공이 요 업적일지라도 하나님의 뜻이 아니라면 결국 비참한 실패로 끝나고 말 것이다.

물론 예수님의 고난은 수동적인 의미만 있는 것이 아니다. 예수님은 빌라도 때문에 십자가에 달리셨지만 동시에 '우리를 위해서' 십자가를 감당하셨다. 먼저는 연약한 우리를 위한 고난이었다. 하나님은 우리의 고통을 방관한 채 멀리서 지시하는 분이 아니시다. 몸소 우리 곁에 오셔서 우리가 당할 인생의 모든 아픔을 직접 체휼하셨고 승리하셨다. 우리가 이런 주님을 생각하며 기도하면 인생의 어떤 고난 앞에서도 위로를 얻고, 용기를 얻게 된다. "그가 시험을 받아 고난을 당하셨은즉 시험 받는 자들을 능히 도우실 수 있느니라"(히 2:18)

또한 제자된 우리를 위한 고난이었다. 예수님의 십자가 지심은 그 자체로 그리스도의 제자인 우리가 따라야 할 모범이 된다. 그래서 사도 베드로는 "그리스도도 너희를 위하여 고난을 받으사 너희에게 본을 끼쳐 그 자취를 따라오게 하려 하셨느니라"(벧전 2:21)고 말씀한다. 하나님이신 예수께서 친히 멸시와 천대 속에 십자가를 지셨으니 어찌 그를 믿는 우리가 존귀와 영광만을 구하며 살 수 있겠는가? 이 땅에 하나님의 나라와 의가 이루어지기 위해 당해야 할 고난이라면, 우리가 진정 예수님의 뒤를 따르는 제자라면 피하지 말고 담대히 십자가를 짊어져야 하는 것이다.

"십자가를 질 수 있나. 주가 물어 보실 때 죽기까지 따르오리 저들 대답하였다. 우리의 심령 주의 것이니 당신의 형상 만드소서. 주 인도 따라 살아 갈 동안 사랑과 충성 늘 바치오리다."_얼 보우맨 말랏(E. B. Marlatt)

예수 십자가의 은혜

십자가는 율법에서 규정하는 저주의 상징으로(신 27:26) 본래 죄로 인해 저주 받고 죽을 수밖에 없는 우리가 당해야 할 형벌이었다. 그런데 예수님께서 우리를 대신하여 '교환된 저주'(an exchanged curse)를 당하시고 십자가에 죽으심으로 우리를 구원하신 것이다.

"그리스도께서 우리를 위하여 저주를 받은 바 되사 율법의 저주에서 우리를 속량하셨으니 기록된 바 나무에 달린 자마다 저주 아래에 있는 자라 하였음이라"(갈 3:13)

이 사실을 믿을 때 우리에게 은혜가 임하며 구원이 시작된다. 그렇다면 예수님의 십자가를 통해 우리가 받아 누리는 은혜는 무엇인가? 간단하게 세 가지로 정리해보자.

첫째로 십자가 대속의 은혜이다. 십자가는 예수님께서 우리 죄를 위하여, 우리 죄를 대신해서 죽으신 대속의 사건이다(롬 3:24). 우리는 모두 저주받아 죽을 수밖에 없는 죄인에 불과한 존재였다. 그런데 아무 자격 없고, 능력 없는 우리가 예수 십자가 대속의 은혜로 의롭다함을 받아 하나님과 화평을 누리며 영생을 사는 하나님 자녀가 된 것이다. 말로 다할 수 없는 은혜요 사랑이다. "우리가 아직 죄인 되었을 때에 그리스도께서 우리를 위하여 죽으심으로 하나님께서 우리에 대한 자기의 사랑을 확증하셨느니라"(롬 5:8)

이 사실을 알고 믿는 사람들은 십자가를 바라볼 때마다 감격할 수밖에 없다. 자신이 본래 어떠한 존재인지를 기억하며 감사하는 것이다. "나는 죽을 수밖에 없는 죄인이다." 이 사실만 확인하면 모든 것이 은혜이고 감사이고 행복이다. 일평생 죄 가운데 살다가 마침내 이 대속의 은혜를 경험했던 한 사람의 고백을 들어보라.

"나 같은 죄인 살리신 그 은혜 놀라워. 잃었던 생명 찾았고 광명을 얻었네."_존 뉴톤(John Newton)

둘째로 자아 죽음의 은혜이다. 십자가는 대속의 사건일 뿐 아니라 내 안에 있는 죄의 자아가 죽은 실존적 사건이다. 로마서에서 사도 바울은 우리가 "죄에 대하여 죽은 자요 그리스도 예수 안에서 살아있는 자(롬 6:11)"라는 사실을 분명하게 밝힌다.

물론 우리는 여전히 부족하고 연약한 존재들이다. 그래서 무슨 일만 생기면 금세 분노하고 속상하고 짜증나고 욕심나고 충동적이다. 그럴 때마다 우리는 또 다시 자아 죽음을 상기하며 십자가 앞에서 선언해야 한다. "나는 십자가와 함께 이미 죽었다." 이렇게 믿음으로 십자가와 함께 내가 죽었음을 선언하면 놀랍게도 어둠이 사라지고 내 안에 평안과 자유와 선함의 빛이 환히 비치기 시작한다. "나는 날마다 죽노라"(고전 15:31)

셋째로 임마누엘의 은혜이다. 내가 십자가와 함께 죽었음을 믿고 선언할 때 이제는 우리 안에 예수님이 사시는 신비를 맛보게 된다. "내가 그리스도와 함께 십자가에 못 박혔나니 그런즉 이제는 내가 사는 것이 아니요 오직 내 안에 그리스도께서 사시는 것이라 이제 내가 육체 가운데 사는 것은 나를 사랑하사 나를 위하여 자기 자신을 버리신 하나님의 아들을 믿는 믿음 안에서 사는 것이라"(갈 2:20)

대속의 십자가를 믿고, 자아 죽음의 십자가를 고백하는 사람은 누구나 자신 안에 예수님께서 살아계심을 느끼게 된다. 이제는 무엇에든지 자기 안에 계시는 예수님께 물어보고 예수님처럼 기도로, 감사로, 사랑으로 행하게 된다. 그러면 내가 아니요, 내 안의 예수님께서 그 일을 행하시고 이루어 가시기에 우리는 그저 매순간 놀라면 되는 것이다. "어, 기도한 대로 되네!"

인생은 십자가로부터

1945년 10월, 독일 교회는 히틀러 치하에서 바르게 저항하지 못했던 교회와 점점 더 세속화 되어가는 신앙을 재정비하고자 십자가 앞에 모여 참회의 기도를 드렸다. 이것이 그 유명한 '슈투트가르트 선언문(Die Stuttgarter Schulderklarung)'이다. 이 선언문의 주요 내용은 다음과 같다.

첫째, 더 용감하게 신앙고백하지 못한 죄를 자백합니다.

둘째, 더 진실하게 기도하지 못한 죄를 자백합니다.

셋째, 더 감사와 기쁨에 넘쳐 살지 못한 죄를 자백합니다.

넷째, 더 뜨겁게 사랑하지 못한 죄를 회개합니다.

만일 십자가가 없다면 용감한 신앙고백도, 진실한 기도도, 감사와 기쁨에 넘치는 삶도, 뜨거운 사랑도 아무 의미가 없다. 예수 십자가가 있기에 우리는 자백할 수 있고, 회개할 수 있고, 다시 시작할 수 있는 것이다. 우리는 십자가 앞에서 모든 것을 회복하며, 무엇이든 다시 시작할 수 있다. 그 어떤 실패, 슬픔, 고통, 죄악 가운데 있을지라도 말이다. 그러니 이제 예수 십자가를 믿어라. 그 십자가로 나오라. 십자가 앞에 서라. 바로 오늘, 지금 이 순간이 인생을 다시 새롭게 할 기회요 선물이다.

"인생은 사십부터가 아니다. 이십부터도, 육십부터도 아니다. 인생은 십자가로부터다!"_키에르케고르(Kierkegaard)

제6일 아침의 기도

오 하나님 아버지,
예수 그리스도께서 세상에 오셔서
숱한 고난을 당하시고 십자가에 죽으신 그 은혜를 믿음으로
우리가 의롭다함을 받고 하나님 자녀가 되었으니
온 생애를 다해 감사와 찬양을 올립니다.

그러나 여전히 내 안에는 나라는 가시가 너무나 많아
나와 내 이웃들을 마구 찔러 고통 받고 있사오니
키리에 엘레이손, 나를 불쌍히 여기소서.
날마다 나는 죽고 내 안에 사시는 그리스도로 살게 하소서.

오 성령 하나님이시여,
내 안에 사시는 그리스도와 함께 그리스도를 따라
더 용감하게 신앙고백하게 하소서.
더 진실하게 기도하게 하소서.
더 기쁨과 감사로 살아가게 하소서.
더 뜨겁게 사랑하게 하소서.

십자가 은혜를 힘입어 오늘 다시 시작하오니
주여 매사에 나와 동행하소서.

예수님의 이름으로 기도합니다. 아멘.

7

부활하신 예수 그리스도

"장사된 지 사흘 만에 죽은 자 가운데서
다시 살아나셨으며"

일본 작가 엔도 슈사쿠의 『침묵』은 기독교 박해가 점차 심해지던 17세기 일본을 배경으로 한 소설이다. 작품에는 믿음을 지키던 신자들이 붙잡혀 바닷가에 세운 나무 형틀에 묶인 채 고통을 당하는 장면이 나온다. 시간이 지날수록 바닷물은 점점 더 밀려들어 그들의 허리를 지나고 목까지 차오른다. 그 상태로 몇날 며칠을 두어 죽게 만드는 것이다.

그러나 신자들은 오히려 하나님께 기도하며 담담하게 죽음을 맞이한다. 일본 사람들을 전도하여 구원받게 하려고 왔는데, 도리어 그 전도 때문에 사람들이 죽어 나가는 것을 보며 주인공 신부는 크게 낙담한다. 그리고 너무나 괴로워 하나님을 찾는다. "하나님, 대체 뭐하십니까? 어디 계십니까? 왜, 침묵하고 계십니까?"

여러 우여곡절 속에서 신부는 마침내 하나님의 음성을 듣게 된다. 하나님은 멀리 계시지 않았다. 침묵하시지도 않았다. 바로 그들 곁에서, 그들과 함께하고 계셨다. "나는 멀리서 침묵을 지키고 있는 것이 아니라 너희와 함께 고통을 당하고 있다."

인생을 살다보면 저마다 고난과 어려움을 겪는다. 그럴 때면 하나님께서 침묵하시는 것 같고, 내게 별 관심이 없다고 느껴질 수도 있다. 그러나 하나님께서는 항상 우리와 함께하신다. 우리가 어떤 고통, 어떤 슬픔 속에 있을지라도 그 가운데 함께하신다.

예수님의 십자가와 부활이 바로 그 증거다. 십자가를 보라. 십자가는 고통으로 시작하여 죽음으로 끝이 났다. 그러나 그것이 끝은 아니었다. 예수님께서 사망을 이기시고 사흘 만에 부활하셨기 때문이다.

부활은 죄와 죽음에 대한 승리이다. 하나님께는 언약의 승리이다. 예수님께는 사명의 승리이다. 우리에게는 구원의 승리이다. 세상에게는 사랑의 승리이다. 따라서 예수님의 십자가와 부활은 기독교의 핵심이며 케리그마(keryma)이다. 즉 기독교의 핵심 진리로서 영원히 선포해야 할 복음이라는 것이다(고전 15:3-4). 바로 여기서 기독교는 시작하고 존재하며 영원히 살아 역사한다.

"하나님은 예루살렘의 한 무덤 속에서 하신 일을 장차 더 웅장한 규모로 재현하실 수 있고, 그리 하실 거라는 소망과 믿음 (중략) 우리에게도 세상에게도 그리하실 것이다. 모든 어려움을 뚫고, 돌이킬 수 없던 일이 돌이켜질 것이다."_필립 얀시(Philip Yancey)

그리스도의 장사와 부활

사도신경에서 우리는 예수님의 완전한 죽음을 고백한다. "장사된 지 사흘 만에." 이는 예수님께서 십자가에서 죽으셨을 뿐 아니라 그 죽음이 의심이나 부인의 여지없는 완전한 것임을 확증하는 것이다.

성경을 보면 예수님의 죽음과 장례를 위해 세 사람이 쓰임 받는다. 예수님의 처형을 담당했던 군인 백부장, 예수님의 장례 절차와 무덤을 담당했던 아리마대 요셉, 예수님의 시신을 위한 세마포와 향료를 담당했던 바리새인 니고데모이다. 이 세 사람에 의해 예수님의 죽음은 확실하게 확인되었고, 하나님의 종이 죽은 후에 부자와 함께 할 것이라는 구약의 예언이 이루어졌다(사 53:9).

얼핏 보면 예수님의 죽음과 장례를 위해 쓰임 받는 것이 무의미한 일처럼 보일 수도 있다. 그러나 예수님의 장례는 부활을 준비하는 귀한 일이었다. 이처럼 하나님의 구원 역사에 있어서는 드러나지 않는 일에 쓰임 받는 것이 때때로 더 값지고 귀할 수 있다. 예수 안에서는 무명이 유명이고, 약함이 강함이기 때문이다.

이 완전한 죽음 뒤에 예수님의 부활은 역사적인 사건으로 일어났다. 그래서 성경은 결코 부활을 증명하지 않는다. 그저 기자의 르포르타주처럼 눈으로 목격한 사실을 증언할 뿐이다. 흔히 부활의 증인을 가리켜 마르투스(μάρτυς)라고 한다. 이는 '순교자'라는 뜻인데 내 모든 것, 생명까지 바쳐 예수 부활의 증인으로 살겠다는 각오를 담고 있다.

대체 예수님의 부활이 어떤 의미를 지녔기에 이를 믿는 자들이 기꺼이 자신의 생명까지 바치는 사람이 될 수 있는 것일까?

첫째로 예수님의 부활은 삼위일체적 생명의 사건이다. 우리는 간혹 죽었다가 살아났다는 사람들의 임사체험(臨死體驗)에 대해 듣는다. 또 성경을 보면 완전히 죽었다가 살아난 이들(사르밧 과부의 아들, 나사로, 회당장 야이로의 딸 등)에 관한 기사도 있다. 그러나 예수님의 부활은 이런 살아남과는 질적으로 다르다. 이들의 살아남은 개인에 국한된 경험이거나 또는 부활의 세계가 있음을 암시하는 것이지만, 예수님의 부활은 죽지 않고, 영원히 사는 생명이 온 세상에 임한 것을 확증하는 삼위일체적 사건이기 때문이다. 곧 성부 하나님께서 죽어 장사지낸 바 된 예수를 일으키시고(행 13:33-34, 골 2:12), 성령 하나님께서 역사하시며(롬 1:14, 벧전 3:8), 성자 예수님께서 스스로 생명을 다시 취하셔서(요 10:18, 11:25) 이를 믿는 자마다 사망이 어찌할 수 없는 하나님의 영생으로 들어가게 하신 것이다. 이런 예수님의 부활은 인류 역사상 처음 있는 일이기에 바울은 예수께서 "잠자는 자들의 첫 열매가 되셨다"(고전 15:20)고 증거한다. 이것이 예수 부활의 독특성이다.

둘째로 예수님의 부활은 구속사적 구원의 사건이다. 예수님께서는 죽은 자 가운데서 다시 살아나심으로 하나님의 구속사를 우리 안에 완전하게 이루어 가신다. 먼저는 영적인 부활을 베푸신다. 예수 십자가와 부활을 믿는 모든 자들이 그리스도와 함께 죽었다가 다시 살아나 결코 죽지 아니하는 영생을 살게 하신 것이다(롬 6:3-5). 또한 임마누엘 은혜를 베푸신다. 부활하신 예수님은 성령을 통하여 지금도 살아계셔서 우리와 함께 하시며 우리와 함께 동행하신다(갈 2:20). 곧 성령 안에서 거룩한 삶을 살아갈 수 있도록 인도하시는 것이다(살전 5:16-23). 그리고 종말에 완전한 부활체를 베푸신다. 그날에는 예수님께서 부활하셨던 것과 같은 부활체로 우리도 부활하여 그리스도와 함께 천국에서 영생을 살게 될 것이다(롬 8:11, 고전 15:51-54). 이것이 예수 부활의 완전성이다.

셋째로 예수님의 부활은 종말론적 승리의 사건이다. 부활은 성부 하나님의 구원 역사를 완성하는 종말론적 사건으로 모든 믿는 자가 승리의 기쁨을 누리게 한다. 먼저 부활은 예수 십자가의 승리이다. 부활을 통해 십자가로 죄와 사탄과 죽음을 이기게 된 것이다(골 2:15). 또한 부활은 교회의 승리이다. 부활을 통해 교회의 신앙, 세례, 전도, 수고가 헛되지 않으며 반드시 그 열매를 맺어가는 공동체가 된 것이다(마 16:18-19). 뿐만 아니라 부활은 나의 승리이다. 부활을 통하여 사망의 음침한 골짜기 같은 세상을 살면서도 평안과 자유와 만족과 강건과 사명과 영생과 승리와 구원을 누리는 하나님 자녀로 살게 된 것이다(요 1:12, 16:33). 이것이 예수 부활의 전능성이다.

"사망아 너의 승리가 어디 있느냐 사망아 네가 쏘는 것이 어디 있느냐 우리 주 예수 그리스도로 말미암아 우리에게 승리를 주시는 하나님께 감사하노니"(고전 15:55,57)

날마다 부활을 살다

언젠가 부활주일을 보내고 참석한 모임에서 아는 장로님을 만나 반갑게 부활 인사를 건넸다. "장로님 부활절 잘 보내셨어요?" 그러자 그분은 멋쩍은 듯 이렇게 대꾸하셨다. "부활절은 잘 보냈습니다만, 정작 저는 부활의 삶을 살지 못해서 문제입니다."

그렇다면 우리는 어떤가? 우리는 매일 부활의 소망 안에서 살아가고 있는가? 부활은 어떤 추상적인 개념이 아니다. 오늘 우리의 삶으로 경험하는 현실이요 마침내 이루어질 소망인 것이다.

우리가 이 부활의 삶을 살아가기 위해서는 반드시 부활의 세 가지 의미를 기억해야 한다. 하나, 부활은 역사적이다. 그리스도의 십자가와 부활을 상징이 아니라 역사적 사건으로 믿는 것이다. 둘, 부활은 실존적이다. 십자가와 부활이 성령의 역사로 인하여 나의 생명 사건, 나의 구원 사건, 나의 승리 사건이 됨을 마음으로 믿고 입으로 고백하는 것이다. 셋, 부활은 현재적이다. 오늘 내 안에 솟구치는 죄와 허물 앞에서 이미 나는 십자가에 죽고·내 안에 그리스도가 사심을 믿는 것이다. 그리할 때 비로소 날마다 부활의 능력으로 살아갈 수 있다.

데이비스 리빙스턴(David Livingstone)은 영국의 선교사이자 탐험가로 많은 업적을 남긴 인물이다. 하루는 어떤 기자가 그를 찾아와서 물었다. "하나님이 존재한다는 것을 어떻게 아십니까?" 그러자 그는 미소 가득한 얼굴로 이렇게 대답했다고 한다. "나는 오늘 아침 그분과 대화를 나눴습니다." 바로 이것이 부활을 사는 삶이다.

부활 주님은 지금도 살아계셔서 오늘 우리와 함께하신다. 문제는 부활하신 주님을 보지 못하는 바로 나 자신이다. 이제 부활을 새롭게 믿어라. 그리고 부활하신 주님과 친밀하게 대화하라. 아침에, 정오에, 밤에, 항상 살아계신 주님과 함께하라. 부활의 삶은 멀리 있지 않다. 바로 지금 여기에서부터 시작된다.

제 7 일 아침의 기도

영광의 주 아버지 하나님,
그리스도께서 부활하셔서 세상을 이기는 놀라운 권능을
교회에 주셨음에 감사와 찬양을 올려드립니다.
이 땅의 교회가 죄와 죽음에 매인 이들에게
예수 부활의 생명과 승리를 힘 있게 선포하고 전하게 하소서.

오늘 우리 앞에 놓인 어떤 과업이든
부활하신 주님께서 맡기신 일로 알아
상하(上下), 귀천(貴賤), 가능 여부를 따지지 말고
감사와 충실로 감당하게 하소서.

성령 하나님이시여, 나의 눈을 여셔서
지금 나와 함께 하시는 그리스도를 보게 하소서.
무엇에든지 기도로 감사로 주님과 동행하게 하셔서
이 땅에 의와 평강, 희락의 하나님 나라가 세워지게 하소서.

나는 날마다 죽고 내 안에 사시는 그리스도로 인하여
새 힘을 얻어 오늘 하루 무엇이든 넉넉히 이기게 하소서.

예수님의 이름으로 기도합니다. 아멘.

8

다시 오실 예수 그리스도

"하늘에 오르시어 전능하신 아버지 하나님 우편에 앉아 계시다가
거기로부터 살아있는 자와 죽은 자를 심판하러 오십니다"

지혜로운 사람은 누구나 다음의 세 가지를 생각하고 산다. "나는 누구인가?" 이는 나의 본래성에 관한 질문이다. 나는 어떤 존재이며 무엇을 이루며 살아야 할지에 대해 아는 것이다.

"나는 몇 살인가?" 이는 나의 현재성에 관한 질문이다. 지금 내 인생, 내 나이에 주어진 여러 가지 과업과 역할, 또 관계를 바로 알고 책임지며 감당하는 것이다.

"나는 앞으로 어떻게 될 것인가?" 이는 나의 종말성에 관한 질문이다. 오늘이 아니라 내일, 내일이 아니라 내 인생 마지막 날에 무슨 일이 있을지를 바라보고 준비하며 사는 것이다. 독일의 신학자 로마노 과르디니(Romano Guardini)는 "인생의 끝을 아는 자가 진정한 지혜자"라고 이야기했다. 10년 후 20년 후 아니, 인생의 마지막 날 우리는 어떻게 될 것인가? 우리는 그날에 대한 바른 지식, 바른 준비가 되어 있는가?

이와 관련하여 미국 제28대 대통령 우드로 윌슨(Woodrow Wilson)의 일화는 우리에게 큰 도전을 준다. 그는 말년에 건강이 악화되어 투병생활을

하였는데, 그의 임종이 가까워오자 담당의가 이 사실을 병상 곁 사람들에게 알려주었다고 한다. 그의 임종을 지키기 위해 모여든 사람들을 향해 윌슨은 마지막으로 눈을 뜨며 이렇게 말했다. "I am ready(나는 준비되었다)." 자신의 인생과 종말에 관한 선명한 지식, 분명한 믿음이 있었던 것이다. 그렇다면 다시 묻는다. 당신은 그날을 향한 바른 지식, 바른 준비가 되어 있는가?

승천하신 예수 그리스도

부활하신 예수님께서는 40일 동안 제자들과 함께하시며 그들을 가르치셨다. 그리고 감람산 자락에 위치한 베다니에 가서서 그들을 부활 승천의 증인으로 세우시고, 그들이 보는 가운데서 하늘로 올라가셨다(행 1:9).

평소 예수님께서는 이 승천에 대해 우회적으로 이야기하곤 하셨다. 즉 주님께서 떠나는 것이 도리어 제자들에게 더 유익하다고 말씀하신 것이다. "그러나 내가 너희에게 실상을 말하노니 내가 떠나가는 것이 너희에게 유익이라"(요 16:7) 왜 예수님께서 함께 계시는 것보다 떠나가는 것이 제자들에게 유익한가? 왜 우리는 이 사실을 믿음의 고백으로 삼고 있는가?

하나, 예수께서 승천하심으로 보혜사 성령께서 오시기 때문이다. 성령은 보혜사이시다. 우리 곁에서 예수 그리스도를 더 잘 믿도록 감화하시고 책망하시고 가르치시고 인도하시며 세상 끝날까지 항상 함께하시는 분이시다(요 14:16-17, 16:13). 평소 주님을 믿는다고 하지만 사실 우리 자신에게는 믿음대로 살 능력이 없다. 보혜사 성령께서 우리에게 오셔야만 권능을 받아 지역과 환경을 넘어 그리스도와 같은 능력으로, 그리스도의 증인으로 살 수 있는 것이다(요 14:12, 행 1:8).

둘, 예수께서 승천하신 것처럼 종말의 날 우리도 하늘로 올라가기 때문이다. 이는 구속사의 마지막 장에 일어날 사건이다. 곧 인류 종말의 날 그리스도께서 공중에 재림하실 때 믿음의 백성인 우리도 그리스도가 승천하신 것처럼 공중에 들려 올라가 그 영광에 참예하게 될 것이다. "주께서 호령과 천사장의 소리와 하나님의 나팔 소리로 친히 하늘로부터 강림하시리니 그리스도 안에서 죽은 자들이 먼저 일어나고 그 후에 우리 살아 남은 자들도 그들과 함께 구름 속으로 끌어 올려 공중에서 주를 영접하게 하시리니 그리하여 우리가 항상 주와 함께 있으리라"(살전 4:16-17)

셋, 승천하신 예수께서 교회와 믿는 자를 위해 중보하시기 때문이다. 성경은 "죽으실 뿐 아니라 다시 살아나신 이는 그리스도 예수시니 그는 하나님 우편에 계신 자요 우리를 위하여 간구하시는 자"(롬 8:34)라고 말씀한다. 즉 예수님께서 지금도 살아계셔서 우리를 위해 친히 기도하고 계신 것이다.

이 얼마나 큰 위로요 감사인가? 누군가 나를 위해 기도하는 것도 참 고맙고 감사한 일인데 하물며 하나님 우편에 계신 분, 곧 세상을 다스리고 심판하는 그리스도께서 나를 위해 간구하신다니 정말 큰 은혜가 아닐 수 없다.

한밤중 누군가 나를 위하여
눈물 적시며 기도하고 있음은
정녕 한량없는 크신 은혜임을
_박화목

140

다시 오실 예수 그리스도

하늘로 올라가신 예수님께서 천사들을 통해 제자들에게 분명히 약속하신 것이 있다. "하늘로 올려지신 이 예수는 하늘로 가심을 본 그대로 오시리라"(행 1:11)는 말씀, 곧 재림의 약속이다. 예수님은 왜 이 세상에 다시 오시는 것인가?

첫째로 약속하신 바를 이루기 위해서 다시 오신다. 예수님께서는 "천지는 없어질지언정 내 말은 없어지지 아니하리라"고 말씀하셨다(마 24:35). 주님은 약속하신 것을 반드시 지키시고 이루시는 신실하신 하나님이시다. 그래서 우리는 그분을 믿고 따르고 의지하는 것이다. 주님께서 다시 오겠다고 약속하셨기에 그리스도는 반드시 오신다.

그렇다면 다시 오시는 날은 언제인가? 우리는 성경을 통해 그때의 시대적 징조는 알아볼 수 있다. 그러나 정확한 타임 포인트는 아무도 알지 못한다(마 13:32). 오직 하나님 아버지 한분만이 아신다. 그러므로 우리는 주님께서 다시 오실 날을 기대하며 늘 깨어 근신하고, 기도하며 살아야 한다. "주의하라 깨어 있으라 그 때가 언제인지 알지 못함이라"(막 13:33)

둘째로 구원사의 마지막 완성을 위해서 다시 오신다. 구원의 역사는 성부 하나님의 구원 계획으로 시작되었다(창 3:15 원복음). 또 이스라엘을 선택하시고 인도하시며 약속된 메시아를 보내어 성육신, 십자가, 부활, 승천을 이루심으로 절정에 올랐다.

그리고 그때부터 지금까지 성령을 보내셔서 교회를 세우시고, 온 세상 땅 끝까지 복음도 전하게 하셨다(마 13:27, 24:14). 이 모든 역사 끝에 하나님께서 정하신 그날, 그리스도께서 다시 세상에 오심으로 이 구원의 역사는 완성될 것이다. 새 하늘과 새 땅의 완전한 하나님 나라가 임하는 것이다 (계 21:1-3).

셋째로 이 세상을 심판하기 위해서 다시 오신다. 심판은 불편한 주제이다. 그러나 분명히 알아야 할 주제이다. 우리는 사도신경을 통해 분명하게 선언한다. "거기로부터 살아있는 자와 죽은 자를 심판하러 오십니다." 여기서 말하는 '거기'는 예수 그리스도께서 거하시는 하늘을 가리킨다.

예수님은 하늘로 승천하신 것처럼 다시 오실 때도 하늘로부터 오신다. 이 영광스런 재림은 온 세상 사람들이 다 보게 될 것이다. "그 때에 인자의 징조가 하늘에서 보이겠고 그 때에 땅의 모든 족속들이 통곡하며 그들이 인자가 구름을 타고 능력과 큰 영광으로 오는 것을 보리라 그가 큰 나팔소리와 함께 천사들을 보내리니 그들이 그의 택하신 자들을 하늘 이 끝에서 저 끝까지 사방에서 모으리라"(마 24:30-31)

그때 사람들은 두 부류로 갈라진다. 한 쪽은 크게 기뻐하며 그리스도를 나의 주 하나님으로 맞이할 것이다. 이들은 하나님의 백성이요 영적으로 산 자들이다. 다른 한쪽은 크게 두려워하고 슬피 울며 통곡할 것이다. 이들은 죄악의 백성이요 영적으로 죽은 자들이다.

그렇다면 오늘 우리는 산 믿음의 사람인가, 아니면 죽은 믿음의 사람인가? 그날에 우리는 그리스도를 기쁨으로 맞이할 것인가, 아니면 슬픔 속에 통곡할 것인가? 스스로를 한번 점검해보라.

예수님께서는 재림을 기다리는 백성이 어떻게 살아야 할지 분명하게 말씀해주셨다. 즉 '종말장'이라 불리는 마태복음 25장을 통해 그날을 기다리는 그리스도인의 바른 태도(종말론적 삶)에 관해 세 가지 비유로 가르쳐주신 것이다.

열 처녀 비유를 통해서는 우리가 순결한 신부처럼 살아야 함을 말씀하셨다(살전 5:23 십계명의 삶). 주께서 오시는 그날은 우리의 신랑 되신 주님을 맞이하는 기쁨과 축제의 날이기에 우리는 주를 더욱 사랑하며 거룩하고 정결한 자로 살아야 한다.

달란트 비유를 통해서는 우리가 선한 청지기로 살아야 함을 말씀하셨다(벧전 4:10 주기도의 삶). 주께서 오시는 그날은 받은 바 은사를 어떻게 사용하였는지 확인받는 결산과 심판의 날이기에 우리는 주어진 모든 일에 충성하며 성실한 자로 살아야 한다.

양과 염소의 비유를 통해서는 우리가 신실한 천국 시민으로 살아야 함을 말씀하셨다(마 6:10 사도신경의 삶). 주께서 오시는 그날은 이웃을 어떻게 섬겼는지에 따라 하나님 나라를 상속받는 날이기에 우리는 이웃을 내 몸처럼 섬기는 신앙고백적 삶을 살아야 한다.

우리 주 예수 그리스도께서는 곧 그날에 다시 오실 것이다. 이제 우리는 결단해야 한다. 오늘부터 순결한 신부로서 십계명대로 거룩하게 살 것을 결단하자. 선한 청지기로서 주기도대로 성실히 살 것을 결단하자. 신실한 천국 시민으로서 사도신경대로 신앙고백적으로 살 것을 결단하자. 이렇게 날마다 종말을 준비하며 살면 언제 예수님 다시 오시더라도 기쁨과 감사로 맞이하게 될 것이다. "마라나타, 어서 오시옵소서!"

할 일이 생각나거든

한 젊은이가 노년의 존 웨슬리를 찾아가 물었다고 한다. "만약 내일 밤 12시에 하나님께서 부르신다면 지금부터 그 시간까지 무엇을 하시겠습니까?" 그러자 그는 잠시 하늘을 쳐다보더니 환희에 찬 얼굴로 이렇게 대답했다. "지금까지 살아온 대로 하던 일을 그대로 계속 할 것입니다. 그러면 모레 아침에는 천국에서 주님을 만나게 되겠죠?"

믿음의 사람은 하루를 살더라도 다시 오실 주님을 고대하며 소망으로 산다. 비록 하나님이 보이지 않을지라도 하나님 앞에서(vor Gott ohne Gott) 순결한 신부로, 선한 청지기로, 신실한 천국 시민으로 살아가며 인생의 그 어떤 역경, 심지어 죽음 속에서도 희망을 발견하는 것이다.

모든 크리스천이 오늘부터 이런 종말적 삶을 살아가길 소망하며 찰스 스펄전(Charles Spurgeon)의 시로 우리의 결단을 다져본다.

할 일이 생각나거든 지금 하십시오.

오늘은 하늘이 맑지만 내일은 구름이 보일는지 모릅니다.

어제는 이미 당신의 것이 아니니 지금 하십시오.

친절한 말 한마디가 생각나거든 지금 하십시오.

내일은 당신의 것이 안 될지도 모릅니다.

사랑하는 사람이 언제나 당신 곁에 있지만은 않습니다.

사랑의 말이 있다면 지금 하십시오.

미소를 짓고 싶다면 지금 웃어주십시오.

당신의 친구가 떠나기 전에

장미가 피고 가슴이 설렐 때

지금 미소를 지어주십시오.

불러야 할 노래가 있다면 지금 부르십시오.

당신의 해가 저물면 노래 부르기엔 너무나 늦습니다.

당신의 노래를 지금 부르십시오.

제 8 일 아침의 기도

하나님 아버지,
우리 주 예수 그리스도께서 승천하시어
우리에게 보혜사 성령을 보내시고,
하늘에 거하는 영광의 소망을 주시며,
지금도 우리를 위해 하나님 우편에서 간구해주시니
감사와 찬양을 올려드립니다.

다시 오겠다고 약속하신 그리스도시여,
마지막 그날 이 땅에 이루어질 하나님 나라를 소망하며
오늘 하루 준비하는 마음으로 살고자 합니다.
순결한 신부로서 더욱 거룩하게 하소서.
선한 청지기로서 더욱 성실하게 하소서.
신실한 천국 시민으로서 더욱 신앙으로 살게 하소서.

오 보혜사 성령이시여,
오늘 먼저 해야 할 일이 무엇인지 알게 하시고
게으름 피우거나 핑계하지 않게 하시며
주신 일 무엇이든 바로 지금 즐겨 행하게 하소서.
마라나타, 주 예수여 어서 오시옵소서.

예수님의 이름으로 기도합니다. 아멘.

9

성령을 믿습니다

"나는 성령을 믿으며 거룩한 공교회와
성도의 교제와 죄를 용서 받는 것과"

마틴 루터가 종교개혁이란 위대한 일을 수행할 당시, 그의 동역자였던 필립 멜란히톤(Philipp Melanchthon)으로부터 근심스러운 편지 한 통을 받았다. 개혁의 지난한 어려움을 토로한 것이었다.

그 편지를 보고 루터는 이렇게 답신을 보낸다. "언제 우리에게 문제가 없었던 적이 있었던가. 오늘 우리의 문제는 문제가 있다는 사실이 아니라 성령충만하지 못하다는 것이네."

우리는 이 루터의 답변을 통해 크리스천이 진정 어떤 능력으로 인생을 살아가야 하는지를 깨닫게 된다. 크리스천은 무엇보다 성령으로 사는 자이다. 아니, 사실상 예수를 그리스로 믿는 것 자체가 내 능력이 아니라 성령께서 은혜를 주셔서 믿게 된 것이다. 바로 그 성령의 내주하심을 믿고, 성령의 감화를 받고, 성령의 인도 받아 성령충만하여 사는 자가 크리스천인 것이다. 따라서 오늘 우리는 자문해야 한다. 나는 성령님을 아는가? 내 안에 성령님이 거하시는가? 나는 진정 크리스천인가?

"누구든지 그리스도의 영이 없으면 그리스도의 사람이 아니라"(롬 8:9)

구원하시는 성령 하나님

이제 우리는 성자 예수님에 대한 신앙고백을 마치고 제3조 성령님에 관한 신앙고백에 이르렀다. 우리가 성령님을 믿고 고백하려면 먼저 그분이 누구신지 알아야 한다. 우리가 믿는 성령님은 어떤 분이신가?

하나, 성령은 그리스도의 영이시다. 예수님께서는 승천하시며 제자들에게 다른 무엇보다 성령을 보내겠다고 약속하셨다. 왜냐하면 성령께서는 우리가 예수 십자가의 진리를 깨닫고, 예수 그리스도의 제자가 되어 그분의 가르침을 따라 살도록 하는 분이시기 때문이다(요 16:13). 성령님은 언제나 진리의 영으로, 그리스도의 영으로 임하신다. 오늘 우리에게 그리스도의 실존을 경험케 하는 하나님이신 것이다.

둘, 성령은 보혜사(파라클레토스)이시다. 파라클레토스의 파라는 '옆에서, 곁에서' 클레토스는 '위로 자, 돕는 자, 상담자, 인도자'라는 뜻을 가지고 있다. 즉 성령은 우리가 예수 그리스도를 잘 믿고 따를 수 있도록 곁에서 위로하고 도와주고 인도하는 영원토록 우리와 함께 하시는 임마누엘 영이신 것이다(요 14:6). 그러므로 우리는 언제나 보혜사 성령님과 친밀히 교제하고 대화하며 동행해야 한다.

"따스한 성령님 마음으로 보네. 내 몸을 감싸며 주어지는 평안함 만족함을 느끼네."_〈부르신 곳에서〉 가사 중에서

셋, 성령은 삼위일체 하나님이시다. 때때로 성령을 하나님께로부터 나오는 힘이나 능력으로 오해하는 이들이 있다. 이는 크나큰 잘못이다. 성령님은 성부 하나님, 성자 하나님과 동일하신 삼위일체 하나님이시다.

존 칼빈은 "하나님의 한 본질 안에 위격들의 삼위일체가 있다"고 말했다. 즉 하나님의 본질은 하나이지만, 그 인격은 셋(three person)이라는 뜻이다. 이 삼위일체는 인간의 언어로 완벽히 표현할 수 없는 신비한 개념이다.

우리는 다만 계시를 통해 이것을 고백할 뿐이다. 한 본질이신 하나님 안에서 성부 하나님은 인간 구원을 계획하셨다. 성자 예수님은 세상에 오시어 십자가에 죽으시고 부활 승천하심으로 인간 구원을 이루셨다. 성령 하나님은 보혜사로 오시어 죄인 된 우리의 마음을 열어 그리스도를 믿게 하시고 하나님 자녀로 살아가도록 영원히 함께 하신다. 이것이 바로 삼위일체 하나님께서 세상을 구원하시기 위해 일하신, 그리고 우리에게 계시된 은혜의 역사이다.

특히 성령님께서 우리 각 사람의 구원을 위해 행하시는 일들은 실로 방대하다. 성령님은 우리를 거듭나게 하신다. 성화(聖化)하게 하신다. 죄를 깨닫게 하신다. 회개하게 하신다. 용서하게 하신다. 의와 진리 가운데 거하게 하신다. 성령세례를 받게 하신다. 성령의 은사를 받게 하신다. 성령으로 충만케 하신다. 증인의 삶을 살게 하신다. 주의 나라와 의를 구하게 하신다. 항상 기뻐하고 쉬지 않고 기도하며 범사에 감사하게 하신다. 인생의 고비마다 우리를 가르치시고 지도하신다.

그러므로 우리 크리스천에게 있어서 성령님이 아니고서는 할 수 있는 일도 없고, 되는 일도 없다. "무릇 하나님의 영으로 인도함을 받는 사람은 곧 하나님의 아들이라"(롬 8:14)

거룩한 공교회의 회복

성령께서는 우리 각 사람의 구원을 위해 일하실 뿐만 아니라 세상의 구원을 위해서도 놀라운 일을 행하신다. 그것은 바로 예수님께서 세우신 교회(마 16:18)를 시대와 환경을 초월하여 계속 탄생, 성장, 부흥, 확장시켜서(행 1:8) 주님께서 다시 오실 때까지 이 땅에 편만하게 세워가고 계신 것이다(엡 4:12-13). 그래서 우리는 "거룩한 공교회"를 고백한다. 여기에는 두 가지 의미가 담겨 있다.

먼저 '거룩한' 공교회이다. 교회는 세상과 다른 세계관을 가진 구별된 공동체이다. 신학자 칼 바르트는 "그리스도의 교회는 낯선 자의 음성을 따르지 않는다"고 말했다. 즉 교회는 그리스도를 머리로 하는 몸 된 공동체이므로 무엇에든지 그리스도 안에서, 그리스도와 함께, 그리스도를 위하여, 그리스도만을 따라서 행해야 하는 것이다.

또한 거룩한 '공교회'이다. 공교회라 함은 교회가 보편적(catholic)인 공동체라는 의미이다. 다만 가톨릭이라는 용어를 이미 천주교에서 사용하고 있기 때문에 개신교는 'Universal church'라는 말을 선호한다. 성령께서 역사하시는 공교회는 서로의 다름을 인정하면서도, 동시에 서로 존중하고 배려하고 염려하며 함께 이 땅에 하나님 나라를 세워 간다.

이 공교회성이 우리 한국 교회에 희박하다는 사실은 심히 안타깝고 부끄러운 일이다. 공교회성을 무너뜨리는 것은 세상 사람들 앞에서 하나님을 만홀히 여기며 그리스도의 몸을 갈기갈기 찢는 행위와 다름이 없다. 그러니 이제라도 우리는 개교회를 넘어 거룩한 공교회를 이루기 위해 힘써야 할 것이다(엡 4:1-6).

거룩한 공교회성을 회복하고 유지하기 위해 우리는 특별히 두 가지를 기억해야 한다. 바로 성도의 교제와 죄를 용서받는 것이다.

먼저 우리에게 성도의 교제가 있어야 한다. 심리학자 폴 투르니에(Paul Tournier)는 세상에서 혼자 할 수 없는 것 두 가지가 결혼과 신앙이라고 말했다. 신앙에는 반드시 성도의 교제가 뒤따라야 한다. 단지 혼자서 주일 예배를 드리는 것만으로는 바른 신앙이라 할 수 없는 것이다. 우리는 모두 교회의 소그룹을 속하여 서로의 삶을 맞대고, 서로의 경험을 나누고, 서로를 위해 기도하는 관계를 맺어야 한다. 그 안에서 성령의 역사하심으로 우리는 형제자매가 되며, 사랑의 사귐을 나누게 된다.

이런 성도의 교제가 없다면 마치 지붕 없는 집에 혼자 사는 것과 같다. 성도의 교제를 나눌 때 우리는 주 안에서 형제애의 따뜻함을 누리고, 서로의 힘이 되어 인생의 문제와 신앙의 역경도 능히 이기며, 함께 믿음의 지경을 넓혀갈 수 있다. "또 형제들아 너희를 권면하노니 게으른 자들을 권계하며 마음이 약한 자들을 격려하고 힘이 없는 자들을 붙들어 주며 모든 사람에게 오래 참으라 삼가 누가 누구에게든지 악으로 악을 갚지 말게 하고 서로 대하든지 모든 사람을 대하든지 항상 선을 따르라"(살전 5:14-15)

또한 우리에게 죄 용서가 있어야 한다. 죄 용서는 하나님과 인간 사이의 화평이자 성도 간 교제의 절정이라 할 수 있다. 교회는 성령의 역사로 말미암는 죄 사함의 공동체이다. 먼저 내가 십자가의 대속을 믿음으로 사죄를 받아야 한다.

나는 십자가로 사죄의 은혜를 받았는가(요일 1:8)? 이것이 확실하다면 이제 나도 나에게 잘못하는 자, 나를 힘들게 하는 자, 나에게 손해 끼친 자를 용서해야 한다. 만일 교회에 십자가 복음이 살아있다면 그로 인하여 용서가 일어나겠지만, 십자가 복음이 없다면 용서 또한 없는 것이다. 그런 교회는 세상과 다를 바 없어 비난, 불평, 비방, 험담, 싸움, 반목으로 가득하게 될 것이다. 성경은 우리에게 분명하게 말씀한다. "서로 친절하게 하며 불쌍히 여기며 서로 용서하기를 하나님이 그리스도 안에서 너희를 용서하심과 같이 하라"(엡 4:32)

우리가 교회의 공교회성과 성도의 교제와 죄의 용서를 경험적으로 아주 잘 느낄 수 있는 시간이 있으니 바로 성찬 예식이다. 대부분의 한국 개신교회는 이 성찬 예식을 연례행사 정도로 여기고 있지만, 사실 초대교회 성도들은 매주 드리던 체험적 예배였다. 성찬 예식은 그리스도께서 친히 행하시고, 명령하신 것으로 식탁 안에서 함께 먹고 마시며 주 안에서 우리가 하나임을 확인하고 재현하는 시간이다. 따라서 한국 교회는 이 성찬 예식을 더 소중히 여기고 자주 거행하여 참여해야 한다.

성령충만을 받아라

경기도 이천에는 역사가 깊은 오천감리교회가 있다. 1924년 우인철 목사가 이 교회에서 목회할 때, 교인 최성준을 출교시킨 사건이 있었다. 그는 지역사회의 유지이며 교회 내에서 헌금을 많이 내는 유력한 사람이었다.

그의 가정에는 한 가지 고민거리가 있었는데, 그것은 대를 이을 아들이 없다는 것이었다. 오늘날은 좀 덜하지만 예전에는 아들을 낳아 대를 잇는 것이 한 집안의 가장 큰 과업 중 하나였다. 일가친척은 그에게 후실을 취하여 아들을 보라고 매일같이 성화였다. 결국 그는 마지못해 첩을 얻었고 이 사실을 알게 된 교회가 임원회를 열어 그를 출교시킨 것이다. 출교 당한 후 최성준은 거의 2년 동안 교회 창 밖에서 눈물로 예배를 드리며 용서를 구했다. 그러자 교회는 그를 용서하고 다시 교인으로 받아들였다고 한다.

이것이 바로 공교회성을 인정하는 것이고, 진정한 성도의 교제와 용서를 실현하는 것이다. 그렇다면 우리는 어떻게 이런 공교회성, 성도의 교제, 용서의 역사를 이루어갈 수 있는가? 다른 길은 없다. 오직 성령으로 충만할 때 가능하다. 성령께서 우리를 회개하는 마음으로, 용서하는 마음으로 이끄신다. 성령의 감화에 민감하라. 보혜사 성령의 인도를 받으라. 성령님께 순복하라. 성령의 역사가 있는 그곳으로부터 우리는 진정한 성도가 되며, 교회는 다시 살아 숨쉬게 될 것이다.

"죄의 용서가 없는 곳이라면 어디나 '교회 밖'이다. 복음이 있다면 용서가 있다는 것이고, 복음이 없다면 죄 용서가 없다는 뜻이다. 그러므로 죄의 용서가 없는 곳은 교회가 아니다. 그런 곳에는 진정으로 거룩한 성령의 역사가 없기 때문이다." _마틴 루터

제 9 일 아침의 기도

전능하신 아버지 하나님,
죄인 된 우리에게 성령을 보내셔서
예수 그리스도를 믿게 하시고,
진리로 인도하여 주시니 감사와 찬양을 올립니다.

우리를 그리스도의 몸으로 이끄신 보혜사 성령이시여,
우리가 한 형제자매로서 공교회성을 회복케 하소서.
그리스도 안에서 성도의 교제를 누리며
서로의 잘못과 허물을 용서하고 보듬어
하나님 기뻐하시는 바로 그 교회
세상의 희망이 되는 바로 그 교회
대를 이어 복 받는 바로 그 교회를 세워가게 하소서.

진리의 영 성령이시여,
우리 안에 거하심에 감사합니다.
사랑합니다.
가난한 마음으로 기다리오니 충만하게 임하소서.

이제 성령으로 말미암아 회개하고 용서하여 저로 인하여
이 땅에 그리스도의 나라와 그 뜻이 이루어지게 하소서.

예수님의 이름으로 기도합니다. 아멘.

10

부활과 영생의 소망

"몸의 부활과 영생을 믿습니다 아멘"

우리 크리스천에게 성령 하나님은 신앙생활의 알파와 오메가이다. 우리는 성령의 은혜로 믿음을 얻는다. 또 성령의 도움으로 믿음을 지키며, 성령을 힘입어 믿음의 역사를 이루어간다. 따라서 성령으로 아니하고는 그 무엇도 이룰 수 없다.

성령이 계시지 않으면 하나님은 막연한 신으로 멀리 계시고, 예수 그리스도는 과거에만 머물고, 복음은 죽은 문자에 불과하고, 교회란 한낱 조직에 불과하고, 선교란 한낱 선전 광고에 불과하고, 신자들의 삶은 종교 윤리에 불과하고, 천국은 동화 같은 망상에 불과하다.

그러나 성령이 임하시면 하나님은 임마누엘로 가까이 계시고, 예수 그리스도는 오늘 여기 나와 함께 계시고, 복음은 모든 믿는 자에게 구원을 주는 능력이 되고, 교회는 그리스도의 현존을 경험하는 산 공동체가 되고, 선교는 죄와 죽음에 묶여있는 자를 해방하는 축제가 되고, 신자들의 삶은 삼위일체 하나님의 생명으로 가득하고, 천국은 그날에 경험할 현실이 된다.

이렇듯 성령이 우리 가운데 임하시면 이전과는 전혀 다른 새로운 삶이

펼쳐진다. 눈이 열려 내 안에 거하시는 그리스도를 보며, 살아계신 주님과 함께 날마다 새로운 능력을 힘입어 살게 되는 것이다. 또 성령으로 우리는 거룩한 공교회를 이루어 가고, 한 교회 가족으로서 성도의 교제를 나누며, 서로 죄를 용서받고 용서하는 삶을 살아간다.

그래서 크리스천이라고 한다면 누구나 성령 하나님을 갈망하고, 성령의 충만을 구하고, 성령의 인도를 따라 살아야 하는 것이다.

몸의 부활과 영생

성령의 역사는 여기서 그치지 않는다. 놀랍게도 사도신경은 마지막 부분에서 구원받은 그리스도인이 죽음 이후 성령을 통해서 어떤 역사를 경험하게 될지 언급한다. 곧 우리의 몸은 부활하며, 우리의 생은 영생을 누리게 되리라는 고백이다.

첫째로, 우리 몸은 부활한다. 몸의 부활은 성령 하나님께서 그리스도 안에서 죽은 자들을 초자연적으로 살리시는 구원 사건이다. 이런 몸의 부활에 대해 사도 바울은 다음과 같이 설명한다. "죽은 자의 부활도 그와 같으니 썩을 것으로 심고 썩지 아니할 것으로 다시 살아나며 욕된 것으로 심고 영광스러운 것으로 다시 살아나며 약한 것으로 심고 강한 것으로 다시 살아나며 육의 몸으로 심고 신령한 몸으로 다시 살아나나니"(고전 15:42-44)

몸의 부활은 그리스도 안에서 죽은 자가 신령한 몸(spiritual body)으로 다시 살아나는 것을 말한다. 몸은 몸인데 영적인 몸, 즉 부활하신 예수님과 같은 부활체로 살아나는 것이다. 이 영적인 몸은 시공간의 제한을 받지 않는 동시에 나라는 자아가 그대로 유지되어 하나님 앞에 서게 될 영육이 완전한 몸이다.

우리 크리스천은 이 세상을 살다가 죽으면 육체는 흙으로 돌아가고 영혼은 하나님께로 돌아간다. 죽어도 죽은 게 아니며 끝나도 끝이 아닌 것이다. 그래서 성경은 자주 죽음을 가리켜 그리스도 안에서 잠들었다고 표현한다(고후 5:1,6,8, 빌 1:23, 행 3:21). 이후 그리스도께서 재림하시는 마지막 날에 우리는 신령한 몸으로 다시 살아날 것이다(요 6:40).

사도 바울은 이 생명의 역사를 마치 눈으로 본 것처럼 생생하게 묘사하고 있다. "보라 내가 너희에게 비밀을 말하노니 우리가 다 잠 잘 것이 아니요 마지막 나팔에 순식간에 홀연히 다 변화되리니 나팔 소리가 나매 죽은 자들이 썩지 아니할 것으로 다시 살아나고 우리도 변화되리라"(고전 15:51-52, 참조 살전 4:16-17)

둘째로 우리는 영생을 산다. 사도신경은 세상의 시작 천지창조에서 출발하여 인생의 종말 영생에 관한 고백으로 끝을 맺는다. 많은 이들이 이 영생을 죽음 뒤에 이루어지는 것으로 생각한다. 그러나 영생은 성령 안에서 '이미'와 '아직'의 이중적인 의미를 지닌다. 즉 영생이란 '아직' 일어나지 않은 소망인 동시에 '이미' 시작된 현실인 것이다.

먼저 영생은 이미 그리스도 안에서 시작되었다. 신자에게 영생은 오늘 경험되는 현실이다. 예수 그리스도를 믿는 순간 그 안에 예수 생명이 임하기 때문이다. 예수님께서는 "내 말을 듣고 또 나 보내신 이를 믿는 자는 영생을 얻었고 심판에 이르지 아니하나니 사망에서 생명으로 옮겼느니라"라고 말씀하셨다(요 5:24). 예수를 그리스도로 믿는 자에게는 이미 영생이 주어졌고, 오늘 여기서부터 그 영생을 확신하며 믿음으로 하나님 나라를 이루어 갈 수 있게 된 것이다(눅 17:21).

또한 영생은 아직 우리 안에서 완성되지 않았다. 죽음 이후에 우리 크리스천은 하나님 나라에서 영원을 살게 된다. 하나님이 계신 곳(heave)에서 그리스도와 함께 서로 얼굴을 마주보며(with Christ presence of God 고전 13:12) 영원한 생을 누리는 것이다. 이것은 힘겨운 세상을 살며 믿음을 지킨 신자들을 위한 값진 위로요 보상이다. 그래서 중세의 신비가였던 클레르보의 버나드(Bernard of Clairvaux)는 천국을 기대하며 다음과 같이 노래한다. "구주를 생각만 해도 내 맘이 좋거든 그 얼굴 뵈올 때에야 얼마나 좋으랴!"

영생으로 이루어질 천국은 신약뿐만 아니라 이미 구약시대 선지자들에게도 계시된 비전이며, 이 세상이 앞으로 나아갈 목표이고, 마침내 우리에게 주어질 최고의 상이요, 복이다. "그 때에 이리가 어린 양과 함께 살며 표범이 어린 염소와 함께 누우며 송아지와 어린 사자와 살진 짐승이 함께 있어 어린 아이에게 끌리며 암소와 곰이 함께 먹으며 그것들의 새끼가 함께 엎드리며 사자가 소처럼 풀을 먹을 것이며 젖 먹는 아이가 독사의 구멍에서 장난하며 젖 뗀 어린 아이가 독사의 굴에 손을 넣을 것이라 내 거룩한 산 모든 곳에서 해 됨도 없고 상함도 없을 것이니 이는 물이 바다를 덮음 같이 여호와를 아는 지식이 세상에 충만할 것임이니라"(사 11:6-9)

우리의 삶은 저마다 모양이 다르지만 그 끝은 언제나 똑같다. 즉 죽음으로 마치는 것이다. 이 죽음 앞에서 많은 사람들이 두려움과 허무함, 절망에 사로잡히는 것을 본다. 그러나 크리스천은 다르다. 이미 내 안에서 성령으로 말미암는 영생이 시작되었음을 알기에, 또 마침내 그날에 이 생명의 역사가 영원히 완성될 것을 믿기에 어떤 상황에서도 약속된 천국을 소망하며 오늘의 시험과 고난, 죽음까지도 능히 이겨내고 승리의 삶을 사는 것이다.

여기, 고난에 처한 한 무명 순교자의 고백을 들어보라. 고난 중에도 소망으로, 고통 중에도 기쁨으로 충만하지 않은가?

나를 저주하십시오.

당신들이 나를 저주할수록 나는 더욱 당신들을 사랑할 것입니다.

나에게 침을 뱉어 보십시오.

그러면 나는 사랑의 숨결을 뿜어낼 것입니다.

나를 때리십시오.

나는 신음 소리로 사랑을 고백할 것입니다.

나를 찌르십시오.

나는 사랑한다고 절규할 것입니다.

나를 짐승의 먹이로 던지십시오.

나는 사랑의 제물이 될 것입니다.

나를 불태우십시오.

그러면 나는 사랑의 열기로 당신의 증오의 가슴을 녹일 것입니다.

이것이 바로 세상이 이해하지 못하는, 세상이 감당할 수 없는 믿음의 사람이다. 이것이 바로 영생 신앙으로 사는 것이며 날마다 세상을 이기는 것이다. "무릇 하나님께로부터 난 자마다 세상을 이기느니라 세상을 이기

는 승리는 이것이니 우리의 믿음이니라"(요일 5:4)

Credo, 심장을 드리다

지금까지 살펴본 사도신경을 총정리하면 다음과 같다.

제1조는 전능하신 창조주 아버지 하나님에 대한 믿음의 고백이다.

제2조는 하나님의 유일하신 아들 주 예수 그리스도에 대한 믿음의 고백이다.

제3조는 그리스도의 영 성령님에 대한 믿음의 고백이다.

그리고 이 삼위일체 하나님의 역사로 이루어지는 거룩한 공교회와 성도의 교제, 죄 사함, 몸의 부활과 영생의 고백까지 사도신경은 그야말로 날마다 우리가 고백하고 전승해야 할 신앙 유산이요 값진 보물이다.

앞에서 설명한 것처럼 사도신경의 라틴어 원문은 크레도(Credo)로 시작한다. 이는 보통 '믿습니다'라고 번역되는데 cre는 '심장'을, do는 '드리다'를 의미한다. 즉 사도신경은 단순히 말로만이 아니라 내 심장을 드리는 고백이다. 내 생명과 모든 것을 바치는 심정으로 해야 하는 것이다.

우리가 드린 신앙고백의 결어가 아멘(Amen)임을 잊지 말자. 이것은 "그렇습니다", "진심입니다", "그대로 이루어질 것을 믿습니다"라는 확정의 의미를 지닌다. 그러므로 아멘 했으면 이제 고백한 대로 살아야 한다. 진실한 믿음이냐 거짓된 믿음이냐, 살아있는 믿음이냐 죽어있는 믿음이냐는 아멘 이후에 결정되는 것이다. 아멘이 진실한 행동으로, 충실한 삶으로 나타나야 한다(마 7:21, 12:5).

종교개혁의 선구자 기욤 파렐(Guillaume Farel)은 칼뱅을 만나 종교개혁을 함께 이루자고 제안했던 사람이다. 그러나 당시 칼뱅은 학자를 꿈꾸고 있었고, 건강도 좋지 않았으며, 이미 개혁에 한번 실패를 맛본 실패자였다. 그럼에도 그는 망설임 없이 파렐의 요청을 하나님의 부르심으로 믿고 이렇게 응답한다. "주여, 나의 심장을 주께 드리나이다. 즉각적으로 성실한 마음으로!"

이 행동하는 믿음이 후일 베즈(Theodore de Beze)와 낙스(John Knox)를 거쳐 전 세계에 장로교회라는 개혁신앙으로 발전하고 확장되었다. 이제 우리도 심장을 드리는 마음으로 신앙을 고백하자. 아멘 했으면 즉각적으로 성실하게 그것을 행동에 옮기자. 그리할 때 주님께서 우리가 고백한대로 우리의 인생을, 우리의 교회를, 우리의 세상을 인도해주실 것이다. 아멘.

"행함이 없는 믿음은 죽은 것이니라"(약 2:26)

제
10
일
아
침
의
기
도

하나님 아버지,
그리스도를 믿는 우리에게 영생을 약속하시고
그날에 예수님처럼 살아날 소망을 주시며
오늘 그 생명을 누리며 살게 하시니 감사와 찬양을 드립니다.

보혜사 성령이시여,
주님의 음성을 들을 수 있도록 겸손한 마음을 주옵소서.
주님을 섬길 수 있도록 사랑의 마음을 더하여 주옵소서.
주님 안에 살 수 있도록 믿음을 주옵소서.

오늘도 심장을 드리는 마음으로 신앙을 고백하고 아멘 했사오니
정직한 마음과 충실한 행동이 뒤따르게 하시어
저로 하여금 제 주변에 하나님 나라와 뜻이 이뤄지게 하소서.
성령 하나님, 사랑합니다. 충만히 임하소서.
언제 어디서나 신앙고백의 삶으로 인도하소서.

예수님의 이름으로 기도합니다. 아멘.

PART 3

십계명으로 드리는 정오의 기도

항상 기뻐하라 쉬지 말고 기도하라 범사에 감사하라 이는 그리스도 예수 안에서 너희를 향하신 하나님의 뜻이니라

데살로니가전서 5:16,17,18

1

나와 세상을 살리는 사랑의 법도, 십계명

자동차를 새로 구입했을 때의 일이다. 요즘 기술이 얼마나 좋아졌던지 새 자동차에는 수많은 기능들이 탑재되어 있었다. 더 이상 열쇠로 시동을 걸지 않아도 되었고, 더 이상 페달을 밟지 않아도 주행이 가능했으며, 그 밖에도 상상하지 못했던 편의 기능들이 여러 가지 있었다.

그렇다면 이제 내가 해야 할 일은 무엇인가? 바로 '사용설명서'를 확인하는 것이다. 만일 내가 설명서를 제대로 보지 않았다면 그 차가 가진 기능의 절반도 활용하지 못했을 것이다. 매번 불편하게, 불안하게 운전해야 했을지도 모른다. 그러나 설명서를 읽고 익혀나가자 이전과는 전혀 다른 운전 생활이 시작되었다. 새 차를 새 차답게 마음껏 누리게 된 것이다.

과거 이스라엘 백성은 이집트에서 430년이나 노예로 시달리고 있었다 (출 12:40). 바로 이때 하나님께서 모세를 부르셨다. 그들을 노예가 아닌 자유인으로, 애굽 백성이 아닌 하나님 백성으로 살게 하기 위함이었다.

모세는 하나님의 뜻을 받들어 이스라엘 백성을 인도한다. 그들은 홍해를 가로지르고, 불 기둥과 구름 기둥의 인도를 받으며 광야를 행군했다.

쉬지 않는 기도

165

그렇게 도착한 시내산에서 하나님께서는 모세와 백성을 불러 세우셨다.

"나는 너를 애굽 땅, 종 되었던 집에서 인도하여 낸 네 하나님 여호와니라"(출 20:2)

하나님께서는 거기서 이스라엘 백성과 언약을 맺으신다. 그리고 이제 그들이 하나님 백성으로 새 시대를 살기 위한 사용설명서, 곧 하나님의 법도를 계시하신다. 이것이 바로 '십계명'이다. 이 열 가지 계명을 잘 듣고, 잘 익혀, 그대로 순종하며 살면 하나님 백성으로서 이전과는 전혀 다른 자유와 평안과 풍성을 누리며 살게 되는 것이다. "세계가 다 내게 속하였나니 너희가 내 말을 잘 듣고 내 언약을 지키면 너희는 모든 민족 중에서 내 소유가 되겠고 너희가 내게 대하여 제사장 나라가 되며 거룩한 백성이 되리라 너는 이 말을 이스라엘 자손에게 전할지니라"(출 19:5-6)

하나님께서는 이집트 노예가 아닌 자유의 백성에게 십계명을 주셨다. 이미 그들을 건져내어 구원하고 인도하신 후에 그 자유를 잘 영위하도록 배려와 사랑의 마음을 담아 명령하신 것이다. 만일 그들이 이 계명을 잘 따른다면 하나님의 사랑 안에 거하며 거룩하고 아름답고 복된 삶을 살게 될 것이다.

한 번 생각해보라. 우리가 너도 나도 십계명을 따라 살겠다고 결단하면 어떻게 되겠는가? 교회는 거룩한 공동체가 될 것이고, 사회의 온갖 죄악과 불의는 떠나게 될 것이다. 이것이야말로 진정한 부흥이 아니겠는가? 말 그대로 이 땅에 하나님 나라가 이루어지는 것이다. 이처럼 십계명은 구원받는 백성을 복되게 하고, 교회에 부흥을 가져오며, 온 세상에 하나님 나라를 실현하는 사랑의 계명이다. 그래서 마틴 루터는 십계명을 세 가지

막대기로 비유한 바 있다.

하나, 십계명은 복된 삶으로 인도하는 지시봉이다.

둘, 십계명은 악한 죄를 막아서는 차단봉이다.

셋, 십계명은 잘못했을 때 징계하는 초달봉이다.

이 얼마나 자상한 하나님의 배려요, 사랑스런 선물인가? 따라서 십계명은 있어도 되고 없어도 되는 구시대의 율법이 아니다. 시대와 상관없이 반드시 있어야 할 법도요, 하나님의 백성이라면 누구나 따라야 할 주님의 명령인 것이다.

더 큰 사랑으로 사랑을 하니

한 신학자는 십계명을 쉽게 설명하기 위해 '하나, 둘, 열'로 정리한다.

먼저 십계명은 '열'이다. 십계명은 말 그대로 열 개의 명령이다. 우리의 생명을 위해 하나님께서 은혜로 주신 열 가지 말씀인 것이다. 이 계명들은 하나님의 백성이 이 세상을 어떻게 살아야 하는지를 설명해주는 중요한 표지석이다.

십계명은 '둘'이다. 열 개의 계명은 두 개의 돌판에 나눠 새겨졌다(출 31:8). 십계명은 구조상으로도 두 개의 내용으로 정리할 수 있는데 하나는 하나님을 향한 계명(1-4계명)이고, 다른 하나는 사람을 향한 계명(5-10계명) 이다.

복음서를 보면 예수님께서도 하나님의 계명을 이와 같이 두 개로 요약하셨다. "예수께서 이르시되 네 마음을 다하고 목숨을 다하고 뜻을 다하여 주 너의 하나님을 사랑하라 하셨으니 이것이 크고 첫째 되는 계명이요 둘째도 그와 같으니 네 이웃을 네 자신 같이 사랑하라 하셨으니 이 두 계명이 온 율법과 선지자의 강령이니라"(마 22:37-40)

십계명은 '하나'이다. 십계명은 한 하나님으로부터 한 믿음을 가진 백성에게 주어진 명령이다. 이 계명들에는 하나의 공통 전제가 있는데 그것은 바로 사랑이다. 하나님을 사랑하고 이웃을 사랑하는 사랑의 사람으로 우리를 살게 하는 것이다.

중요한 것은 하나님께서 오늘 우리에게 무작정 사랑하라고 요구하시는 게 아니라는 사실이다. 아무것도 가진 것 없는 이스라엘 백성을 선택하고 구원했던 하나님의 신인적(神人的) 사랑이 우리에게도 나타났으니 곧 예수 십자가이다. 하나님께서 우리를 먼저 사랑하셔서 독생자를 세상에 보내고 십자가에 죽게 하심으로 이미 갚지 못할 큰 사랑을 베푸신 것이다.

이 사랑을 근거로 사도 요한은 우리에게 다음과 같이 말씀한다. "사랑은 여기 있으니 우리가 하나님을 사랑한 것이 아니요 하나님이 우리를 사랑하사 우리 죄를 속하기 위하여 화목 제물로 그 아들을 보내셨음이라 사랑하는 자들아 하나님이 이같이 우리를 사랑하셨은즉 우리도 서로 사랑하는 것이 마땅하도다"(요일 4:10-11)

그러므로 우리는 억지로 십계명을 지켜야 할 사람들이 아니다. 먼저 받은 십자가 대속의 사랑에 감격해서 즐거이 계명을 지키고, 십자가 사랑의 능력으로 자유롭게 서로의 종이 되어 섬기는 것이다(갈 6:13). 이는 십계명을 규칙이나 윤리가 아니라 따뜻한 사랑과 행복으로 대하는 믿음의 자세이다. 우리가 이렇게 십계명을 믿고 행할 때 그곳에 평화와 자유가 넘치는 하나님 나라가 이루어지게 될 것이다.

여기, 계명 준수를 넘어 하나님의 사랑을 힘입어 행했던 한 여인의 고백을 들어보라.

내가 나의 사랑으로 나를 사랑했을 때
참 많이 노력해야 했습니다.
더 나은 내가 되기 위하여

내가 나의 사랑으로 남편을 사랑했을 때
참 많이 울어야 했습니다.
남편을 나의 사람으로 만들기 위하여

내가 나의 사랑으로 아이들을 사랑했을 때
참 많이 화를 내야 했습니다.
아이들을 잘 키워야 한다는 욕심 때문에

내가 나의 사랑으로 이웃을 사랑했을 때
참 많이 참아야 했습니다.
그들을 사랑해야 한다는 윤리 때문에

이제는 하나님의 사랑으로 사랑합니다.
더 큰 사랑으로 사랑을 하니
사랑하는 일이 쉬워졌습니다.

사랑하는 일이 기쁨이 됩니다.

사랑하는 일이 감사가 됩니다.

이처럼 율법이 아니라 사랑으로 계명을 이루어 가는 것이 온전한 그리스도인이며, 이 땅에 하나님 나라가 이루어지는 길이다.

십계명으로 드리는 정오의 기도

정오(점심)는 시간적으로 일과의 한 중간에 위치한다. 분주한 오전의 일과를 마치고 한숨 돌리며 식사와 쉼을 갖는 시간이다. 이 뒤에 이어지는 오후 시간은 점차 피곤해지면서 마음이 흐트러져 유혹에 노출되거나 실수하기 쉬운 때이다.

그러므로 지나간 일과를 갈무리하며 다시 하나님께 나아가는 기도 시간이 필요하다. 마른 광야에서 샘물을 찾듯이 분주한 일과 중 하나님의 생수를 공급받는 귀한 시간인 것이다. 특별히 정오에 십계명으로 기도하는 습관을 가질 때 우리에게 다음과 같은 유익이 있다.

하나, 하나님 백성으로서 정체성을 재확인하여 복된 삶을 살게 된다.

둘, 인생의 척도가 분명하여 죄와 유혹을 예방하게 된다.

셋, 지나간 오전 시간을 성찰하여 죄를 돌이켜 회개하게 된다.

넷, 하나님 자녀로서 거룩하게 살 것을 다시 결단하게 된다.

다섯, 말씀으로 교훈, 훈계, 교정, 인도를 받아 온전한 그리스도인으로 자라게 된다.

여섯, 말씀 충만, 성령 충만으로 넉넉히 세상을 이기게 된다.

일곱, 하나님 사랑 이웃 사랑을 실천하여 이 땅에 하나님 나라를 이루어가게 된다.

십계명은 하나님께서 우리에게 주신 복된 삶을 위한 사용설명서이기에 일과 중 이를 확인하며 하나님께 나아가는 것은 얼마나 큰 축복인지 모른다. 물론 시간을 내기가 여의치 않을 것이다. 일과가 너무 분주하여 기도는커녕 식사도 거르는 경우가 있을지도 모른다. 그럴지라도 실망하지 말고 기회를 마련하여 기도를 시도하라. 하나님의 말씀을 붙들고 기도하라. 주님께서 우리가 있는 바로 그 자리에 함께 하고 계신다.

"내가 주의 말씀을 지키려고 발을 금하여 모든 악한 길로 가지 아니하였사오며 주께서 나를 가르치셨으므로 내가 주의 규례들에서 떠나지 아니하였나이다 주의 말씀의 맛이 내게 어찌 그리 단지요 내 입에 꿀보다 더 다니이다 주의 법도들로 말미암아 내가 명철하게 되었으므로 모든 거짓 행위를 미워하나이다 주의 말씀은 내 발에 등이요 내 길에 빛이니이다"(시 119:101-105)

제1일 정오의 기도

오 하나님 아버지, 우리에게 신실한 사랑의 법도를 베푸셔서
하나님 백성으로 하루하루 살아가게 하시니
감사와 찬양을 올려드립니다.

오전에도 은혜로 살았습니다. 감사합니다.
그럼에도 때때로 원치 않는 실수와 죄를 범했으니
키리에 엘레이손, 나를 불쌍히 여기소서.

이제 오후 시간도 하나님 자녀로 합당하게 살기 원합니다.
나를 도우소서.

하나님 외에 다른 신을 섬기지 않겠습니다.
우상을 섬기지 않겠습니다.
하나님의 이름을 망령되게 하지 않겠습니다.
주일을 기억하여 거룩히 준비하겠습니다.
부모님을 공경하겠습니다. 살인하지 않겠습니다.
간음하지 않겠습니다. 도둑질하지 않겠습니다.
거짓말하지 않겠습니다. 탐욕하지 않겠습니다.

오 주 하나님, 내 힘으로 불가하오니 십자가 사랑을 부어주셔서
남은 하루도 저로 인하여 주의 나라 주의 뜻 이루어지게 하소서.

예수님의 이름으로 기도합니다. 아멘.

2

여호와만이 하나님이시다

"너는 나 외에는 다른 신들을 네게 두지 말라"

어느 해 겨울 이태리 한 도시의 길거리에서 늙은 악사 한 사람이 바이올린을 연주하고 있었다. 자신의 모자를 바구니 삼아 행인들로부터 적선을 구하고 있었던 것이다. 그러나 추운 날씨에 발걸음을 멈추고 그 연주를 듣는 이는 아무도 없었다.

갑자기 신사 한 사람이 그에게 다가와 말을 건넸다. "어르신, 그 바이올린을 잠시 빌려주시겠습니까?" 어리둥절한 그는 신사에게 바이올린을 넘겨주었다. 신사는 낡은 바이올린의 이곳저곳을 살펴보고 조율하더니 곧 연주를 시작했다.

그런데 이게 웬일인가? 방금 전과 전혀 다른 맑고 아름다운 소리가 나는 것이었다. 어디서도 들을 수 없는 아름다운 선율이 거리에 퍼지기 시작했다. 덩달아 그 소리에 이끌려 지나가던 사람들이 멈춰서기 시작했다. 하나 둘 모여든 사람들은 어느덧 군중을 이뤘고 모두가 한 마음이 되어 그 연주에 빠져들었다. 바로 그때 누군가가 깜짝 놀라 소리쳤다. "파가니니(Paganini)다. 저 사람이 그 유명한 파가니니다!"

놀라운 이야기 아닌가? 처음에는 그저 낡아빠진 바이올린에 불과했는데, 그것이 거장 파가니니의 손에 들리자 이전과는 전혀 다른 바이올린으로 쓰임 받았다. 맑고 아름다워 지나가는 사람들을 불러세우는 영향력 있는 소리를 내게 된 것이다.

이처럼 누구의 손에 붙들리느냐, 누가 나를 주관하느냐는 중요한 문제이다. 아무리 좋은 악기일지라도 주인을 잘못 만나면 망가지고 볼품없는 악기가 되겠지만 낡고 망가진 악기일지라도 거장을 만나면 그가 다시 손질하고 수리해서 이전과는 전혀 다른 존귀한 악기로 탄생하는 것이다. 이제 묻는다. 오늘 나는 누구의 손에 붙들려 있는가? 그동안 누가 내 인생이란 악기를 주관해왔는가?

여호와의 하나님 선언

하나님께서 우리에게 주신 첫 번째 계명은 "너는 나 외에는 다른 신들을 네게 두지 말라"는 것이다. 이는 여호와 하나님께서 보여주시는 두 가지 자기 선언이다.

첫째로 여호와만이 유일한 하나님이시라는 선언이다. 여호와 하나님은 모든 존재의 근원이시며 스스로 계시는 유일하신 분이시다. 우리에게 다른 하나님은 없다. 오직 우리 주 여호와만이 참 하나님이시다. 우리는 이것을 사도신경의 첫 머리에서도 동일하게 고백했다. "나는 전능하신 아버지 하나님, 천지의 창조주를 믿습니다."

세상의 모든 신들은 만든 신, 거짓 신, 악한 신이다. 이것들은 처음에 대단한 능력을 가진 것 마냥 사람들을 홀리고 이끌어 모으지만, 실상은 미혹일 뿐 인간을 구원할 그 어떤 능력도 가지고 있질 않다. 도리어 점점 더 인간을 억압하고, 위협하고, 착취하고, 망가뜨려 결국 죽음에 이르게 하는 것이다. 그 어떤 신이라고 하더라도 결국 이들은 미혹의 영(딤전 4:1)이요, 거짓의 아비(요 8:44)이다. "도둑이 오는 것은 도둑질하고 죽이고 멸망시키려는 것뿐이요"(요 10:10)

오늘날에도 이 거짓 신들은 삼킬 자를 찾기 위하여 교묘하게 위장하고 있다. 취향, 종교, 전통, 문화, 사조(思潮) 등의 모습으로 우리 곁에 자연스럽게 다가오는 것이다. 따라서 이 같은 것들에 속아서는 안 된다.

성경은 이런 거짓 신들이 만연하는 것이 종말의 징조라고 말씀한다(막 13:22). 그러므로 깨어 있으라. 무엇에든 속지 마라. 세상에 참된 신은 오직 여호와 하나님 뿐이시요 우리 주 예수 그리스도 뿐이시다. 예수님만이 길이요 진리요 생명이요 구원이요 하나님이시다. "오직 여호와는 참 하나님이시요 살아 계신 하나님이시요 영원한 왕이시라 그 진노하심에 땅이 진동하며 그 분노하심을 이방이 능히 당하지 못하느니라"(렘 10:10)

둘째로 하나님만이 예배의 대상이시라는 선언이다. 우리가 믿고 고백하는 하나님은 세상 모든 존재의 근원이시고, 창조주이시며, 역사의 주관자이시다. 뿐만 아니라 예수 그리스도를 통하여 인간을 죄에서 건져 자녀 삼으신 구원자이시고, 성령으로 우리 가운데 거하시고 영원히 함께 하시는 임마누엘 주님이시다.

이런 하나님을 제쳐두고 다른 신을 섬기는 것은 죄악 중의 죄악이요, 몽매 중의 몽매이다. 세상에서 우리의 찬양과 영광을 받으실 분은 오직 성부 성자 성령 삼위일체 하나님 우리 주 여호와 한 분 밖에는 없다. "이스라엘아 들으라 우리 하나님 여호와는 오직 유일한 여호와이시니 너는 마음을 다하고 뜻을 다하고 힘을 다하여 네 하나님 여호와를 사랑하라"(신 6:4-5)

이렇게 여호와만을 유일한 하나님으로 믿고, 하나님만 예배하며, 마음과 뜻과 힘과 목숨을 다하여 사랑할 때 하나님께서 우리를 언제 어디서나 형통한 존재로 삼으신다(신 28:1-6). 그렇다면 오늘 나는 어떤가? 진심으로 하나님만을 나의 주 하나님으로 섬기고 있는가? 진정 하나님만을 예배하며 마음과 뜻과 힘과 목숨을 다하여 사랑하고 있는가?

십수 년 전 어느 집사님이 사업을 시작하며 개업예배를 드려 달라고 요청한 적이 있다. 집사님은 사업을 앞두고 자신의 소원을 이야기했다. "목사님, 이 사업이 잘되면 주님과 교회를 위해 큰일을 하고 싶어요." 나는 그 마음이 고맙고 대견하여 정성을 다해 축복기도를 해주었다.

감사하게도 사업은 기도만큼 날로 번창해 갔고, 덩달아 집사님도 점점 더 바빠졌다. 봉사나 헌금은 고사하고 주일예배도 빠지기 일쑤였다. 그래서 집사님을 만나 자초지종을 물었더니 이렇게 말한다. "목사님, 죄송해요. 일이 너무 바빠서요." 목회자로서 진정 그를 위한다면 다시 이렇게 기도해야 할 듯 싶었다. "하나님, 들으셨지요? 너무 바빠서 예배를 못 드린대요. 이제 안 바쁘게 해주세요."

혹여 이것이 오늘 우리의 모습은 아닌가? 작은 성공에 눈이 가려 하나님이 보이지 않는 것은 아닌가? 소유, 인기, 쾌락, 관계 등 세상 그 무엇에 빠져 하나님을 예배하는 일에 소홀하지는 않는가? 그러나 믿음의 백성인 우리가 하나님을 예배하지 않고 세상 다른 것들을 사랑하면 결국 모든 것을 빼앗기고 잃어버리게 될 것이다. 하나님께서 제사장 엘리에게 하셨던 심판의 말씀을 잊지 말라.

"그러므로 이스라엘의 하나님 나 여호와가 말하노라 내가 전에 네 집과 네 조상의 집이 내 앞에 영원히 행하리라 하였으나 이제 나 여호와가 말하노니 결단코 그렇게 하지 아니하리라 나를 존중히 여기는 자를 내가 존중히 여기고 나를 멸시하는 자를 내가 경멸하리라"(삼상 2:30)

하나님께서는 주님을 존중히 여기는 자를 존중히 여기신다. 그것은 오직 여호와만을 전능하신 창조주 구원의 하나님으로 믿고 예배하는 것이다. 하나님만을 존귀와 찬양과 경배의 대상으로 믿고 전심으로 예배하는 것이 하나님을 가장 기쁘게 하는 것이요, 가장 존귀히 여기는 것이다.

새 노래로 하나님을 부르리라

독일 북부에는 뤼베크(Lübeck)라는 항구 도시가 있다. 그 도시의 어느 교회 돌벽에는 '주께서 우리에게 말씀 하신다'는 제목으로 알려진 의미심장한 글이 새겨져 있다.

너희는 나를 주라 부르면서 따르지 않고,
너희는 나를 빛이라 부르면서 빛 가운데 행하지 않고,
너희는 나를 길이라 부르면서 그 길을 따라 가지 않고,
너희는 나를 삶이라 부르면서 나처럼 살지 않고,

너희는 나를 존귀하다 하면서 나를 섬기지 않고,

너희는 나를 강하다 하면서 의지하지 않고,

너희는 나를 의롭다 하면서 거룩히 행하지 않는구나.

그런즉 이제 너희를 책망하고자 하니 나를 탓하지 말라.

우리는 자신을 성찰하고 회개하여 오직 하나님만을 존중하고, 오직 하나님만을 예배하는 자가 되어야 한다. 예배는 하나님께 나를 온전히 드리는 행위이다. 하나님께 나를 겸손히 드리면 인생 구원의 거장이신 그리스도께서 나를 받으신다. 나를 만지시고 고치시고 다듬어서 자신의 도구로 사용하신다.

그러므로 이제 일평생 오직 하나님만 섬기고, 하나님만 예배하겠다고 결단하라. "나 ○○○는 오직 하나님만을 경배하는 예배자로 살겠습니다." 이런 믿음의 결단으로 살아갈 때 우리 인생에 이전과는 전혀 다른 환희와 희망의 새 노래가 울리게 될 것이다.

"오라 우리가 여호와께 노래하며 우리의 구원의 반석을 향하여 즐거이 외치자 우리가 감사함으로 그 앞에 나아가며 시를 지어 즐거이 그를 노래하자 여호와는 크신 하나님이시요 모든 신들보다 크신 왕이시기 때문이로다"(시 95:1-3)

제
2
일
정
오
의
기
도

하나님 아버지,
이 세상 창조자요 구원자이신 여호와 하나님을
비천한 우리에게 계시해주시니
오직 주님께 찬양과 영광을 올려 드립니다.

오직 여호와만이 하나님이시고,
우리 예배의 대상이십니다.
사는 날 동안 하나님만을 높이고 경배하게 하소서.
마음과 뜻과 힘과 목숨을 다해 하나님만 사랑하길 원하오니,
오 성령이시여, 나에게 계시의 영을 더하여 주옵소서.

내 모든 것을 아낌없이 하나님께 드리오니
내 인생을 주관하시고
내 마음을 새롭게 하셔서
날마다 평안과 환희에 찬 구원의 노래가 울리게 하소서.
나와 내 집은 오직 하나님만 섬기겠습니다.

예수님의 이름으로 기도합니다. 아멘.

3

올바르게 예배하라

"너를 위하여 새긴 우상을 만들지 말고 또 위로 하늘에 있는 것이나
아래로 땅에 있는 것이나 땅 아래 물 속에 있는 것의 어떤 형상도 만들지 말며
그것들에게 절하지 말며 그것들을 섬기지 말라"

20세기 신학의 교부라고 불리는 칼 바르트는 일평생 많은 저서를 남긴 탁월한 신학자이다. 그중에서도『교회교의학』은 무려 8,000페이지가 넘는 분량으로 기독교 신학을 집대성한 대작 중의 대작이다. 그의 말년에 한 기자가 질문을 했다. "교수님, 필생의 대작인 교회교의학을 한마디로 요약해 말씀해 주세요." 그러자 바르트는 잠시 생각하더니 이렇게 말했다고 한다. "예수님은 나를 사랑하십니다. 성경이 내게 말씀해주었기에 나는 이것을 압니다. (Jesus loves me, this I know for the Bible tells me so)."

그의 고백대로 하나님은 사랑이시다. 그 풍성한 사랑으로, 이 세상을 만드셨고 복을 주셨다. 독생자를 세상에 보내셔서 십자가로 우리를 구원하셨다(요 3:16). 주를 믿는 우리를 성령 안에서 자녀 삼아주셨다. 날마다 임마누엘 구원을 누리며 살게 하셨다. 그리고 이 세상 마치는 날 천국으로 인도하여 영생을 살게 하실 것이다.

이처럼 사랑이 풍성하신 하나님께서 그의 백성에게 무언가를 주셨다면 그것 또한 사랑 때문일 것이다. 따라서 십계명은 사랑의 선물이다. 하

나님께 사랑받고 또 사랑하며 살고자 하는 이들을 위한 사랑의 설명서인 것이다.

하나님께서는 가장 먼저 "나 외에는 다른 신들을 네게 두지 말라"고 말씀하셨다. 세상 다른 것에 메여 사는 것이 아니라, 우리에게 기쁨과 평안과 자유를 주시는 하나님만 예배하며 살라고 하신 것이다. 하나님께 사랑받은 자, 또 하나님을 사랑하는 자는 먼저 예배자가 되어야 한다. 하나님을 진정으로 사랑하는가? 그렇다면 먼저 예배자가 되라. 예배는 하나님을 사랑하는 자가 행할 수 있는 제일의 응답이요, 최고의 표시이다.

우상을 금하신 이유

하나님께서는 두 번째 계명을 통해 예배의 바른 방법을 알려주신다. "너를 위하여 새긴 우상을 만들지 말고 (중략) 그것들을 섬기지 말라" 하나님의 백성은 예배를 반드시 드려야 할 뿐 아니라 바르게 드려야 한다. 곧 인간의 방식이 아니라 하나님께서 원하시는 법도대로 예배해야 하는 것이다. 특히 하나님께서는 우상을 새겨 만드는 것을 엄격하게 금하셨다. 설령 그것이 하나님을 상징하더라도 말이다.

왜 하나님께서는 이토록 강력하게 우상을 금하시는 것인가?

첫째로 우상은 하나님을 축소하는 불신행위이다. 하나님은 자존자요, 창조주요, 구원자요, 역사의 주이시다. 만물이 다 그분으로부터 나오고 다 그분께로 돌아가는 크신 하나님을 어떻게 피조물에 담아낼 수 있겠는가? 하나님을 어떤 형상에 담으려 한다면 그것은 의도와 상관없이 하나님을 축소하는 불신행위이다.

이것은 단지 눈에 보이는 형상에만 국한된 것이 아니다. 살다보면 하나님을 내 지식, 내 경험, 내 실력, 내 형편, 내 소유로 축소하고 제한하는 경우가 얼마나 많은지 모른다. 안타깝게도 많은 크리스천들이 크신 하나님이 아니라 내 안에 갇혀 있는, 내가 만든 작은 하나님(우상)을 믿고 있다. 일찍이 영국의 성경번역가이자 목회자였던 존 필립스(John Phillips)는 이런 우리의 불신을 꼬집어 지적했다. "당신이 믿는 하나님은 너무 작다. 작은 하나님이 아니라 크신 하나님을 믿어라."

그의 말처럼 우리는 자기 생각, 자기 경험에 갇혀 너무 작은 하나님을 믿고 있는 것은 아닌가? 우리에게는 하나님 한 분 계시는데 그분은 불가능만 전문으로 다루신다. 그분에게는 두 가지가 없으시다. 너무 늦었다가 없으시다. 너무 어렵다가 없으시다. "나는 너를 애굽 땅에서 인도하여 낸 여호와 네 하나님이니 네 입을 크게 열라 내가 채우리라 하였으나"(시 81:10)

둘째로 우상은 하나님을 대체하는 혼합행위이다. 하나님은 누구신가? 세상을 구원하기 위해 독생자를 아낌없이 주신 아버지이시다. 말씀이 육신이 되어 세상에 오신 성육신의 그리스도이시다. 십자가에 죽으시고 부활하시어 믿는 자에게 영생을 주시는 구원자이시다. 오늘도 그리스도의 영 성령으로 우리와 동행하며 세상 끝날까지 함께하시는 임마누엘이시다. 그리스도의 몸 교회를 세우시고 재림의 날까지 주의 나라와 뜻을 이루어 가시는 통치자이시다. 마지막 그날에 세상을 심판하시고 이 땅에 새 하늘과 새 땅을 세우고자 다시 오시는 재림의 심판자이시다.

대체 무엇으로 이 위대하신 하나님을 대신할 수 있단 말인가? 그럼에도 어리석은 인간들은 하나님을 수없이 다른 무엇들로 대체하려고 한다. 겨우 산 신, 물 신, 땅 신, 동물 신, 천체 신, 물질 신, 성공 신, 권력 신, 쾌락 신 등으로 말이다. 이를 두고 마틴 루터는 "지금 당신이 마음에 두고 의지하는 것이 바로 당신의 하나님"이라고 말했다.

오늘날 입으로는 하나님을 믿는다고 하면서도 실제로는 이런 대체 신들에게 매어 있는 크리스천들이 얼마나 많은지 모른다. 그러나 하나님께서는 이런 자들을 향해 행음하였다고 책망하시며 무섭게 심판하신다는 것을 잊지 말라(겔 6:38, 계 2:20-21). "너는 이것을 알라 말세에 고통하는 때가 이르러 사람들이 자기를 사랑하며 돈을 사랑하며 자랑하며 교만하며 비방하며 부모를 거역하며 감사하지 아니하며 거룩하지 아니하며 무정하며 원통함을 풀지 아니하며 모함하며 절제하지 못하며 사나우며 선한 것을 좋아하지 아니하며 배신하며 조급하며 자만하며 쾌락을 사랑하기를 하나님 사랑하는 것보다 더하며 경건의 모양은 있으나 경건의 능력은 부인하니 이같은 자들에게서 네가 돌아서라"(딤후 3:1-5)

셋째로 우상은 하나님을 이용하는 미신행위이다. 피조물인 인간은 여호와만을 하나님으로 경배하고 섬겨야 하는 존재이다. 그러나 종종 이것을 거꾸로 알고 있는 이들이 있다. 곧 하나님을 예배하기보다는 하나님을 이용해서 자기 소원을 이루고, 성공하고, 복을 얻고자 하는 것이다.

당장 입시철을 한번 생각해보자. 많은 어머니들이 제 각각 자기 신을 붙들고 자식 잘되게 해달라고 기도한다. 과연 어떤 신에게 기도해야 가장 효험이 있는 것일까? 얼마나 기도해야 그것이 이뤄지는 것일까? 미신은 다른 것이 아니다. 하나님을 예배하고 주의 뜻을 구하기보다는 하나님을 이용해서 나를 높이고, 나의 소원을 이루려는 일체의 행위가 바로 미신이다.

"예배의 목적은 하나님께 점수를 따거나 성공한 교회임을 과시하는 데 있지 않다. 우리가 예배하는 단 한 가지 이유는 하나님께서 예배를 받으시기에 합당하기 때문이다."_마르바 던(Marva Dawn)

성막의 법궤는 하나님의 임재를 상징하는 대표적인 물건이다. 이스라엘 백성은 이 법궤를 하나님의 발등상, 곧 임마누엘의 상징으로 여겼다. 그들은 이것을 통해 하나님을 예배하고, 하나님의 인도를 받았다.

그러나 이것이 도가 지나쳐 법궤를 자신들의 목적에 이용하려 할 때는 그들에게 하나님의 진노와 심판이 임했다. 그래서 홉니와 비느하스는 법궤를 앞세워 전쟁에 나섰지만 참패하여 죽임을 당하였고(삼상 4:11), 아비나답의 아들 웃사는 법궤에 함부로 손을 대어 목숨을 잃어버린 것이다(대상 13:10). "너를 위하여 새긴 우상을 만들지 말고 (중략) 그것들을 섬기지 말라."

그 형태가 무엇이든 우상을 만들어 섬기는 것은 믿음을 배반하고 죽음으로 치닫는 행위이다. 그렇기에 하나님께서는 자기 백성을 사랑하사 미리 보호하시려고 계명을 베푸신 것이다. 과연 오늘 우리의 예배에는 하나님을 축소하는 불신행위, 하나님을 대체하는 혼합행위, 하나님을 이용하는 미신행위가 없는가? 우리는 더 늦기 전에 돌이켜야 한다.

"세상 혹은 세상의 물질을 우상삼지 않도록 나를 구하소서. 내가 절대 피조물을 사랑하지 않고, 오직 주를 위해 주의 사랑에 순복하게 하소서. 내 마음의 주인이 되시어 주의 보좌를 높이시며 하늘에서와 같이 내 마음도 통치하여 주소서."_존 웨슬리

예배자를 찾으시는 하나님

그렇다면 우리는 하나님을 어떻게 예배해야 하는가? 예수님께서 사마리아 여인과 나누신 대화 속에서 올바른 예배란 무엇인지 발견할 수 있다. "아버지께 참되게 예배하는 자들은 영과 진리로 예배할 때가 오나니 곧 이 때라 아버지께서는 자기에게 이렇게 예배하는 자들을 찾으시느니라 하나님은 영이시니 예배하는 자가 영과 진리로 예배할지니라"(요 4:23-24)

"하나님은 영이시니" 하나님은 영으로서 온 세계에 무소부재 하신다. 눈에 보이는 형상이 아니라 영으로 우리 가운데 임하신다. 그러므로 예배할 때는 어디서나 하나님이 함께 하심을 믿으며 가난한 마음(마 5:3)과 하나님만 사모하는 마음(시 107:9)으로 예배해야 한다.

"영과(in spirit)" 영이신 하나님을 예배하기 위해서 우리는 성령을 의지해야 한다. 우리 가운데 성령 하나님께서 거하심을 믿고 느끼면서 그분의 감화에 민감하게 반응하며 예배의 순서마다 인도받는 것이다.

"진리로(in truth)" 비록 우리는 죄인이요 무지한 자이지만 진리이신 예수 그리스도의 이름을 믿음으로 언제나 담대하게 하나님 아버지께 나아가 예배해야 한다(히 4:16).

이상의 내용에 비추어 보았을 때 나는 예배할 때마다 올바르게 하나님을 예배하고 있는가? 여기서 한 가지 기억해야 할 것이 있다. 성경 본문을 보면 오늘의 계명 뒤에 이런 내용이 뒤따른다는 사실이다. "나 네 하나님 여호와는 질투하는 하나님인즉 나를 미워하는 자의 죄를 갚되 아버지로부터 아들에게로 삼사 대까지 이르게 하거니와 나를 사랑하고 내 계명을 지키는 자에게는 천 대까지 은혜를 베푸느니라"(출 20:5-6) 내가 하나님을 어떻게 믿고 따르는지는 나 자신뿐만 아니라 내 주변의 행불행과 직접적인 관계가 있다는 것이다.

잘 아는 장로님의 이야기이다. 장로님은 젊은 날부터 사업을 시작했는데 우연찮게 자신의 대학 동기와 같은 직종의 사업을 하게 되었다. 당시에도 크리스천이었던 장로님은 신앙생활을 위해 주일은 쉬고, 수요일 저녁도 일찍 퇴근했다. 공휴일에도 교회에서 이런저런 봉사를 하느라 문을 닫는 날이 많았다.

이런 장로님을 보면서 대학 동기는 지척에서 늘 빈정대었다. "그래서 사업이 되겠냐?" 이렇게 이십여 년의 세월이 흐른 어느 날, 그 친구는 장로님을 찾아와 이렇게 말했다고 한다. "참으로 이상하네. 자네는 쉴 것 다 쉬고, 놀 것 다 놀면서 일해도 나보다 더 부유하고, 몸도 더 건강하고, 가정도 더 화목하고, 인품도 더 훌륭하니 참으로 부럽네. 그동안 내가 참 미련하게 살았네. 이제라도 교회 다녀야 할까봐." 그 이야기를 하는 장로님의 얼굴엔 환한 미소가 번져 있었다. 하나님을 믿고 예배를 우선 했던 장로님의 삶이 20년 만에 친구에게 인정되었기 때문이다.

이처럼 인생의 진정한 행복과 승리는 예배에 달려 있다. 먼저 참된 예배자가 되라. 바른 예배자가 되라. 나 자신뿐만 아니라 내 가정, 내 교회, 내 나라를 위해서라도 오직 하나님만 예배하는 자가 되라. 매 예배를 신령과 진정으로 드리는 자가 되라. 그 예배를 통하여 하나님은 영광을 받으시고, 우리 삶에는 은혜의 빛이 더욱 찬란하게 비취게 될 것이다.

"예배 성공이 신앙 성공이고, 신앙 성공이 인생 성공이다."

하나님 아버지,
우리를 사랑하사 독생자 예수 그리스도를 보내시고
성령으로 믿어 하나님 자녀를 삼아 주셔서
자유와 풍성을 누리게 하시니 감사와 찬양을 드립니다.

그럼에도 욕심과 교만에 눈이 가려 좋으신 하나님을
우상으로 바꾸며 살았던 우리의 무지함을 용서하소서.
오 성령이시여,
하나님을 축소하는 불신의 우상에서
하나님을 대체하는 혼합의 우상에서
하나님을 이용하는 미신의 우상에서 우리를 지켜주소서.

이제는 우상에서 완전히 떠나 하나님만 바르게 예배하기 원합니다.
하나님은 영이시니 영과 진리로 예배하기 원합니다.
이 마음 이 결단 지켜주셔서 자손대대 형통한 자로 삼으시고
언제든 주의 나라 주의 교회를 위해 사용하여 주소서.

예수님의 이름으로 기도합니다. 아멘.

4

언제나 그 이름 위하여

"너는 네 하나님 여호와의 이름을
망령되게 부르지 말라"

영국의 소설가이자 역사가인 H. G. 웰즈가 쓴 단편소설 〈어느 대주교의 죽음〉에는 웃지 못 할 이야기가 나온다.

작품에 등장하는 대주교는 조석으로 미사 때마다 "오, 전능하신 하나님 아버지시여"라고 기도했다. 일평생 그렇게 하나님을 부르짖고 찾았다. 그러던 어느 날 저녁, 그는 늘 하듯 하나님을 부르며 기도했다. "오, 전능하신 하나님 아버지시여!" 바로 그때 하늘에서 음성이 들렸다. "아들아, 왜 그러느냐? 무슨 일인지 이야기하여라." 순간 대주교는 너무 놀란 나머지 심장마비로 쓰러지고 말았다. 전혀 응답을 기대하지 않고 생각 없이 하나님을 찾다가 예기치 않은 응답에 너무 놀라 쇼크사 한 것이다.

혹시 우리의 예배와 기도의 모습이 이와 비슷하지는 않은가? 오랜 신앙생활 속에 나도 모르게 타성에 젖어 습관적인 종교생활만 되풀이 하고 있는 것은 아닌가? 우리는 늘 깨어 하나님의 뜻을 살피고, 그분께 민감하게 반응해야 한다. 그래서 날마다 그분을 알아가야 한다. 가까워져야 한다. 그것이 바로 크리스천이요 하나님 자녀이다.

물론 인간은 스스로 하나님을 알 수 없다. 무한하고 전능하신 창조주 하나님을 유한한 인간이 어찌 파악할 수 있겠는가? 하나님을 아는 유일한 길은 계시이다. 하나님께서 인간 수준에 맞추어 자신을 드러내 보이실 때 그 은혜로 인하여 우리는 그분을 알 수 있는 것이다.

하나님께서 우리에게 베풀어주신 가장 기본적인 계시는 그분의 이름이다. 성경에는 하나님의 다양한 이름이 계시되어 있는데, 그중에서도 신약과 구약을 대표할 수 있는 이름을 하나씩 들자면 '여호와'와 '예수 임마누엘'일 것이다.

먼저 여호와는 스스로 계시는 전능자 하나님을 가리킨다. 영원부터 영원까지 스스로 계시는 하나님, 모든 만물이 그로부터 나오고 그에게로 돌아가는 창조주요 역사의 근원이신 하나님이시다.

반면 예수 임마누엘은 가까이에서 우리와 함께하시는 하나님을 가리킨다. 특히 놀라운 것은 이 이름에 조합되어 있는 두 단어이다. 곧 예수는 임마누엘(우리와 함께하시는 하나님)이시고, 임마누엘은 예수(구원)인 것이다. 그리하여 우리는 그 이름으로 하나님을 알고, 그 이름을 믿고, 그 이름으로 구원을 얻고, 그 이름으로 기도하고, 그 이름으로 예배하고, 그 이름으로 찬양과 영광을 돌린다. 놀라운 그 이름 예수, 천지에 있는 이름 중 귀하고 높은 이름 예수, 우리는 그 이름에 늘 감격하고 감사하며 찬양하고 경배를 돌려야 한다.

"왕이신 나의 하나님이여 내가 주를 높이고 영원히 주의 이름을 송축하리이다 내가 날마다 주를 송축하며 영원히 주의 이름을 송축하리이다"

(시 145:1-2)

그 이름을 망령되게 부르지 마라

우리에게 계시된 하나님의 이름은 거룩한 성호이다. 그 자체로 하나님의 존재를 나타내는 것이기에 어떤 경우에도 함부로 대해서는 안 된다. 그래서 하나님은 세 번째 계명을 통해 우리에게 말씀하신다. "너는 네 하나님 여호와의 이름을 망령되게 부르지 말라." 여기서 "망령되게"는 헛됨, 욕됨, 거짓됨이란 뜻을 내포하고 있다. 그렇다면 대체 무엇이 하나님의 이름을 헛되게, 욕되게, 거짓되게 하는 것인가?

첫째로 하나님의 이름으로 예배하지 않는 것이다. 하나님께서 자기 이름을 계시하신 첫째 목적은 피조물인 인간이 하나님을 알고 함께 교제하시기 위함이다. 바로 예배를 통하여 우리가 하나님께 영광을 돌리고, 하나님께서는 우리에게 복을 베푸시는 것이다.

그래서 교회는 그 무엇보다 예배하는 공동체이어야 한다. 우리에게 주어진 하나님의 이름, 예수 그리스도의 이름으로 모여 온 맘과 뜻과 정성을 다해서 그 이름을 경배하고 찬양하는 것이다. "그러므로 우리는 예수로 말미암아 항상 찬송의 제사를 하나님께 드리자 이는 그 이름을 증언하는 입술의 열매니라"(히 13:15)

그렇다면 우리의 예배는 어떤가? 사실 오늘날 많은 이들이 예배를 누리지 못하고 견디기에 급급하다. 예배 내내 딴 생각에 젖어 있거나 꾸벅꾸벅 졸거나 지루해한다. 아니면 예배의 순서마다 판단하고, 지적하고, 비판한다.

예배 견디기의 절정은 설교 시간이라 할 수 있다. 설교가 평소보다 조금만 길어지거나 내용이 맘에 안 들어도 참지 못한다. 그래서 설교자조차 하나님의 말씀을 대언하기보다 사람들이 듣기 좋아하는 이야기, 재미있는 이야기를 전하는 실수를 범하곤 한다.

이는 예배를 신령과 진정으로 드리지 않는 것이다. 하나님의 이름을 망령되이 여기는 것이다. 우리는 예배할 때마다 마음을 다하고 뜻을 다하고 힘을 다해서 하나님의 이름을 높이고 찬양하고 경배하는 참된 예배자가 되어야 한다.

둘째로 하나님의 이름만 높이지 않는 것이다. 바울은 로마서에서 우리가 살아도 주를 위하여 살고 죽어도 주를 위하여 죽는다고 말한다(롬 14:8). 우리는 무엇을 하든지 주를 위하여 주의 이름으로 한다는 것이다.

언제나 내 이름이 아니라 하나님의 이름이 높아져야 한다. 종종 봉사와 구제, 섬김 가운데 사람의 이름이 드러나는 것을 보곤 하는데 이는 불경한 일이다. 이미 하나님의 일이 아닌 것이다(마 6:1-4). 혹 누가 나의 수고와 봉사를 칭찬하면 얼른 손사래를 치며 온유함으로 거절해야 한다. "아닙니다. 다 주의 은혜입니다." 이처럼 어떤 경우에도 하나님께 돌아가야 할 영광을 내가 가로채서는 안 된다. 오직 하나님만이 찬양과 영광을 받으셔야 한다(벧전 4:11).

뿐만 아니라 하나님의 이름을 생각 없이 함부로 부르거나, 또 하나님의 이름으로 쉽게 맹세하는 것도 존귀한 주의 이름을 욕보이는 것이다. 나아가 하나님을 원망하거나 비난하는 것도 마찬가지이다. 하나님의 이름은 언제나 경외심을 가지고 찬양과 감사로 높여 불러야 한다. "감사함으로 그의 문에 들어가며 찬송함으로 그의 궁정에 들어가서 그에게 감사하며

그의 이름을 송축할지어다"(시 100:4)

셋째로 하나님의 이름에 합하게 살지 않는 것이다. 하나님의 자녀인 우리가 거룩하게 살지 않으면 그만큼 하나님의 이름이 세상에서 모욕을 당한다. 어쩌면 이것이 오늘날 우리 한국 교회에 가장 만연한 폐단이 아닐까 생각한다. 교계의 이름 있는 자들이, 교회의 중직을 맡은 자들이, 교회를 오래 다녔다는 자들이 세상이 보기에도 부끄러운 모습을 서슴없이 행함으로 하나님의 이름이 크게 모욕을 받고, 짓밟힘을 당하게 된 것이다.

"끝으로 형제들아 무엇에든지 참되며 무엇에든지 경건하며 무엇에든지 옳으며 무엇에든지 정결하며 무엇에든지 사랑 받을 만하며 무엇에든지 칭찬 받을 만하며 무슨 덕이 있든지 무슨 기림이 있든지 이것들을 생각하라"(빌 4:8) 부디 이 세상 가장 존귀한 이름 예수, 그 이름에 합당하게 살자. 하나님의 이름이 높임을 받지 못할망정 나 자신으로 인해 망령되이 짓밟히지 않도록 하자. 또 어린 신자들이 나 때문에 실족하지 않도록 말과 행동과 처신을 조심 또 조심하자.

삶의 예배로 나아가라

이 세상 가장 존귀한 그 이름 예수! 영원히 빛나는 그 이름 예수! 이 이름은 우리의 예배로부터 존귀하게 된다. 마음과 뜻과 생명을 다해 드리는 예배로 주님의 이름이 경배와 영광을 받으시는 것이다.

그러나 이것만으로 충분하지 않다. 우리의 일상이 예배적 삶이 되어야 한다. 오늘 나의 삶이 예배가 되지 않으면 그만큼 하나님의 이름이 망령되이 된다. 더 이상 하나님의 이름이 땅에 떨어져 짓밟히지 않도록 깨어 있

으라. 말 한마디, 처신 하나도 내 안에 거하시는 성령 하나님을 의지하며
무엇이든 주님과 함께하는 것이다.

아 주님 거기 계셨군요.

아침에 눈을 뜨면,

아 주님 거기 계셨군요.

출근길 식구들과 인사하노라면,

아 주님 거기 계셨군요.

횡단보도 신호등 지나노라면,

아 주님 거기 계셨군요.

일터 사무실에 들어가노라면,

아 주님 거기 계셨군요.

피곤에 지쳐 한숨 짓노라면,

아 주님 거기 계셨군요.

서산에 지는 저녁 노을을 바라보노라면,

아 주님 거기 계셨군요.

귀가하여 식구들 한 상에 둘러 앉아 만찬을 하노라면,

아 주님 거기 계셨군요.

하루를 마감하고 잠자리에 들면,

아 주님 거기 계셨군요.

거기,

주님 나와 항상 함께 계셨군요.

이제 주일의 예배를 넘어 삶의 예배로 나아가자. 우리의 삶이 매일 매 순간 하나님께 드려지는 예배가 된다면 결코 하나님의 이름은 망령되이 불리지 않고, 영원히 찬양과 존귀를 받게 될 것이다.

제 4 일 정 오 의 기 도

하나님 아버지,
천지에 있는 이름 중 가장 귀한 주의 이름을 계시해주셔서
우리가 날마다 하나님을 알고 믿게 하시니
그 은혜에 찬양과 영광을 올려드립니다.

예수 그 이름을 믿고 죄 사함 받아 하나님 자녀 되게 하시고,
예수 그 이름으로 기도하여 응답받게 하심도 감사합니다.

그럼에도 때로는 주의 이름을 망령되이 하였음을 자백합니다.
하나님의 이름을 높이는 예배에 힘을 다하지 않았고,
함부로 욕되이 주의 이름을 부르기도 했으며
하나님 자녀답게 경건하고 바르게 살지 못해
그 이름 욕되게 하였으니
키리에 엘레이손, 주여 나를 불쌍히 여기소서.

이제는 무엇에든지 주의 이름만을 높이고
찬양하며 살고자 하오니, 성령이시여 도우소서.
오직 하나님만 영화롭게 하고, 주 안에서 즐거이 살겠나이다.

예수님의 이름으로 기도합니다. 아멘.

5

주일 성수는 인생의 근간이다

"안식일을 기억하여 거룩하게 지키라"

어느 해 성탄절을 앞둔 밤 우리집 전화벨이 울렸다. 평소 친분이 있던 한 권사님의 막내 아들이 교통사고를 당하여 임종 직전이라는 소식이었다. 권사님은 일찍 남편을 여의고 홀로 아들을 키웠는데, 그가 고3이 되었을 때 이렇게 말했다고 한다. "나는 너를 재수시킬 능력이 없으니 일 년 동안은 교회보다 공부에 전념하여라." 그 후 아들은 점차 교회에 소원해졌고 주일예배도 드리지 않았다. 교회를 멀리한 아들은 마음이 불안해져 독서실 친구들과 어울리며 음주와 흡연을 시작했고, 결국 그해 대학에 입학하지 못했다. 그 후로 아들은 점점 비뚤어졌다.

그렇게 마음을 잡지 못한 아들이 새벽에 만취하여 차도를 횡단하다가 그만 교통사고를 당한 것이다. 영안실에 들어서자 권사님은 나를 붙들고 통곡하며 이런 고백을 했다. "목사님, 제가 아들을 죽였어요. 제가 잘못한 거예요. 이제 어떡하면 좋아요." 나 역시 그들을 더 살뜰히 돌보지 못했다는 자책감에 괴로웠다. 지금도 가끔 그 권사님을 만나면 가슴이 아려온다. 그날 병원을 나서면서 이런 마음이 들었다. '아, 그렇구나. 내가 주일을 지

196

키는 것이 아니라 주일이 나를 지키는 것이구나.'

　당신은 어떤가? 주일을 하나님께 예배드리는 날로 잘 지키고 있는가? 자녀들에게도 주일을 잘 지키도록 사랑으로 권면하며 스스로 주일을 지키는 모범을 보이고 있는가? 만일 그렇다면 더욱 힘써 주일을 잘 지켜라. 그러나 그렇지 않다면, 마음을 다잡고 주일을 잘 지키기로 결단하라. 오늘이 기회이다. "내가 여호와께 바라는 한 가지 일 그것을 구하리니 곧 내가 내 평생에 여호와의 집에 살면서 여호와의 아름다움을 바라보며 그의 성전에서 사모(예배)하는 그것이라"(시 27:4)

인간 배려의 마음, 안식일

　십계명은 구원받은 백성이 안식과 자유와 풍성을 누리며 살도록 하나님께서 제정하신 사랑의 법도이다. 1-4계명은 하나님을 향한 법도이며, 5-10계명은 인간을 향한 법도이다. 이중에서도 처음 네 계명을 정리하면 다음과 같다.

　제1계명은 예배의 대상을 알려준다. 오직 여호와만이 유일하신 하나님이시니, 오직 하나님께만 예배하라는 것이다.

　제2계명은 예배의 방법을 알려준다. 하나님을 축소, 대체, 이용하려는 일체의 우상숭배에 빠지지 말고 신령과 진정으로 예배하라는 것이다.

　제3계명은 예배의 태도를 알려준다. 하나님의 이름을 망령되이 하지 말고, 언제 어디서나 그 이름에 합당하게 예배의 삶을 살라는 것이다.

　제4계명은 예배의 날을 알려준다. 안식일에 하나님께 나아와 예배하여 쉼을 얻고 하늘의 복을 받으라는 것이다.

우리 모두가 경험적으로 아는 바 산다는 것은 고생이요 고통이요 힘듦이다. 인생을 살아가는 누구나 한번쯤 힘들다, 어렵다, 안 된다, 죽겠다는 이야기를 해보았을 것이다. 이렇게 힘겹게 살아가는 인생들을 위해 하나님께서는 세상을 창조하신 뒤 안식일을 정하시고 친히 안식하셨다. 즉 고단한 인생길을 가는 우리를 위한 '인간 배려의 마음'으로 안식일을 제정하신 것이다.

하나님께서 말씀하신다. "안식일을 기억하여 거룩하게 지키라." 대체 안식일이 어떤 날이기에 우리에게 이런 쉼의 은혜가 임하는 것인가?

첫째로 안식일은 거룩한 날이다. "그날을 거룩하게 하였느니라"(출 20:11) 안식일은 다른 날과 무엇이 다른가? 왜 안식일은 거룩한 것인가? 바로 하나님께서 안식일을 가리켜 "나의 날"이라고 말씀하셨기 때문이다(신 5:14). 즉 이날 하루만큼은 세상 다른 모든 것을 뒤로 하고 오직 하나님께 집중하고, 하나님을 높이며 보내라는 뜻이다.

우리가 하나님께 집중하고 하나님을 높일 수 있는 가장 거룩한 행위는 예배이다. 그래서 믿음의 사람은 언제나 안식일을 중심으로 인생을 살아간다. 온 마음과 뜻과 정성을 다해 기쁨으로 예배하기 위해 구별된 날이 안식일이기 때문이다. 이날을 위하여 다른 6일 동안 힘써 일하고 드려질 예배를 사모하며 준비한다. 그리고 마침내 그날이 되면 하나님 자녀들이 함께 모여 예배하며 안식일을 거룩하게 지키는 것이다.

둘째로 안식일은 쉼을 누리는 날이다. "나 여호와가 하늘과 땅과 바다와 그 가운데 모든 것을 만들고 일곱째 날에 쉬었음이라"(출 20:11) 하나님께서도 천지를 창조하시고 일곱째 날에 안식하셨다. 이는 하나님께서 쉼이 필요했던 것이 아니라 안식의 원리를 직접 보여주시기 위함이었다.

일주일에 하루 일을 멈추고 쉬는 것은 우리의 전인적 건강을 위해 반드시 필요한 창조의 원리이다. 이날 하나님께 예배를 드리면서 찬양하고 기도하고 말씀 듣고 축도를 받으면 하늘로부터 임하는 성령의 능력으로 새 힘을 얻어 영과 혼과 몸이 강건케 되는 것이다. "여호와께 그의 이름에 합당한 영광을 돌리며 거룩한 옷을 입고 여호와께 예배할지어다 여호와께서 자기 백성에게 힘을 주심이여 여호와께서 자기 백성에게 평강의 복을 주시리로다"(시 29:2,11)

쉼과 관련하여 우리가 놓치지 말아야 할 한 가지 중요한 사안이 있다. 그것은 쉼이 나 개인의 차원만이 아니라 공동체적으로 이루어져야 한다는 사실이다. "네 남종이나 네 여종이나 네 가축이나 네 문안에 머무는 객이라도 아무 일도 하지 말라"(출 20:10)

하나님께서는 나의 쉼만이 아니라 우리의 쉼, 모두의 쉼을 원하신다. 종이나 짐승이나 객을 차별하지 않고 누구나 주 안에서 쉬며 안식할 수 있는 기회를 주어야 하는 것이다. 따라서 우리는 나뿐 아니라 우리의 이웃들까지도 온전히 쉼을 누릴 수 있도록 배려하고, 이에 필요한 제도적 장치도 마련해 가야 한다.

셋째로 안식일은 복된 날이다. "나 여호와가 안식일을 복되게 하여"(출 20:11) 하나님께서는 천지를 창조하신 뒤 안식하시며 "그 일곱째 날을 복되게"(창 2:3) 하셨다. 즉 안식일은 하나님께서 특별하게 복 주시기로 작정하신 날이다. 우리가 이런 안식일을 귀하게 여기고, 성별하여 하나님께 예배한다면 십자가 은혜로부터 흘러나오는 예수 임마누엘의 은혜가 충만히 임하게 될 것이다. 그 구원의 은혜로 인하여 우리는 영혼이 평안하고 전인적으로 강건하고 범사가 형통한 복을 누리는 것이다.

"사랑하는 자여 네 영혼이 잘됨 같이 네가 범사에 잘되고 강건하기를 내가 간구하노라"(요삼 1:2)

안식일이 주의 날로

사실 지금까지 우리가 살펴본 유대인들의 안식일은 주일(일요일)이 아니라 토요일이다. 그래서 유대인들은 지금까지도 토요일을 안식일로 지킨다. 그러나 십자가에 돌아가신 예수 그리스도께서 안식 후 첫날인 일요일에 부활하셨기에 우리 그리스도인들은 그날에 새로운 의미를 두었다. 즉 부활하신 예수를 주님으로 믿고 따르는 자들은 모두 안식일이 아니라 주의 날(Lord's day)을 안식일처럼 지키게 된 것이다.

그래서 초기 기독교의 변증가였던 순교자 저스틴(Justin Martyr)은 주일에 관해 이런 기록을 남겼다. "우리는 공동예배를 주일마다 드립니다. 왜냐하면 주일이 일주일의 첫날이기 때문이며, 이 날 하나님께서는 어둠을 바꾸시고 우주를 만드셨으며, 우리 구주 예수님께서 죽음에서 살아났기 때문입니다."

이렇듯 주일은 한 주가 시작되는 날이며, 이 세상의 창조가 시작된 날이고, 무엇보다 주님께서 부활하신 날이다. 그야말로 예수님의 부활과 함께 유월절이 성만찬으로, 할례가 세례로, 안식일이 주일로 새롭게 재창조된 것이다.

주의 날을 구별하여 거룩하게 지키기 원하는 그리스도인이라면 누구나 반드시 알아 두어야 할 것이 있다. 부활 주님께서 지금도 살아 역사하시기에 우리에게 주어진 평범한 하루하루 역시 주님의 날이라는 사실이다.

주일은 공동의 예배를 위해 선택된 주의 날이고, 매일은 삶의 예배로 나아가는 주의 날이다. 따라서 주일에 예배하고, 안식을 누리고, 받은 하늘의 복을 가지고 남은 한 주 동안 세상에서 소금과 빛으로 살아가는 것 또한 안식일을 거룩히 지키는 연장선상에 있다는 것을 잊지 말아야 한다.

19세기 프랑스 황제 나폴레옹 보나파르트(Napoleon Bonaparte)가 워털루 전투에 참패하여 세인트헬레나 섬에서 유배 생활을 할 때 한 기자가 그를 찾아가 물었다. "평생에 가장 행복했던 순간은 언제였습니까?" 그러자 나폴레옹은 한참을 생각하더니 이렇게 대답했다. "알프스 부근 어딘가에서 전투가 치열하던 주일 아침에 나는 종소리에 이끌려 한 작은 교회에 들어갔었네. 참으로 오랜만에 교회에 가서 철모를 벗고 무릎을 꿇고 눈물을 흘리며 진실로 예배를 드렸네. 그 순간이 내 평생에 가장 큰 환희와 행복으로 남아있다네."

이처럼 주일은 세상의 어떤 혼란과 어둠도 범접하지 못할 하나님의 날이다. 하나님이 정하신 거룩한 예배의 날이요, 우리가 안식하는 쉼의 날이요, 하늘의 신령한 복으로 가득한 날이다. 이제 주일을 구별하여 거룩히 지켜라. 건강의 복을 받고, 심령의 복을 받고, 하늘의 신령한 복을 누리게 될 것이다. 뿐만 아니라 주일에 영과 진리로 예배하는 자는 자연스럽게 뒤따라오는 계명들도 잘 따르는 이웃 사랑의 사람이 될 것이다.

그래서 나는 이 네 번째 명령을 십계명의 '근간 계명'이라고 부른다. 주일을 거룩히 잘 지키면 나머지 계명도 자연스럽게 잘 지킬 수 있기 때문이다. 그러니 생명 다하는 날까지 주일을 잘 지키기로 마음을 확정하자. 평생토록 주일을 기억하여 주일 중심으로 살자. 최선을 다해 예배를 잘 드리자. 그리하면 이날을 복되게 하신 하나님께서 우리의 삶도 복되게 하실 것이다.

"이는 여호와께서 행하신 것이요 우리 눈에 기이한 바로다 이 날은 여호와께서 정하신 것이라 이 날에 우리가 즐거워하고 기뻐하리로다 여호와여 구하옵나니 이제 구원하소서 여호와여 우리가 구하옵나니 이제 형통하게 하소서 여호와의 이름으로 오는 자가 복이 있음이여 우리가 여호와의 집에서 너희를 축복하였도다"(시 118:23-26)

제 5 일 정오의 기도

하나님 아버지,
한 날을 택하여 주의 날로 정하시고
우리가 그날을 구별하여 복을 얻게 하시니
구원의 경륜과 섭리에 찬양과 영광을 돌립니다.

그러나 주의 날을 거룩히 지키라는 말씀에
온전히 순종하지 못할 때가 많음을 자백하오니
키리에 엘레이손, 주여 긍휼히 여겨주소서.

주의 날은 거룩한 날,
온전히 하나님만 예배하기 원합니다.
주의 날은 안식의 날,
성령의 임재 가운데 모두가 평안하기 원합니다.
주의 날은 복 받는 날,
예수 임마누엘 구원으로 기뻐하길 원합니다.

이제 평생토록 주일을 거룩히 지키며
신령과 진정으로 예배할 것을 마음에 확정하였사오니
성령이시여, 주일의 은혜가 매일의 일상으로 이어져
주의 나라 주의 뜻을 이루는 삶의 예배도 드리게 하소서.

예수님의 이름으로 기도합니다. 아멘.

6

부모 공경, 대를 이어가는 축복

"네 부모를 공경하라"

언젠가 지방에 있는 교회의 부흥회에 초청 강사로 참여한 적이 있다. 집회 기간 중 50대 중반으로 보이는 여 집사님이 찾아와 조심스럽게 부탁을 했다. "목사님, 어려운 부탁이 있어 왔습니다. 우리 교회의 장로님들이 부모님을 잘 섬기지 못해요. 교회 봉사는 열심인데 부모님은 방치하고 함부로 대합니다. 마을에서 덕이 되지 않습니다. 부모 공경에 대한 말씀을 해주시면 안 될까요?" 잘 알겠다고 대답은 했지만 사실 나에게도 불효의 모습들이 많았기에 부끄럽고 죄송한 마음이 먼저 들었다.

아버지께서 생존해 계실 때 가정사로 인하여 몹시 괴로워하시던 게 생각난다. 보다 못한 내가 핀잔어린 말로 조언을 드리자 아버지는 긴 한숨을 내쉬며 말씀하셨다. "50대 아들이 80대 애비의 마음을 어찌 알겠냐?" 그 말에 나는 곧바로 용서를 구했다. "아버지, 죄송해요. 제가 건방졌어요. 용서해주세요." 아버지는 내 손을 잡으시며 말씀하셨다. "아들아, 미안하다. 고맙다."

지금도 이렇게 아버지를 떠올리면 잘 해드리지 못했던 것들이 떠올라

죄송함이 밀려온다. 또한 그럼에도 못난 자식을 참 많이 사랑해주셨다는 사실에 고마움이 사무친다. "아버지, 감사하고 사랑해요. 그날에 천국에서 뵈어요."

부모 공경, 말은 쉬워도 행동은 어렵다. 세상 어느 누가 자신은 효자라고 당당히 말할 수 있겠는가? 우리를 낳으시고 기르시고 돌봐주신 은혜에 비하면 우리의 효도란 지푸라기에 불과하다. 그 은혜를 생각하면 생각할수록 더욱더 부모님께 감사하고 존경하게 된다.

부모를 공경하라

하나님께서는 다섯 번째 계명으로 "네 부모를 공경하라"고 말씀하셨다. 인간을 향한 6개의 계명 중 가장 먼저 주어진 것이 부모 공경인 것이다. 하나님께서는 왜 부모 공경을 이웃 사랑의 첫 번째 계명으로 말씀하셨을까?

첫째로 부모 공경은 인간 제일의 도리이기 때문이다. "자녀들아 주 안에서 너희 부모에게 순종하라 이것이 옳으니라"(엡 6:1) 모든 사람은 다 부모로부터 왔다. 부모 없이는 존재할 수 없고, 생존할 수 없으며, 오늘의 내가 있을 수 없다. 부모는 내 존재의 근본이다. 따라서 자녀가 부모를 공경하고 그 뜻에 순종하는 것은 인간으로서 마땅한 도리이다.

본문의 '공경(카바드)'은 본래 무겁다는 뜻을 가지고 있다. 즉 자녀들은 누구나 부모의 삶의 무게를 존중하며 부모의 생을 짊어지듯 존경해야 한다는 것이다. 대개 부모는 자식보다 20년 이상 앞서 인생을 살아간다. 내가 경험하지 못한 미지의 인생길을 20년 이상 먼저 걸어왔기에 내가 모르는 경험과 지혜가 있다. 그러므로 내 존재의 근원이며, 내가 알지 못하는 경험과 지혜가 있다는 사실을 생각하며 부모님을 공경해야 한다. 설혹 부족한 점이 있더라도 부모님은 그 자체로 내 근본이요 좋은 스승인 것이다. 그래서 부모님의 어떠함에 관계없이 늘 마음을 다해 공경해야 한다. 이것이 인간의 도리이다.

둘째로 부모 공경은 신앙생활의 첩경이기 때문이다. "네 아버지와 어머니를 공경하라 이것은 약속이 있는 첫 계명이니"(엡 6:2) 제5계명인 부모 공경은 하나님을 향한 계명(1-4계명)과 인간을 향한 계명(6-10계명) 사이에서 이 둘을 연결시킨다. 즉 부모 공경이 좋은 신앙인, 온전한 신앙인이 되는 지름길인 것이다.

일찍이 마틴 루터는 "부모는 하나님의 대리인"이라고 말했다. 부모님을 공경하는 것과 하나님을 경외하는 것은 하나로 연결되어 있다. 부모를 공경하지 못하면서 하나님을 경외한다는 것, 부모님을 섬기지 못하면서 이웃을 내 몸처럼 사랑한다는 것은 거짓말이다. 거짓된 연기에는 성령의 역사가 일어나지 않고 하나님의 축복이 있을 수가 없다.

압살롬을 보라. 그는 부모 공경은커녕 아버지 다윗에게 반역하여 왕위에 오른다. 그 결말은 어떻게 되었는가? 그는 전쟁 중 노새를 타고 상수리나무 밑을 지나다가 평소 자랑하던 긴 머리카락이 나무에 걸려서 대롱대롱 매달리게 된다. 이를 보고 다윗의 군대장 요압이 달려가 창으로 심장을 찔러 살해한다. 그 시신은 기드온 골짜기에 내던져진다.

이는 결코 우연이 아니다. 하나님의 심판이 임한 것이다. 오늘날까지도 사람들은 이곳을 지나면서 그를 저주한다고 한다. 이것이 성경이 보여주는 부모를 공경하지 않는 자의 말로이다.

그러므로 크리스천은 반드시 좋은 자녀여야 한다. 부모 공경이 신앙생활의 첩경이다. 하나님이 보내주신 대리자, 부모를 공경해야만 그것이 하나님을 경외하는 마음과 연결되고 우리의 신앙도 든든히 서게 되는 것이다.

셋째로 부모 공경은 복되고 잘 사는 비결이기 때문이다. "이로써 네가 잘되고 땅에서 장수하리라"(엡 6:3)

오래 전 어린 자녀들과 함께 기업을 경영하는 회장의 자택에 초대 받은 적이 있다. 자녀들은 집안의 호화로움에 눈을 두리번거리며 이렇게 말했다. "와, 이 집 엄청 잘 산다." 아이의 말을 듣는 순간 나는 무엇이 진정 잘 사는 것인가에 대해 생각하게 되었다. 돈이 많다고, 집이 크다고, 차가 좋다고, 출세했다고 인생을 진정 잘 사는 것일까? 그렇지 않다. 믿음 안에서 잘사는 삶이란 가정에 하나님 아버지를 모시고, 부모는 자녀들을 그리스도의 사랑으로 보살피고, 자녀들은 부모를 주 안에서 공경하며, 온 집안에 이런 노래가 끊이지 않는 것이다.

"어버이 우리를 고이시고 동기들 사랑에 뭉쳐 있고 기쁨과 설움도 같이 하니 한간의 초가도 천국이라. 고마워라 임마누엘 예수만 섬기는 우리 집. 고마워라 임마누엘 복되고 즐거운 하루하루."(찬 559장)

더욱 놀라운 것은 이런 부모 공경은 집안에서 보고 경험한 대로 대를 이어 전승된다는 사실이다. 내가 부모를 공경하면 자녀가 그 모습을 보고 나를 공경하게 된다. 이것이 자녀에서 자녀로 이어져서 대를 이어 복되고 잘되는 가문이 되는 것이다.

모압 여인 룻을 보라. 그녀는 젊은 날 자기 자유를 찾아 떠나지 않고 시어머니 나오미를 지극 정성으로 공경한다. 그러자 보아스를 만나는 복을 받고, 그 가문에서 다윗이 탄생하여 마침내 예수 그리스도가 이 세상에 오시는 마중물로 쓰임 받는다. 룻이 시어머니를 어떻게 공경했는지 그녀의 고백을 들어보자.

"룻이 이르되 내게 어머니를 떠나며 어머니를 따르지 말고 돌아가라 강권하지 마옵소서 어머니께서 가시는 곳에 나도 가고 어머니께서 머무시는 곳에서 나도 머물겠나이다 어머니의 백성이 나의 백성이 되고 어머니의 하나님이 나의 하나님이 되시리니 어머니께서 죽으시는 곳에서 나도 죽어 거기 묻힐 것이라 만일 내가 죽는 일 외에 어머니를 떠나면 여호와께서 내게 벌을 내리시고 더 내리시기를 원하나이다 하는지라"(룻 1:16-17)

이처럼 우리는 부모를 공경하는 좋은 자녀가 되기를 기도해야 한다.

먼저 좋은 부모가 되라

여기서 부모 된 자가 생각해야 할 것이 있다. 부모는 부모대로 그에 합당한 마음과 자세를 가져야 한다는 것이다. 룻의 시어머니 나오미는 자신의 아들이 모두 죽자 며느리들을 생각해서 먼저 자유롭게 떠날 것을 제안했다(룻 1:11-13). 그녀는 이미 자녀의 공경을 받기에 합당한 좋은 부모였던 것이다. 그렇다면 좋은 부모는 어떻게 될 수 있을까?

보통은 자녀가 좋은 학벌, 좋은 경력을 갖추어 출세하도록 도와주면 좋은 부모라고 생각하는 것 같다. 그러나 그게 다가 아니다. 안타깝게도 우리 주변에서 부모가 오랫동안 고생하여 자식을 성공시켰지만 결국 홀대만 당하는 경우를 종종 보곤 한다.

우리가 좋은 부모가 되려면 반드시 자녀에게 두 가지 본을 보여야 한다. 곧 하나님 경외와 이웃 사랑이다. 다른 어떤 것보다 이 두 가지를 보여주고 가르치면 그 자녀와 가정은 대를 이어가며 복의 복을 받는다. 왜냐하면 그의 미래를 우리가 아닌 하나님께서 책임지시기 때문이다. "마땅히 행할 길을 아이에게 가르치라 그리하면 늙어도 그것을 떠나지 아니하리라" (잠 22:6)

더불어 나이든 목사로서 한 가지 어려운 부탁을 하고자 한다. 교회에서 목회자들, 특히 젊은 목회자들을 존중했으면 좋겠다. 어찌 보면 그들은 연령도 어리고, 경험도 부족하다. 그러나 그들은 자기 인생을 드려 오직 하나님과 주의 교회를 섬기려고 작정한 자들이다. 영혼을 먹이고 기르고 돌보는 영적 양육자로 세움 받은 것이다.

존 웨슬리는 『자녀들을 위한 교훈서』에서 "주님 안에서 사랑으로 당신을 돌보는 목회자들을 존중하라. 순종하고 복종하라. 당신의 영혼을 돌보기 때문이다"라고 권한다.

이처럼 목회자들은 저마다 뜨거운 가슴으로 자신을 불살라 교회를 세우고 성도를 양육하는 일에 부름 받은 사명자들이다. 영혼의 목자이자 스승으로 세워진 이들이다. 그러니 할 수 있는 대로 존중하고 예를 갖추어야 한다. 이것이 그들을 세우신 하나님을 경외하는 것이다.

"너희를 인도하는 자들에게 순종하고 복종하라 그들은 너희 영혼을 위하여 경성하기를 자신들이 청산할 자인 것 같이 하느니라 그들로 하여금 즐거움으로 이것을 하게 하고 근심으로 하게 하지 말라 그렇지 않으면 너

희에게 유익이 없느니라"(히 13:17)

　무슨 말을 더할 수 있겠는가. 이제 우리에게 필요한 것은 기도와 행함이다. 오늘부터 우리가 살아가는 날 동안 부모님 공경, 어르신 공경, 목회자 공경으로 대를 이어 기쁨과 평안이 넘치는 복된 인생이 되기를 축복한다.

제6일 정오의 기도

하나님 아버지,
부모님을 통하여 이 세상에 왔고,
그 사랑의 수고로 자라 장성한 사람이 되어
하나님 자녀로 오늘을 살고 있으니 은혜요 감사입니다.

부모님을 공경하는 것이 마땅한 도리임에도
이런 저런 핑계를 대며 효도하지 못했으니
키리에 엘레이손, 주여 용서해주소서.

오 성령이시여, 부모가 하나님의 대리인임을 깨달아
형편에 상관없이 존경과 감사를 표하게 하시고
힘을 다해 봉양할 수 있도록 우리를 인도하소서.

부모님뿐 아니라 주변의 어르신들과
또 복음으로 나를 낳고 양육해준
영혼의 목자에게도 사랑과 존경을 표하며
함께 주의 나라 주의 교회를 세워가게 하소서.

오 주여,
부모님과 나, 목자와 나, 우리의 만남이
언제나 의와 희락과 화평이 넘치는 천국이 되게 하소서.

예수님의 이름으로 기도합니다. 아멘.

7

천하보다 귀한 생명

"살인하지 말라"

요즘 세상을 보면 참 무섭다는 생각이 든다. 사고, 질병, 재난 등 두려운 일이야 많이 있지만 그중에서도 가장 무서운 것은 단연 사람이다. 폭력이 난무하고, 너무나 쉽게 사람이 죽어 나가는 세상이다. 이제는 한두 명 죽는 것은 뉴스거리도 아니다. 부녀자 연속살인사건, 무차별 총기테러사건, 근친살해시신 훼손사건 정도가 되어야 화제에 오른다.

안타까운 것은 앞으로 세상은 점점 더 잔혹하고 무서운 비인간화로 치닫게 될 것이라는 사실이다(딤후 3:1-5). 이처럼 인간 실존은 악으로 가득하다. 성경에서 말씀한 대로 본질상 죄인이요, 진노의 자녀요, 망할 존재인 것이다. 그래서 기독교 공동체 활동가 조나단 윌슨하트그로브(Jonathan Wilson-Hartgrove)는 말한다. "원죄는 유일하게 경험으로 증명할 수 있는 기독교 교리이다."

그런데 여기, 도저히 이해할 수 없는 일이 일어났다. 이처럼 망할 수밖에 없는 세상을 하나님께서 사랑하셔서 독생자 예수 그리스도를 보내신 것이다. 성육신하신 하나님(예수)께서는 세상의 모든 죄를 대신 지시고 십자가에 죽으심으로 죄값을 지불하시고 부활 승천하셨다. 그리하여 어떤 죄인이든 그 이름을 믿기만 하면, 죄 사함 받고 의롭다 함을 얻은 하나님 자녀가 되는 은혜를 주셨다. 곧 구원을 얻는 것이다(엡 2:8).

이 대속의 은혜와 사랑에 대해 존 스토트는 "사랑의 정의를 찾으려면 사전을 찾지 말고 갈보리를 바라보라"고 말했다. 이 갈보리 언덕의 예수 십자가 사랑으로 인하여 오늘 우리는 다시 시작할 수 있다. 곧 죽을 수밖에 없는 죄인에서 의롭다 함을 받은 자로, 망할 수밖에 없는 존재에서 온 천하보다 더 귀한 존재로 재정의 된 것이다. 하나님의 아들 예수 그리스도와 맞바꾼 귀한 사랑을 받은 자, 그것이 우리이다.

"하나님이 세상을 이처럼 사랑하사 독생자를 주셨으니"(요 3:16)

살인하지 말라

이 놀라운 하나님의 사랑은 나만을 위한 것이 아니다. 온 천하 모든 사람 누구나 받았고, 받아야 할 사랑이다. 그래서 하나님께서는 여섯 번째로 말씀하신다. "살인하지 말라." 여기서 살인은 다양한 의미를 포함하고 있다.

첫째로 타인 살해이다. "다른 사람의 피를 흘리면 그 사람의 피도 흘릴 것이니 이는 하나님이 자기 형상대로 사람을 지으셨음이니라"(창 9:6) 사람은 피조물 중에서도 하나님과 사귐을 갖는 유일한 존재, 곧 하나님의 형상으로 창조된 존엄한 존재이다.

그래서 누구도 해하거나 살해할 수 없다. 사람의 생명을 함부로 여기는 것은 그를 지으신 생명의 주 하나님을 무시하고 도전하는 행위이기에 그 사람 역시 심판받아 마땅한 것이다.

일반적으로 살인에는 세 가지 악한 감정이 작용한다. 시기, 증오, 분노이다. 이들은 살인의 동기가 되는 삼총사이다. 곧 작은 시기가 쌓여 증오로 바뀌고, 쌓인 증오는 불 같은 분노로 변하여 타인을 죽이게 되는 것이다.

예수님께서는 살인하지 말라는 계명을 해석하시며 "형제에게 노하는 자마다 심판을 받는다"(마 5:22)고 말씀하셨다. 따라서 시기, 증오, 분노가 나를 지배하지 않도록 이런 감정이 생길 때마다 얼른 "키리에 엘레이손"하고 기도해야 한다. 크리스천이라면 누구나 자신의 감정을, 특히 시기와 증오와 분노를 성령으로 다스려야 한다. "오 성령이시여, 육신의 소욕를 다스려 주셔서 온유와 겸손과 사랑의 사람이 되게 하소서."

때로는 우리의 무지와 그릇된 생각이 살인으로 이어지기도 한다. 예를 들면 태아는 아직 사람이 아니라고 여겨 낙태하는 것이다. 하나님께서는 선지자 예레미야를 부르시며 "내가 너를 모태에 짓기 전에 너를 알았고 네가 배에서 나오기 전에 너를 성별하였고 너를 여러 나라의 선지자로 세웠노라"(렘 1:5)고 말씀하셨다. 분명 태아도 하나의 생명이요 사람이며 하나님 소유인 것이다.

이밖에도 비양심적인 행동이 살인을 불러오기도 한다. 불량식품을 만드는 것, 부실 시공하는 것, 폐수를 무단 방류하는 것, 유독 가스를 몰래 배출하는 것, 쓰레기를 함부로 버려 오염시키는 것, 사이비 종교와 악한 이념과 사상을 전파하는 것 등 남을 배려하지 않는 이기심이 이 세계에 죽음의 그림자를 드리우고 결국은 생명을 죽음으로 내모는 것이다. 따라서 그리스도인은 이같은 행위들로 온 세상 피조물들이 탄식하는 소리(롬 8:22)를 듣고 그 고통을 헤아려 이를 치유, 예방하는데 적극적으로 나서야 한다.

둘째로 자기 살해이다. 자살은 스스로 의지를 가지고 자신을 살해하는 행위이다. 문학이나 철학에서 자살을 미화하기도 하고, 시대적인 풍토가 자살을 부추기기도 한다. 그러나 성경에서는 자살을 하나님을 경외하지 않는 자들의 비참한 최후로 묘사하고 있다. 어떤 경우에도 하나님이 주신 생명을 스스로 끊어서는 안 되는 것이다.

현재 우리나라는 OECD 통계상 13년 연속 자살률 1위라는 오명을 안고 있다. 자기 살해의 그림자가 우리 사회에 깊이 드리워져 있다. 분명 살다보면 어떤 위급한 순간, 인생의 한계에 내몰리는 상황을 경험하곤 한다. 그럴 때면 누구나 자살의 유혹을 느낄 수 있다. 만일 그때마다 자살을 택한다면 세상에 안 죽을 사람이 없을 것이다. 흔히 자살하면 다 끝이라고 생각하는데 절대 죽음으로 모든 것이 끝나지 않는다. 사랑하는 가족들과 지인들에게 일평생 씻을 수 없는 깊은 상처를 주고, 항상 죽음의 그늘에서 살아가게 만드는 것이다.

하나님께서는 폐허와 같은 이스라엘을 보면서도 에스겔 선지자를 향해 이렇게 격려하셨음을 기억하라. "너는 피투성이라도 살아 있으라 다시 이르기를 너는 피투성이라도 살아 있으라"(겔 16:6)

자살을 예방하는 가장 좋은 방법은 예수 그리스도를 믿고 교회의 소그룹에 속하는 것이다. 소그룹에 속하여 믿음의 그물망, 기도의 그물망으로 서로를 든든히 비끄러매라. 믿음 안에서 서로 이해해주고, 기도해주고, 격려해주고, 붙들어주고, 짐을 나눠지면 인생의 어떤 어려움도 능히 이겨낼 수 있을 것이다. "또 형제들아 너희를 권면하노니 게으른 자들을 권계하며

마음이 약한 자들을 격려하고 힘이 없는 자들을 붙들어 주며 모든 사람에게 오래 참으라"(살전 5:14)

셋째로 인격 살해이다. 지금까지 살펴보면서 여전히 많은 이들이 '살인은 나와 상관없는 일'이라고 생각할 것이다. 그러나 오늘날 더욱 심각한 위협은 상대방의 인격을 무시하고 말살하는 인격 살해이다.

성경은 남을 무시하고 미워하는 것을 살인이라고 말씀한다(요일 3:15). 실제로 억울하게 모함 받을 때, 수치스럽게 무시 받을 때 우리는 인격 살해를 경험한다. 그러므로 우리는 항상 남을 존중하고 이해하기 위해 노력해야 한다.

이를 위해 무엇보다 말을 삼가 조심해야 한다. 옛말에 칼은 몸을 베고 말은 맘을 벤다는 말이 있다. 한마디의 말이 사람을 살리기도 하고 죽이기도 한다. 따라서 우리가 누군가에게 말을 할 때는 반드시 세 가지 질문을 통과시켜야 한다.

하나, 참된 말인가? (진실)

둘, 유익한 말인가? (선의)

셋, 친절한 말인가? (온유)

오늘 하루 내가 했던 말들은 이 질문을 통과한 것인가? 말은 하지 않아서 후회할 때보다 너무 많이 해서 후회하는 경우가 많다. 만일 그동안 생각 없이 말만 많이 해왔다면 이제 스스로를 돌아켜야 할 것이다. "여호와여 내 입에 파수꾼을 세우시고 내 입술의 문을 지키소서"(시 141:3)

하나님께서 우리 가운데 세우신 두 가지 공동체가 있다. 가정과 교회이다. 이곳이 세상과 구별되는 주요한 차이점 중 하나가 바로 약한 이들을 중심에 둔다는 것이다. 우리는 약한 자들이 가능한 소외받지 않도록, 인격이 상처받지 않도록, 떠나가지 않도록 그들에게 맞추어 섬기고 살펴야 한다. 만약 이들이 시험 들어 믿음에서 떠나게 되면 그것 역시 영혼 살인에 준하는 죄임을 명심하라.

부디 우리가 죽는 날까지 하나님을 경외하는 마음으로, 두려움과 떨림으로, 주의 교회와 지체들을 섬길 수 있기를 바란다. "누구든지 나를 믿는 이 작은 자 중 하나를 실족하게 하면 차라리 연자 맷돌이 그 목에 달려서 깊은 바다에 빠뜨려지는 것이 나으니라"(마 18:6)

네 이웃을 네 자신과 같이

한 성자가 제자들에게 물었다. "자네들은 밤이 지나고 새날이 밝아 오는 것을 어떻게 아는가?" 한 제자가 대답했다. "동창이 밝아 오는 것을 보면 새날이 온 것을 알 수 있지요." 다른 제자가 대답한다. "창문을 열어 사물이 보이면 새날이 온 것이지요." 제자들은 저마다 답을 했지만 성자는 모두 틀렸다고 말했다.

이번에는 제자들이 물었다. "그러면 선생님은 새날이 온 것을 어떻게 아십니까?" 성자는 말한다. "아침 창밖 지나다니는 모든 이들이 형제로 보이면 그때 비로소 새날이 밝은 것이다."

하나님께서는 우리가 눈이 뜨여 이런 새날 맞이하기를 기대하신다. 하나님께서 측량할 수 없는 사랑으로 우리를 구원하셨듯이, 우리도 서로 배려하고 사랑하며 살아가길 원하신다. 이것이 그리스도인의 바른 태도요 기독교적 인간의 존엄의 실천이다.

오늘 누구를 만나고, 누구와 함께 하는가? 바로 그 안에서 새날을 맞이하라. 신분, 성별, 나이, 학력, 재산, 문화를 넘어 서로 존중하고 배려하며 사랑하라. 그리할 때 우리는 서로에게 형제자매가 되고, 생명의 공동체를 이루게 될 것이다. "네 이웃을 네 자신과 같이 사랑하라"(막 12:31)

제
7
일
정
오
의
기
도

하나님 아버지,
독생자 예수 그리스도께서 십자가에서 죽으셔서
본래 죽었어야 할 나를 살리시고
귀한 자녀 삼아주셨으니 감사와 찬양을 드립니다.

나뿐 아니라 모든 이웃들이 이런 사랑을 받은
귀하고 존엄한 존재이건만
그동안 내 몸처럼 사랑하고 섬기지 못했음을 용서하소서.

오 주여, 내 안의 분노 시기 증오를 소멸시켜 주시고,
곤고한 날 극단적인 생각에서 지켜주소서.
온 세상 피조물의 탄식소리를 듣게 하시어
오늘 내가 할 수 있는 일부터 회복을 실천하게 하소서.
이웃에 대해 무례히 행하지 않게 하시며
소자의 영혼을 실족시키지 않도록 마음과 입술에 지혜를 주소서.

모든 생명이 영원히 주의 것이오니
오 성령이시여, 항상 두렵고 떨림으로 그들을 섬기게 하시고
나로 인해 주의 나라 주의 교회가 더욱 든든히 서게 하소서.

예수님의 이름으로 기도합니다. 아멘.

8

순결한 인생, 복된 가정

"간음하지 말라"

유장한 인류 역사를 돌아보면 멸망하는 사회에는 두 가지 특징이 있음을 알 수 있다. 하나는 어른 세대를 향한 공경이 무너지는 것이고, 다른 하나는 성적 타락이 만연하는 것이다. 이 두 가지 죄악이 가득한 사회는 반드시 멸망했다. 대표적인 예로 성경의 소돔과 고모라를 들 수 있다.

그 성에 살던 롯의 사위들은 장인어른의 말을 농담처럼 여겼다(창 19:14). 어른에 대한 권위가 무너진 것이다. 또한 그 성의 주민들은 성적인 타락이 극에 달하여 근친상간, 동성애가 당연하게 이루어지고 있었다(창 19:5,8).

어찌 되었는가? 결국 하나님의 유황불 심판을 받아 도시 자체가 잿더미가 되고 말았다. 이렇듯 어른 공경이 무너지고 성적 타락이 도를 넘으면 그 사회는 반드시 망하게 되는 것이다.

이것은 그저 옛날 이야기로만 치부할 문제가 아니다. 신문지상을 볼 때마다 오늘날 우리 사회 역시 이 두 가지가 위험 수위에 이른 것은 아닌지 두려운 마음이 들기 때문이다. 요즘 들어 더욱 빈번하게 일어나는 비인간화 현상, 이상기후 재난, 전염병 발생, 열강의 위협 등은 이와 무관하지 않을 것이다.

그러므로 크리스천인 우리는 이 시대의 범죄가 결코 가볍지 않음을 깨닫고, 민족의 죄악을 가슴에 품고 하나님께 나아가 회개해야 한다. "내 이름으로 일컫는 내 백성이 그들의 악한 길에서 떠나 스스로 낮추고 기도하여 내 얼굴을 찾으면 내가 하늘에서 듣고 그들의 죄를 사하고 그들의 땅을 고칠지라"(대하 7:14)

토대를 무너뜨리는 죄

하나님께서는 십계명을 통해 이 두 가지 죄를 분명하게 경고하셨다. "네 부모를 공경하라."(5계명) "간음하지 말라."(7계명) 이중에서 성적 타락과 관련된 대표적인 죄가 간음이다.

사실 요즘 사회는 간음이라는 말을 거의 사용하지 않는다. 간음이 무서운 죄임에도 불구하고 성의 개방과 인간의 자유라는 미명으로 마치 죄가 아닌 것처럼 여긴다. 때로는 사탄의 전략이 얼마나 교묘한지 간음을 애틋한 사랑 이야기로 둔갑시키기도 한다. 사람들이 간음을 보고도 점점 죄로 여기지 않게 되는 것이다. 그러나 만유의 주 하나님께서는 세상이 뭐라 하든 엄중하게 "간음하지 말라"고 말씀하신다. 간음은 분명 죄이며 하나님께서 그것을 싫어하신다고 분명히 경고하는 것이다.

그렇다면 간음이란 무엇인가? 성경에 의하면 간음은 결혼 전후를 불문하고 부부 외에 이뤄지는 모든 성행위를 말한다. 예수님께서는 심지어 "음욕을 품고 여자를 보는 자마다 마음에 이미 간음하였느니라"(마 5:28)라고 말씀하셨다. 아직 어떤 구체적인 성행위가 없을지라도 그런 마음을 품고, 생각하는 것만으로 이미 간음이라는 뜻이다.

따라서 그리스도인은 단순히 혼전 순결을 강조할 게 아니다. 마음 순결, 인생 순결로 자신을 깨끗하게 지켜야 하는 것이다. "음행을 피하라 사람이 범하는 죄마다 몸 밖에 있거니와 음행하는 자는 자기 몸에 죄를 범하느니라"(고전 6:18)

하나님께서는 이토록 간음을 철저하게 금하신다. 하나님께서는 왜 간음을 싫어하시는가? 이 죄로 인하여 하나님께서 친히 세우시고, 귀하게 여기시는 세 가지가 무너지기 때문이다.

먼저 가정이 무너진다. 남녀 두 사람이 부부가 될 때 다짐하는 혼인 서약은 전 생애를 걸친 맹세이다. 결혼을 하는 그 순간부터 마치 아교로 붙인 두 장의 종이처럼 떼려야 뗄 수 없는 한 몸이 되는 것이다. 만일 둘 중 한 사람이 간음을 하면 어떻게 될까? 이 둘을 억지로 떼는 것처럼 부부 사이는 물론이거니와 자녀들의 마음까지도 갈기갈기 찢겨지고 말 것이다.

또한 교회도 무너진다. 교회는 결혼 서약을 단순한 인간의 맹세가 아니라 하나님 앞에서 이뤄지는 거룩한 서원으로 여긴다. 이것이 얼마나 신성하면 교회와 예수님의 관계를 결혼에 비유하겠는가? 따라서 교회의 지체 중 하나, 특히 리더 중 한 사람이 간음을 저지른다면 그로 인해 교회의 거룩함이 훼손되고 공동체가 큰 타격을 입게 된다.

나아가 신앙도 무너진다. 간음을 하는 자는 그 생각과 마음이 순리에 어긋나는 욕정에 계속 매여 있다. 결코 순전한 신앙생활을 누릴 수 없다. 간음이라는 우상이 나를 사로잡고 있어서 주변 사람들을 속이는 자가 될 뿐 아니라 하나님과도 깊은 교제를 누릴 수 없는 것이다.

그래서 사도 바울은 우리를 향해 이렇게 경고한다. "그러므로 땅에 있는 지체를 죽이라 곧 음란과 부정과 사욕과 악한 정욕과 탐심이니 탐심은 우상 숭배니라"(골 3:5)

가정 안에서 누려라

오늘날은 그 어느 때보다 음란의 유혹이 심하다. 발달한 미디어를 통해 성이 전시 상품화되어 퍼져나가기 때문이다. 크리스천들이 거룩하고자 제아무리 발버둥을 쳐도 여기서 벗어나기란 쉽지 않다. 대체 어떻게 이런 유혹으로부터 자신을 지킬 수 있을까?

첫째로 눈과 귀부터 지켜라. 대체로 이런 종류의 죄는 시각과 청각을 통해 침투하는 경우가 많다. 따라서 음란물을 보거나 음담패설을 하는 이들과 어울리다보면 나도 모르게 음란이나 간음에 빠질 수 있다. 이를 아예 가까이 하지 않는 것이 최고의 예방이다. 무엇보다 보는 것과 듣는 것을 조심해야 한다.

둘째로 이성 간에 틈탈 유혹을 미리 차단하라. 남녀 두 사람이 은밀한 곳에 함께 있으면 그만큼 유혹과 시험이 찾아올 확률도 높아진다. 자신을 일부러 시험의 한가운데 두면서 죄를 짓지 않기를 바라는 것은 미련이요 교만이다. 따라서 가능한 이성과 둘 만의 시간, 둘 만의 공간을 갖지 않도록 하는 것이 상책이다.

셋째로 가정에서 성을 즐겨라. 성경은 성에 침묵하거나 금기시하지 않는다. 오히려 가정 안에서 부부 간에 서로 만족을 누리라고 한다. 사도 바울은 부부가 특별히 약속된 기도 기간 외에는 방을 따로 쓰지 말고 함께 침실에 들라고 권한다. 이유는 행여나 성적인 공허감으로 유혹과 시험을 당할까 염려함이다(고전 7:5). 또 잠언은 부부 간의 성생활을 은유적으로 권유한다. "너는 네 우물에서 물을 마시며 네 샘에서 흐르는 물을 마시라 어찌하여 네 샘물을 집 밖으로 넘치게 하며 네 도랑물을 거리로 흘러가게 하겠느냐"(잠 5:15-16)

이렇듯 크리스천 부부는 성적인 친밀을 통해서도 서로 충만한 사랑을 누려야 한다. 그리하여 단순한 육체적 사랑이 아닌, 전인적으로 한 몸을 이루는 영적인 사랑으로 나아가는 것이다. 부부의 사랑은 장차 예수 그리스도와 크리스천이 나눌 사랑의 예표이다. 부부 간에 온전한 합일을 누릴 때 내가 그리스도와 하나 되고, 교회가 그리스도와 하나 되는 신비를 깨닫게 되는 것이다. "그러므로 사람이 부모를 떠나 그의 아내와 합하여 그 둘이 한 육체가 될지니 이 비밀이 크도다 나는 그리스도와 교회에 대하여 말하노라"(엡 5:31-32)

넷째로 하나님을 경외하고 주의 말씀을 사모하라. 하나님은 언제나 우리를 감찰하신다. 따라서 언제 어디서 누구와 있든 하나님을 경외하고 말씀대로 행해야 한다. 특히 유혹이 찾아올 때 그리해야 한다.

요셉이 보디발 아내의 유혹을 받았을 때 "내가 어찌 이 큰 악을 행하여 하나님께 죄를 지으리이까"(창 39:9)라고 했던 것처럼 우리도 유혹 앞에 단호해야 한다. 물론 이것은 우리의 능력으로는 불가하다. 성령 하나님을 의지하며 늘 경건한 두려움을 가지고 말씀을 상고할 때 가능한 것이다. "내

가 주께 범죄하지 아니하려 하여 주의 말씀을 내 마음에 두었나이다"(시 119:11)

지금 돌이키라

혹 지금 당신이 음란 가운데 있다면 얼른 하나님께 죄를 자백하고 용서를 구하라. 주님께 돌이키라. 이스라엘의 성군이라 불렸던 다윗을 보라. 그는 충신이었던 우리야의 아내 밧세바를 범하고, 우리야를 암몬 전투 최전선으로 내몰아 차도살인(借刀殺人) 한다. 모든 것을 지켜보신 하나님께서는 선지자 나단을 보내 그의 죄를 지적하고 책망하신다.

그러자 그는 변명하지 않았다. 바로 자신의 죄를 인정하고 자백한다(삼하 12:13). 그가 어떤 심정과 태도로 회개하였는지는 시편 32편, 51편 등에서 아주 잘 드러난다. "내가 입을 열지 아니할 때에 종일 신음하므로 내 뼈가 쇠하였도다 주의 손이 주야로 나를 누르시오니 내 진액이 빠져서 여름 가뭄에 마름 같이 되었나이다 (셀라) 내가 이르기를 내 허물을 여호와께 자복하리라 하고 주께 내 죄를 아뢰고 내 죄악을 숨기지 아니하였더니 곧 주께서 내 죄악을 사하셨나이다 (셀라)"(시 32:3-5)

다윗은 완벽한 존재가 아니었다. 다만 죄를 지적받았을 때 즉시 회개할 수 있는 믿음과 용기가 있는 사람이었다. 그는 하나님 앞에 철저히 회개하여 은혜를 입고 다시 하나님 마음에 합한 자가 되어 인류의 구주이신 예수 그리스도의 조상으로 쓰임 받게 되었다.

이 세상 가장 무지한 자는 기회를 잃어버리는 것이다. 그 중에서도 가장 중요한 기회는 회개의 기회이다. 회개하면 어떤 죄의 저주도 우리를 덮칠 수 없다. 회개는 죄를 인정하고 자백하고 예수 십자가 대속을 믿음으로 죄 사함 받는 것이다. 그 죄로부터 돌이켜 다시 행치 않고, 사람에게 잘못한 것은 사과하고 보상하는 열매를 맺는 것이다.

그러니 지금 바로 간음에서 회개하고 돌이키라. "12시에 회개하겠다고 말하는 자는 11시 55분에 죽는다"는 격언을 잊지 말라. 미루지 말고 지금 바로 그 음행에서 돌아서라. 우리가 철저히 자신을 돌아보고 회개하며 산다면, 언제 어디서나 자신을 순결하게 지키며 산다면, 다윗에게 긍휼을 베푸신 주님께서 우리의 삶에도 빛과 같이 신선한 은혜를 부어 주실 것이다.

제8일 정오의 기도

하나님 아버지!
우리가 허물과 죄악 가운데 살아감에도 불구하고
오래도록 참으시고, 다시 돌아오기를 기다려 주시니
그 크신 사랑과 은혜에 감사드립니다.

내 안에 음란과 간음이 있음을 자백하오니
오, 키리에 엘레이손 주여 나를 긍휼히 여기소서.
예수 그리스도의 십자가 대속을 믿고 의지하오니
주의 보혈로 나의 죄를 사하시고 깨끗하게 하소서.

이제 음란한 것을 보지 아니하며,
더러운 말을 하지 아니하고,
죄 짓는 기회는 멀리하며,
매사를 살피시는 하나님을 경외하고,
주의 말씀을 사모하며 살고자 하오니
성령이시여, 순간마다 나를 붙들어주소서.

오 주여, 내 속에 정한 마음을 창조하시고
정직한 영으로 새롭게 하소서.
언제 어디서든 빛과 같이 신선하고 밝게 살아가게 하소서.

예수님의 이름으로 기도합니다. 아멘.

9

충실한 청지기

"도둑질하지 말라
네 이웃에 대하여 거짓 증거하지 말라"

하나님께서는 우리 자녀들이 이 세상에서 풍성함을 누리며 살기 원하신다. 하나님이 주시는 풍성은 세상의 부(富)와는 다르다. 세상 부의 특징은 공허함이다. 아무리 많아도 만족할 수 없고, 늘 결핍을 느끼는 것이다. 세상에서 부귀영화를 누리다가 하루아침에 추하게 무너지는 이들을 보라. 무엇을 의미하는가? 가져도 가져도 부족하여 더 많은 것을 가지려다가 처참한 모습으로 추락한 것이다.

모든 사람에게는 영혼이 있다. 이 영혼은 우주보다 깊고 광활하여 도저히 세상의 것으로는 채울 수 없다. 오직 하나님을 통해서만 채워진다. 만족한다. 비로소 풍성함을 누리게 된다. "젊은 사자는 궁핍하여 주릴지라도 여호와를 찾는 자는 모든 좋은 것에 부족함이 없으리로다"(시 34:10)

우리가 날마다 부족함이 없는 풍성한 삶을 살기 위해서는 하나님의 충실한 청지기가 되어야 한다. 청지기란 주인이 맡긴 것을 대신 잘 관리하는 종을 말한다. 맡겨진 것들을 자기 뜻대로가 아니라 주인의 뜻을 헤아려 충실하게 사용하고 관리하는 것이다.

고아들의 아버지라 불리는 죠지 뮬러(George Muller)는 하나님께서 내려 주신 은혜를 잘 활용하여 이런 청지기의 풍성을 누렸던 대표적인 사람이다. 그는 말한다. "우리가 진실로 소유자가 아니라 청지기로 처신한다면 우리를 더 많은 것의 청지기로 삼으시는 것이 하나님의 뜻이다. (중략) 만일 우리가 진실로 하나님의 청지기로 행하고 있다면, 우리가 이 세상에서의 풍성과 장차 임할 세상에서 받을 축복이 얼마나 크겠는가!"

이렇듯 충실한 청지기로 살아간다면 하나님께서는 그 인생에 더 많은 것을 맡기시며 풍성하게 이끄실 것이다. 그렇다면 우리는 어떤 청지기가 되어야 하는가?

물질의 청지기

먼저 물질의 청지기가 되어야 한다. 하나님께서는 "도둑질하지 말라"고 말씀하셨다. 여기에는 두 가지 의미가 있다. 소극적으로는 이웃의 소유를 보호하기 위함이고, 적극적으로는 헛된 소유욕으로부터 나를 회개시켜 하나님의 풍성을 누리게 하기 위함이다.

도둑질에는 다양한 범주가 있다. 먼저 남에게 손해를 끼치는 도둑질이 있다. 직접적으로 물질을 훔치는 것(요 12:6)부터 시작하여 부정한 이윤을 취하는 것(호 12:7), 직위로 남을 착취하는 것(레 19:13), 직장에서 업무를 태만히 하는 것(마 25:26) 등이다.

인생을 허비하는 것도 도둑질이다. 나의 시간과 건강과 재능과 은사는 모두 다 하나님께로부터 온 것이다. 그런데 제 맘대로 사용하거나 도리어 제때에 사용하지 않는 것은 나 자신에 대한 도둑질인 것이다(전 6:2).

쉬지 않는 기도

229

십일조를 바르게 드리지 않는 것도 도둑질이다. 십일조는 성도로서 하나님께 드리는 신앙고백이요, 주의 백성이 함께 모여 몸 된 교회를 세우는 정성이며, 무엇보다 하나님께서 우리에게 명령하신 뜻이다. 따라서 이 책임을 다하지 않는 것도 하나님께서는 도둑질이라 말씀하신다(말 3:8-10).

나아가 하나님의 영광을 가로채는 것도 도둑질이다. 주의 나라와 교회를 위하여 힘껏 수고하고, 봉사하고, 헌신하고, 헌물한 뒤에 도리어 자기를 과시하고 자기 이름을 내는 것이다. 이는 실컷 고생한 뒤에 하나님 앞에서 인정받지 못하는 어리석은 행위이다. 그러므로 언제나 봉사 뒤에는 다음과 같이 고백해야 한다(눅 17:10). "나는 무익한 종입니다. 존귀 영광은 주님 받으소서!"

이렇게 보면 사실상 우리는 다 도둑이요, 도둑일 수밖에 없는 존재이다. 누구도 예외는 없다. 그러므로 어느 누가 아니라 나부터 회개해야 한다. 하나님 앞에서 정직하게 은혜를 구하며 청지기로 살아갈 때 하늘 문이 열리고 풍성의 복이 임한다. 그 풍성을 누려야만 세상의 다른 무엇에 현혹됨 없이 자족하고 만족할 수 있다. 날마다 부어주시는 만나의 풍성을 누리게 되는 것이다. "나의 하나님이 그리스도 예수 안에서 영광 가운데 그 풍성한 대로 너희 모든 쓸 것을 채우시리라"(빌 4:19)

언어의 청지기

또한 언어의 청지기가 되어야 한다. 언어는 사람 간의 소통을 위해 하나님께서 주신 선물이자 축복이다. 그러나 이 언어를 잘못 사용하면 사람 간에 분란이 일어나고, 다툼이 발생하고, 불행이 생겨난다. 한마디로 언어는 양날의 검이다. 언어가 한 사람을 살리기도 하고, 죽이기도 하는 것이다.

지혜자는 "죽고 사는 것이 혀의 힘에 달렸다"(잠 18:21)고 말한다. 그래서 무엇보다 언어를 바르게 선용해야 한다. 언제나 누구에게나 선한 말, 복된 말, 신앙의 말을 해야 한다. 하나님께서는 특히 "네 이웃에 대하여 거짓 증거하지 말라"고 말씀하셨다. 수많은 말 중에서도 왜 거짓말을 엄중히 경고하시는 것일까?

본래 거짓말은 마귀로부터 유래하였다. 마귀를 뜻하는 헬라어 '디아볼로스'는 거짓, 비방, 중상이라는 의미를 가지고 있다. 즉 거짓말은 마귀의 정체성인 것이다. 마귀는 에덴동산 때부터 거짓말로 사람을 유혹해 저주와 죽음에 빠뜨렸다.

그러므로 잊지 말자. 거짓말은 마귀의 일이다. 그 결과는 저주와 죽음이다. 때로는 부득이한 일로 선의의 거짓말을 할지도 모른다. 그럼에도 하나님 앞에서 늘 자신의 연약함과 거짓됨을 자백하고, 그 습성이 몸에 배지 않도록 긍휼과 은혜를 구해야 한다.

또한 거짓말은 개인이나 공동체에 치명상을 입힌다. 대부분의 악한 거짓말은 남을 생각하지 않고 자기만 생각하는 이기심에서 비롯된다. 그 결과 다른 사람에게 손해와 피해를 끼친다. 아합의 아내이자 바알 숭배자였던 이세벨을 아는가? 그녀는 포도원 땅을 갖기 위해 거짓말로 나봇을 모함하여 죽음으로 내몰았다. 그뿐만 아니라 인류 역사 가운데 거짓과 모함으로 억울하게 목숨을 잃은 수많은 사람들이 있다. 다 마귀의 역사이다.

하나님께서는 거짓말을 아주 엄히 다루신다. 대표적인 예가 초대교회 시절 아나니아와 삽비라의 거짓말 사건이다. 그들은 사도 베드로에게 거짓말을 하다가 그 자리에서 즉사한다. 거짓말이 막 탄생한 교회 공동체에 치명적일 수 있기 때문이었다.

이를 보며 그리스도의 몸인 교회에서 더욱더 말을 조심해야 한다. 자 칫하면 그 거친 말, 험한 말, 거짓된 말이 하나님을 대적하고, 하나님을 향한 거짓말이 될 수 있기 때문이다(행 6:4). 그렇다면 우리는 어떻게 거짓말을 넘어 선한 말을 할 수 있을까?

하나, 거짓말을 큰 죄악으로 여기라. 말로 짓는 죄를 사소한 것으로 여기는 사람들이 참 많다. 그러나 거짓말은 하나님께서 금하신 큰 죄이다. 거짓말은 나를 망하게 하고, 이웃과 교회도 망하게 하는 심각한 죄임을 자각하고 평소에 경계를 확실히 해야 한다. "거짓 증인은 벌을 면하지 못할 것이요 거짓말을 뱉는 자는 망할 것이니라"(잠 19:9)

둘, 악한 말을 하는 이들과 교제를 피하라. 말에는 힘이 있다. 사람을 넘나들며 확대되고 전염된다. 거짓말도 세 번만 들으면 진짜처럼 느껴진다. 따라서 거짓이 유통되는 사람들로부터 멀어져야 한다. 그렇지 않으면 거짓의 습성이 내 안에 들어와 영혼의 순결성을 잃어버리고 점차 복된 인생에서 낙오되고 말 것이다.

"악한 말은 선한 자들조차도 악하게 만들지만, 선한 말은 모두에게 유익하다." _마카리오스(Makarios)

셋, 언행을 말씀과 성령의 인도 아래 두라. 우리는 혀를 길들일 능력이 없다(약 3:8). 오직 성령을 통해서만 가능하다. 말씀과 기도로 충만해질 때 성령께서 우리의 혀를 다스리실 것이다. 오순절에 성령께서 임하실 때 가장 먼저 나타난 표징이 제자들의 말이 변한 것이다. 하나님을 찬미하는 새 방언이 터져 나왔다.

이처럼 우리가 말씀과 기도로 성령 충만해지면 무엇보다 말이 바뀌게 된다. 새 방언, 곧 매사에 찬송하고 감사하고 위로하고 격려하고 칭찬하는 말이 나오는 것이다. 기억하라. 말 잘하는 것이 신앙 좋은 것이고, 말 잘하는 것이 도와주는 것이며, 말 잘하는 것이 존경하는 것이고, 말 잘하는 것이 세상을 살리는 것이다. "시와 찬송과 신령한 노래들로 서로 화답하며 너희의 마음으로 주께 노래하며 찬송하며 범사에 우리 주 예수 그리스도의 이름으로 항상 아버지 하나님께 감사하며"(엡 5:19-20)

충실한 청지기 되게 하소서

우리는 하나님의 여러 가지 은혜를 맡은 청지기이다. 물질의 청지기요 언어의 청지기이다. 성경은 "맡은 자들에게 구할 것은 충성"(고전 4:2)이라고 말씀한다. 맡겨진 물질과 언어에 충실(忠實)한 청지기가 되어야 한다. 내가 아니라 내 안에 계시는 성령을 따라 그리스도의 성품으로, 그리스도의 능력으로 섬기는 성실한 청지기여야 한다. 언젠가 들었던 '충실하게 하소서'란 찬양이 새삼 떠올라 오늘 내 가슴을 울린다.

주님 섬기는 손

충실하게 하소서.

주님 전하는 입술

충실하게 하소서.

내 손이 일할 수 있을 때

충실하게 하소서.

내 입술이 말할 수 있을 때

충실하게 하소서.

주님 섬기는 손

주님 섬기는 손

주여, 주여

충실하게 하소서.

충실하게 하소서.

충실하게 하소서.

하나님께서 당신에게 무엇을 맡기셨는가? 그것을 지혜롭게 관리하고 사용하라. 무엇보다 물질과 언어에 선한 청지기가 되라. 그리하면 주께서 더 많은 것들의 청지기로 사용하실 것이다. "각각 은사를 받은 대로 하나 님의 여러 가지 은혜를 맡은 선한 청지기같이 서로 봉사하라"(벧전 4:10)

제
9
일
정
오
의
기
도

하나님 아버지,
우리를 주의 청지기로 삼아주시고
많은 것을 맡겨주셔서
아버지의 풍성을 누리며 살게 하시니 감사합니다.

그러나 종종 청지기의 본분을 잃고
탐욕과 거짓에 눈이 멀어
악한 일을 자행했음을 참회합니다.

세상에 살면서 이런 저런 도둑질을 하였고,
주께서 주신 소중한 시간과 은사를 허비했으며,
마땅히 드려야 할 십일조를 온전히 드리지 못했습니다.

또 거짓과 험담으로 이웃에게 상처를 주었으며
공동체의 화평과 질서를 깨드렸으니
오 키리에 엘레이손, 크신 은혜로 용서를 베푸소서.

이제 무엇에든지 감사하고 자족하며 살기 원합니다.
진실한 말, 온화한 말, 감사의 말을 하며 살기 원합니다.
오 보혜사 성령이시여, 우리의 맘과 혀를 주장하시어
오늘도 나의 삶과 말로 인하여
주의 나라 주의 뜻 이루어지게 하소서.

예수님의 이름으로 기도합니다. 아멘.

10

마음을 지키는 계명

"네 이웃의 집을 탐내지 말라"

아프리카 원주민들이 손쉽게 원숭이 잡는 방법을 아는가? 먼저 가죽 자루를 하나 준비한다. 그리고 그 자루의 입구를 원숭이의 손 하나만 겨우 드나들 정도로 작게 만든다. 자루 안에는 원숭이가 좋아하는 바나나와 땅콩 같은 먹이를 넣어서 그들이 자주 다니는 길목의 나뭇가지에 달아놓고 멀찍이 기다린다.

그러면 원숭이가 먹이 냄새를 맡고 자루 안으로 손을 집어넣는다. 먹이를 손에 쥐고는 자루의 좁은 입구에서 손을 빼내려고 안간힘을 쓰지만 빼낼 수가 없다. 그때 원주민이 다가가 원숭이를 잡는 것이다. 손에 잡은 것만 놓으면 붙잡히지 않고 자유할 수 있을 텐데, 결국 탐심 때문에 붙잡혀 온갖 고생과 수모를 당하게 된다.

인간도 이와 별반 다르지 않다. 인간은 첫 사람 아담 때부터 탐심으로 인해(창 3:6) 하나님을 거역하였고, 그 좋은 에덴동산을 잃어버렸고, 세상에 저주와 죽음을 불러왔다(창 3:16-24). 세상의 모든 불안과 저주와 죽음은 다 탐심 때문에 오는 것이며, 현대사회에서 일어나는 비인간화 현상 역시 다 탐심에서 비롯된 것이다.

그러므로 무엇보다 중요한 것이 마음을 지키는 것이다. 마음에 일어나는 탐심을 다스려야 한다. 그러면 죄악으로부터 자유하고 평안하게 될 것이다. "모든 지킬 만한 것 중에 더욱 네 마음을 지키라 생명의 근원이 이에서 남이니라"(잠 4:23)

탐내지 말라

"네 이웃의 집을 탐내지 말라." 이 마지막 계명은 세상의 법전에 기록될 수 없는 내용이다. 구체적 행위로 드러나는 것이 아니라 마음속 의도를 향한 지적이기 때문이다. 불효, 살인, 간음, 절도, 거짓은 눈으로 볼 수 있는 행위이며 세상의 실정법에서도 다루는 내용들이다. 그런데 이 계명은 눈에 보이지 않는 마음을 들여다본다. 즉 실정법을 넘어 의도의 순수성을 살피는 마음의 계명인 것이다.

우리가 살아가는 자본주의 사회에서 탐욕은 죄보다는 일종의 선으로 여겨진다. 많이 생산하여 많이 소비하는 것이 권장되기 때문이다. 그러나 성경은 탐심이 죄라는 사실을 분명하게 경고한다. "욕심이 잉태한즉 죄를 낳고 죄가 장성한즉 사망을 낳느니라"(약 1:15)

마음은 언제나 행위로 연결된다. 우리가 탐심을 다스려 마음을 지키면 자연스레 하나님을 사랑하고 이웃을 사랑할 수 있겠지만, 반대로 탐심을 다스리지 못하면 그것으로 인하여 하나님을 거역하고 이웃을 저버리는 불행을 겪게 될 것이다. 이를 아주 잘 보여주는 성경적 실례가 있으니 여호수아에 나오는 아간 이야기이다.

이스라엘 백성이 가나안 땅에 진입할 당시 여리고는 크고 강한 성이었다. 자신들의 힘만으로는 도저히 무너뜨릴 수 없었다. 그런데 하나님의 은혜로 그 성을 무너뜨리고 승리하게 되었다. 이에 자신만만해진 그들은 가벼운 맘으로 여리고 보다 작은 아이 성으로 진격했지만 대패하고 만다.

여호수아가 통곡하며 이유를 여쭈어보자 하나님께서는 누군가가 전리품을 가로챘다고 하셨다. 하나님께 온전히 바쳐야 할 여리고의 전리품 중 일부를 누군가가 착복한 것이다. 그 사람이 바로 아간이다.

한 사람의 탐심으로 이스라엘 병사 수십 명이 죽고, 그 당사자의 집은 송두리째 망했으며, 백성 전체가 파국에 이르게 된 것이다. 결국 아간은 하나님의 심판을 받았고 그가 묻힌 곳은 아골(괴로움) 골짜기라고 불렸다. 지금까지도 그곳은 탐욕의 골짜기로, 더러운 골짜기로 여겨진다고 한다. 이처럼 탐심은 자신과 그가 속한 공동체에 치명적인 결과를 불러온다.

"탐욕은 마치 굶주린 늑대처럼 사람들과 그들의 행복을 갈가리 찢고 사회질서를 무너뜨리는 최대의 적이다."_단테 알리기에리(Dante Alighieri)

비록 행동으로 드러나지 않더라도 내 안에 탐심이 있다는 것만으로도 충분히 위험하다. 탐심이 내 안에 있으면 하나님이 보이질 않는다. 그리하여 하나님 외에 다른 것을 따른다. 우상에 매인다. 하나님의 이름을 망령되게 한다. 주일을 제대로 지키지 못한다. 부모의 뜻을 거역한다. 이웃을 사랑하지 못한다. 음란에 사로잡힌다. 거짓말하게 된다.

결국 탐심으로 인하여 하나님을 거역하고, 공동체를 망가뜨리고, 자신도 망하게 되는 것이다. 한마디로 이렇게 결론지을 수 있다. "탐심은 모든 죄의 근원이다."

안타깝게도 우리 한국 교회 역시 이 탐심에서 자유롭지 않다. 다른 사람도 아니고 목회자들의 탐심으로 인해 교회가 흔들리고 분열하고 무너지는 경우가 허다하다. 참으로 부끄러운 일이다. 또한 교회 안에 만연한 번영 신학과 성공주의가 성도들의 탐심을 부추기고 있다. 그러므로 한국 교회 구성원 모두가 깨어있어야 한다. 스스로 탐심에 대한 경계를 분명히 하지 않으면 결국 비극적이고 비참한 결과를 맞이하게 될 것이다.

무엇보다 기독교 복음이 바르게 전해지고 실현되어야 한다. 곧 소유보다 존재를, 결과보다 과정을, 성공보다 사명을, 일보다 관계를, 리더십보다 팔로우십을 먼저 구하는 것이다. 이것이 바로 탐심을 이기는 것이고, 이 땅에 하나님 나라를 세워가는 길이다. 나부터 어떤 탐심에 사로잡혀 있는지 돌아보고, 회개하고, 정직하게 행해야 할 것이다(빌 4:8-9).

탐심에서 승리하라

누구도 자유로울 수 없는 탐심의 유혹 앞에서 우리는 어떻게 승리할 수 있을까? 지름길은 없다. 매일 꾸준하게 말씀을 의지하여 기도하는 수밖에는 다른 방법이 없다. 말씀은 곧 성령의 감동으로 된 것이기에 주의 말씀으로 기도할 때 내 안에 말씀이 거하며 나를 거룩한 하나님의 사람으로 변화시켜 간다. "하나님의 말씀과 기도로 거룩하여짐이라"(딤전 4:5)

한 가지 첨언을 하자면 탐심을 이기기 위해서 다시 제1계명으로 돌아가야 한다는 것이다. "나는 하나님 외에 다른 신을 섬기지 않겠다. 나와 내 집은 오직 하나님만 사랑하고 섬기겠다." 매일 이렇게 고백하며 매순간 성령을 따라 말씀과 기도로 사는 것이다.

하나님을 진정으로 사랑하는 자는 우상을 섬길 수 없다. 하나님의 이름을 함부로 여기지 않는다. 주일을 구별하여 거룩하게 지킨다. 부모에게 효도한다. 이웃을 사랑하고 생활이 거룩하며 충실한 청지기로 산다. 그리고 탐심을 품지 않는다. 하나님을 전심으로 사랑하면 일체 은혜요 범사 감사이기에 탐심이 끼어들 틈이 없는 것이다. 도리어 더 나누고, 더 베풀고, 더 섬기며 살아간다. 그러므로 제1계명은 십계명의 '리딩(leading) 계명'이라 할 수 있다. 제1계명을 중히 여기고 잘 지킨다면 다른 계명도 자연스럽게 지켜가게 될 것이다.

"순전한 마음으로 하나님을 섬기며 첫째 계명을 지킨다면 다른 모든 계명은 저절로 성취될 것이다."_마틴 루터

지금껏 살펴보았듯이 십계명은 복되고 풍성한 삶을 위해 우리에게 주신 '나와 세상을 살리는 사랑의 법도'이다. 그러므로 이것을 최고의 보화로 여겨야 한다. 날마다 입술로 고백해야 한다. 일상의 자리에서 실천해야 한다. 이미 받은 은혜를 생각하며 억지로가 아니라 기쁨으로, 감사로 행하는 것이다.

그러기 위해서는 내 안에 계시는 그리스도와 항상 함께해야 한다. 즉 성령 안에서 쉬지 않고 기도하는 것이다. 언제나 십계명으로 기도하고, 어디서나 십계명을 실천하면 우리는 거룩한 하나님의 백성이 되고, 삶에는 하늘의 신령한 복이 풍성히 임하며, 이 땅에는 하나님 나라가 온전히 이루어지게 될 것이다.

하나님 아버지
예수를 구주로 믿어
우리 안에 하나님의 형상이 회복되고
거룩한 주의 자녀로 살게 하시니 감사합니다.

무엇보다 마음을 지키라고 하셨는데
우리는 그러지 못하여 온갖 탐심에 빠져 살았으니
키리에 엘레이손, 주여 이 죄인을 용서하여 주소서.

우리의 중심을 감찰하시는 성령이시여,
내 안에 어떤 탐심이 있는지 보게 하셔서
정직하게 자백하고 돌이키게 하소서.

이제 매일 말씀으로 기도하고,
무엇에든지 하나님을 경외하며
경건하고 바르게 살고자 하오니
성령이시여, 나를 말씀으로 거룩하게 하소서.

언제 어디서나 하나님 사랑 이웃 사랑으로 살고자 하오니
저로 인해 이 땅에 주의 나라 주의 뜻이 이뤄지게 하소서.

예수님의 이름으로 기도합니다. 아멘.

PART 4

주기도로 드리는 밤의 기도

항상 기뻐하라 쉬지 말고 기도하라 범사에 감사하라 이는 그리스도 예수 안에서 너희를 향하신 하나님의 뜻이니라
데살로니가전서 5:16,17,18

1

가장 완전하고 풍성한 기도, 주기도

하나님께서는 그리스도교에 세 가지 신조(信條)를 주셨다. 십계명, 사도신경, 그리고 주기도이다. 이는 2천 년 기독교 역사를 통하여 오늘 우리에게까지 전승된 성경적 계시이다. 모든 기독교회가 생명처럼 소중히 여기고 귀하게 지켜온 절대 가치인 것이다.

십계명은 그리스도인이 하나님의 백성으로서 어떻게 거룩하게 살 수 있는지를 다룬다. 나와 세상을 위해 주신 열 가지 사랑의 계명 안에서 살아갈 때 우리는 아름답고 풍성한 복된 삶을 살게 되는 것이다(시 128). 물론 누구도 이 십계명을 완벽히 지킬 수는 없다. 인간의 죄성과 연약함, 사탄의 계략과 위협으로 인하여 날마다 흔들리고 넘어지기 때문이다.

그래서 우리는 날마다 믿음을 불러일으키는 신앙고백을 해야 한다. 사도신경으로 신앙을 고백하며 하나님께 시선을 고정하면 믿음이 굳건해져 더 이상 흔들리지 않게 된다. 하지만 신앙고백에만 머물러서는 안 된다. 사도신경이 믿음의 기반이라고 한다면, 이를 몸으로 실천하는 신앙적 삶을 위해 기도가 필요하기 때문이다.

예수님께서는 제자들에게 기도를 가르쳐 주셨다(마 6:6-13). 하나님의 자녀들이 세상을 살면서 무엇을 어떻게 구해야 하는지 친히 알려주신 것이다. 이 주기도는 우리의 영 혼 몸에 필요한 모든 것을 총체적으로 구하는 기도이다. 따라서 우리가 세상에서 믿음으로 승리하기 위해서는 매일 사도신경을 고백하고 십계명을 실천하며 주기도로 기도해야 한다.

"이것은 모든 그리스도인의 심장을 드러내 보여준다. (중략) 십계명을 통해 자신의 질병을, 사도신경을 통해 위대한 의사를, 주기도에서는 그 약이 어떤 것인지를 구체적으로 보여준다. 그리스도인의 삶에서 이것 이상 필요한 것은 없다."_티모시 웽거트(T. J. Wengert)

더 좋은 기도는 없다

누군가를 알기 위해서는 지금 그가 무엇을 원하는지를 살펴보면 된다. 그의 기도 내용이 무엇이냐에 따라 그 사람의 성향과 신앙과 인생을 알 수 있는 것이다. 오늘날 많은 이들이 기도를 당장의 소원과 필요를 구하는 것으로만 생각한다. 그러나 기독교의 기도는 여기에 머물러선 안 된다. 내 자신을 넘어 남을 향해 뻗어나가야 하는 것이다.

여기, 자신을 넘어 더 넓은 차원으로 나아가려는 시인의 기도를 들어보라.

나는 지금 나의 아픔 때문에 기도합니다.

그러나 오직 나의 아픔만으로 기도하지 않게 하소서.

나는 지금 나의 절망으로 기도합니다.

그러나 오직 나의 절망만으로 기도하지 않게 하소서.

나는 지금 연약한 눈물을 뿌리며 기도합니다.

그러나 진정으로 남을 위해 우는 자 되게 하소서.

나는 지금 죄와 허물 때문에 기도합니다.

그러나 또다시 죄와 허물로 기도하지 않게 하소서.

나는 지금 내 마음의 평화를 위해 기도합니다.

그러나 모든 내 이웃의 평화를 위해서도 늘 기도하게 하소서.

나는 지금 영원한 안식을 위해 기도합니다.

그러나 불행한 모든 영혼을 위해 항상 기도하게 하소서.

나는 지금 용서받기 위해 기도합니다.

그러나 모든 이들을 더욱 사랑할 수 있는 자 되게 하소서.

나는 지금 굳셈과 용기를 주십사고 기도합니다.

그러나 그것을 더욱 바르게 행할 수 있는 자 되게 하소서.

_도종환, '아홉 가지 기도' 전문

참으로 아름답고 숭고한 기도이지 않은가? 사람으로서는 이 정도만 되어도 훌륭한 기도라고 할 수 있다. 그런데 놀랍게도 주기도에는 최고의 차원, 곧 나 자신과 이웃뿐만 아니라 세상과 하나님 나라를 위한 간구까지 담겨 있다. 이런 주기도의 특징을 세 가지로 정리해본다.

하나, 주기도는 완전하고 풍성한 기도이다. 하나님 자녀로서 어떤 내용으로, 어떤 순서로, 어떻게 기도해야 하는지를 보여준다.

둘, 주기도는 우선순위가 분명한 기도이다. 무엇을 먼저 구해야 하는지, 무엇부터 구하며 살아야 하는지를 보여준다.

셋, 주기도는 완전한 사랑의 기도이다. 하나님을 어떻게 사랑하고, 나 자신과 이웃을 어떻게 사랑해야 하는지를 보여준다.

그야말로 주기도는 신구약 성경의 요약이요, 예수님 교훈의 핵심이다. 그래서 종교개혁자 칼빈은 심지어 이렇게 이야기했다. "주기도에 들어있는 내용이 아니면 우리는 기도해서는 안 된다. 항상 주기도로 기도하라. 주기도보다 더 좋은 기도는 없다."

이처럼 주기도는 하늘의 모든 신령한 복이 들어있는 가장 완전하고 풍성한 기도이다. 우리가 주기도대로만 기도하면 무엇이든지 주의 뜻대로 응답받는 은혜로 충만한 삶을 살게 될 것이다. 앞으로 살펴볼 주기도의 구조는 다음과 같다.

• 기도의 대상
  ① 하늘에 계신 우리 아버지

• 하나님을 향한 간구

②아버지의 이름을 거룩하게 하시며

③아버지의 나라가 오게 하시며

④아버지의 뜻이 하늘에서와 같이 땅에서도 이루어지게 하소서

• 인간을 향한 간구

⑤오늘 우리에게 일용할 양식을 주시고

⑥우리가 우리에게 잘못한 사람을 용서하여 준 것같이

⑦우리 죄를 용서하여 주시고

⑧우리를 시험에 빠지지 않게 하시고, 악에서 구하소서

• 송영

⑨나라와 권능과 영광이 영원히 아버지의 것입니다

• 믿음의 응답

아멘

살아있는 기도로

그런데 심히 유감스럽게도 오늘날 주기도는 그 의미가 충분히 고려되지 않은 채 입으로만 중얼거리는 중언부언의 기도가 되고 말았다. 입으로는 주기도를 하고 있지만 마음으로 담아내지 못하며, 더욱이 일상에서 그 기도와 전혀 상관없는 삶을 사는 것이다.

그래서 마틴 루터는 주기도가 뜻 없이 암송되는 것을 보며 "주기도가 날마다 순교당하고 있다"고 한탄했다. 이제 우리가 드리는 주기도가 뜻 없는 주문(呪文)이 아니라 하나님과 친밀한 사귐을 누리는 살아있는 기도, 날

마다 그대로 실천되는 기도가 되어야 한다.

물론 이런 기도의 신비는 하루아침에 이루어지지 않는다. 기도는 사귐이다. 오랜 세월 쌓아가는 것이다. 내 안에 거하시는 그리스도의 영 성령을 느끼면서 때마다 시마다 주기도로 하나님께 사랑의 고백을, 거룩한 갈망을 아뢰는 것이다. 이것이 바로 삶으로 드리는 주기도이다.

"나날이 오 주여, 세 가지를 기도 드립니다. 당신을 보다 분명히 보고, 당신을 더욱 사랑하고, 당신을 보다 더 가까이 따르는 사람이 되게 하소서."_성 리차드(St. Richard)

주기도로 드리는 밤의 기도

정시기도는 쉬지 않는 기도의 근간이다. 우리는 지금까지 아침의 기도(사도신경), 정오의 기도(십계명)에 대해 살펴보았다. 그리고 이제 밤을 맞아 주기도로 기도하기를 시도할 것이다. 우리는 왜 밤에 기도하며 왜 주기도로 기도해야 하는가?

하나님과 늘 동행했던 퀘이커 영성가 토마스 켈리(Thomas Kelly)는 "잠에 들기 전 마지막 행동과 잠이 깼을 때의 첫 행동이 기도가 되게 하라"고 말했다. 하루를 열고 하루를 닫는 시간에 하나님께 엎드려 기도하는 것은 크리스천 영성의 기본이라는 것이다.

밤은 고단한 일과를 마무리하고 하루를 닫는 시간이다. 이 뜻깊은 시간에 크리스천이라면 누구나 지나간 하루를 돌아보며 베푸신 은혜에 감사해야 한다. 주께서 행하신 모든 일에 찬양해야 한다. 주 뜻대로 살지 못한 것에는 회개해야 한다. 그리고 어둔 밤 잠자는 동안에도 함께하실 것을 믿고 모든 것을 위탁해야 한다.

이때 우리가 드릴 수 있는 최고의 기도는 주기도이다. 주기도에는 하나님을 향한 모든 기도와 간구가 담겨 있다. 인간에 대한 모든 필요와 안전도 들어있다. 그러므로 밤에 주기도로 기도하는 것은 가장 복되게 하루를 마감하는 것이다. 주기도로 기도할 때 하나님께는 영광이요 우리에게는 평안이며 이 땅에는 하나님 나라와 뜻이 이루어지기 때문이다.

더구나 이 밤에 잠든 사이에도 내 자신은 물론이거니와 사랑하는 가족들, 지인들, 교회 식구들, 병고에 신음하는 이들, 나라와 민족과 온 세상에 아버지의 나라와 권세와 영광이 임하도록 의탁할 수 있다니 이 얼마나 복되고 위대한 시간인가?

그러므로 이제 하루를 마감할 적마다 기도하기를 결단하라. 분주한 마음을 내려놓고 차분히 하나님께 나아가길 준비하라. 주기도로 하루의 출입을 마감하는 것, 그것은 최고의 은혜요 행복이다.

당신이 열어주심으로

문이 열리고

당신이 닫아주심으로

문이 닫기는

오늘의

우리들의 출입

설사 몇 푼의 은전으로

오늘과 바꾸는

이 측은한 출입 속에서도

(중략)

우리들의 영혼을 지켜주소서.

_박목월, '우리들의 출입' 중에서

제
1
일
밤
의
기
도

오늘도 은혜로 살았습니다.
감사합니다.
이 하루 주께서 행하신 모든 일에
찬양과 영광을 돌립니다.

주님 뜻대로 살기에도 부족한 하루임에도
나의 연약함으로 실수한 것 많사오니,
키리에 엘레이손, 주여 나를 긍휼히 여기소서.
이 밤에 주께서 친히 가르쳐주신 기도로 간구하오니 받으시옵소서.

하늘에 계신 우리 아버지,
아버지의 이름을 거룩하게 하시며
아버지의 나라가 오게 하시며,
아버지의 뜻이 하늘에서와 같이 땅에서도 이루어지게 하소서.
오늘 우리에게 일용할 양식을 주시고,
우리가 우리에게 잘못한 사람을 용서하여 준 것 같이
우리 죄를 용서하여 주시고,
우리를 시험에 빠지지 않게 하시고 악에서 구하소서.
나라와 권능과 영광이 영원히 아버지의 것입니다. 아멘.

오 주 하나님, 우리의 힘으로 불가하오니
보혜사 성령의 능력으로
이 밤에도 주의 나라 주의 뜻 이루어지게 하소서.

예수님의 이름으로 기도합니다. 아멘.

2

하나님을 아버지라 부르는 행복

"하늘에 계신 우리 아버지"

누가복음 15장을 보면 유명한 탕자의 비유가 나온다. 어느 부잣집 둘째 아들이 아버지의 유산을 미리 받아 집을 나갔다 돌아오는 이야기이다. 둘째 아들은 미리 받은 유산을 가지고 먼 타국에 건너가 허랑방탕한 세월을 보낸다. 그러다 결국 가진 것을 다 탕진하고 굶주리는 비참한 신세로 전락하고 만다.

이 탕자가 당면한 문제는 무엇으로 해결할 수 있는가? 한 끼 먹을 음식이면 되는가? 하룻밤 묵을 방이면 되는가? 지갑에 몇 푼의 돈을 주면 되는가? 그렇지 않다. 그의 문제는 아버지로 해결된다. 그가 아버지에게 돌아가면 모든 것이 한번에(once for all) 해결되는 것이다. 아버지가 그의 해답이다. 탕자는 이 사실을 깨닫고 집으로 발걸음을 옮긴다. "이에 일어나서 아버지께로 돌아가니라"(눅 15:20)

평소 우리는 기도할 때 내 소원, 내 필요만 헤아리는 습관이 있다. 하나님이 나의 하나님, 하나님만이 모든 문제의 해답이라는 사실을 잊어버린 채 내 작은 소원과 필요에 급급하여 그것만을 조급하게 바라볼 때가 많은 것이다. 예수님께서 가르쳐주신 주기도는 우리가 누구에게 기도해야 하는지, 누구에게 기도하고 있는지를 분명하게 보여준다.

기도는 전능하신 창조주 하나님 아버지께 하는 것이다. 아버지께 나아가면 해결이 있다. 아버지만이 모든 문제의 해답이시고, 모든 것의 만족이시다. 먼저 하나님 아버지를 구하라. 모든 일에 평안이 찾아오고, 모든 문제는 주의 뜻대로 해결될 것이다.

이처럼 기독교의 기도는 나로부터가 아닌 하나님께로부터 시작된다. 이 깨달음에서 이런 고백이 나오는 것이다. "한때는 축복만을 원했으나 이제는 주님을 원합니다. 한때는 그분의 선물만을 원했으나 이제는 주님 자신을 원합니다."

하늘에 계신 우리 아버지

주기도는 간결하다. 내용이 단순하고 분량도 짧다. 영어로는 66단어, 한글로는 50단어 밖에 되질 않는다. 그런데 놀랍게도 이 주기도 안에 모든 것이 다 들어있다. 하나님의 나라, 하나님의 뜻, 일용할 양식, 사죄, 용서, 보호, 구원, 감사, 찬양, 영광, 확신 등 신앙생활에 필요한 모든 것이 담겨있는 것이다. 주기도는 이렇게 시작한다. "하늘에 계신 우리 아버지." 이는 기도의 대상이 누구인지를 먼저 천명하는 것이다. 우리의 기도를 받으실 하늘에 계신 아버지는 어떤 분이신가?

첫째로 전능하신 창조주 아버지이시다. 우리가 고백하는 "하늘에 계신"은 장소적인 개념이 아니다. 이는 제한적이고 유한한 땅의 반대 개념으로 우리의 아버지 하나님께서 전능하신 창조주이심을 의미한다.

사도신경에서도 살펴보았듯이 전능하신 창조주 하나님께서는 최소한 세 가지 신적 특성을 내포하고 계신다. 곧 언제나 스스로 존재하시며 영원히 살아계시고(영원성), 천지를 창조하신 능력으로 능치 못할 일이 없으시고(전능성), 거룩하신 뜻에 따라 이 땅에 평강과 희락의 하나님 나라를 세우고 완성하시는 것이다(거룩성).

그러므로 세상의 어떤 세력이나 권세도 우리의 아버지 하나님을 당할 수 없다. 이 하나님께서 지금도 살아계셔서 우리 아버지가 되시기에 그 어떤 음부의 권세도 우리를 침몰치 못하는 것이다. "야곱아 너를 창조하신 여호와께서 지금 말씀하시느니라 이스라엘아 너를 지으신 이가 말씀하시느니라 너는 두려워하지 말라 내가 너를 구속하였고 내가 너를 지명하여 불렀나니 너는 내 것이라 네가 물 가운데로 지날 때에 내가 너와 함께 할 것이라 강을 건널 때에 물이 너를 침몰하지 못할 것이며 네가 불 가운데로 지날 때에 타지도 아니할 것이요 불꽃이 너를 사르지도 못하리니"(사 43:1-2, 참조 사 45:1-3, 고전 15:55,57)

둘째로 나의 아버지이시다. 전능하신 창조주 하나님이 어떻게 나의 아버지가 될 수 있을까? 이는 예수를 나의 주 그리스도로 믿고 영접할 때 주어지는 은혜이다. "영접하는 자 곧 그 이름을 믿는 자들에게는 하나님의 자녀가 되는 권세를 주셨으니"(요 1:12, 참조 롬 8:15) 예수 그리스도를 믿고 영접할 때 내 안에 그리스도의 영 성령이 임하여 전능하신 창조주 하나님을 향해 "아바 아버지"라 부르게 된다. 이 얼마나 놀라운 신비인가!

이제 전능하신 창조주 하나님께서 나의 아버지가 되셨으니 어려울 것도, 두려울 것도, 부족할 것도 없다(마 7:11). 언제든 예수 이름으로, 믿음으로, 주 뜻대로 구하기만 하면 가장 선하고 좋은 것을 아버지께서 풍성히 채우실 것이다(요일 4:14-15).

그러므로 하나님 자녀는 더 이상 염려 근심하지 말아야 한다. 이는 하나님을 나의 아버지로 신뢰하지 않는 불신앙이다. 염려나 근심거리가 있을 때마다 은혜의 보좌 앞에 담대히 나아가라. 나의 아버지 하나님께 기도하면 그 자녀를 가장 적절하게 돌보시고(마 6:26-34) 풍성케 하실 것이다. "너희 염려를 다 주께 맡기라 이는 그가 너희를 돌보심이라"(벧전 5:7)

셋째로 거룩하신 아버지이시다. 하나님께서 하늘에 계신다는 것은 그분의 전능함만이 아니라 그분의 거룩함 또한 보여주는 표현이다. 곧 죄악된 세상과는 구별된 거룩하고 온전하신 분이심을 뜻하는 것이다.

그런 하나님을 아버지로 부르는 자들은 아바 아버지 하나님을 더욱 알아가고 닮아가기 위해 힘써야 한다. 자녀로서 하나님 아버지와 더 친밀하길 원하고, 아버지의 뜻을 알길 원하고, 아버지의 뜻을 이루길 원하고, 무엇보다 아버지의 거룩한 성품을 닮아가야 한다.

자녀는 부모를 닮는다. 우리는 무엇에든지 경건하고 참되고 사랑받을 만하고 칭찬받을 만하여 하나님을 영화롭게 하는 거룩한 자녀로 살아가야 한다. "모든 사람과 더불어 화평함과 거룩함을 따르라 이것이 없이는 아무도 주를 보지 못하리라"(히 12:14)

넷째로 모든 사람의 아버지이시다. 예수를 그리스도로 믿어 구원받은 사람들은 모두 하나님의 자녀이다. 하나님의 자녀에게는 두 가지 과제가 주어진다. 하나는 함께 믿는 형제자매들과 사랑의 관계를 맺는 것이고, 다른 하나는 믿지 않는 이들을 아버지께로 돌이키는 것이다.

먼저 믿는 형제들과 사랑의 관계를 맺어야 한다. 사람은 저마다 형편과 처지가 다르다. 나아가 각자 가진 신앙의 노선도 다르다. 그러나 우리는 한 그리스도 안에서, 한 아버지를 모시고, 한 성령으로 말미암아, 한 그리스도의 몸(교회)을 통하여, 한 하나님 나라를 세워가는 사람들이다.

그러므로 한 지체로서 서로를 소중히 여기며 존중하고 사랑해야 한다. 영국의 목회자 리처드 백스터(Richard Baxter)는 성도의 하나 됨을 위하여 이런 교훈을 전해준다. "본질적인 복음에는 일치를, 비본질적인 복음 외의 것은 자유를, 모든 것에는 사랑으로."

다른 하나는 믿지 않는 이들을 아버지께로 돌이켜야 한다. 불신자들은 아버지께서 잃어버린 사람들, 애타는 마음으로 기다리는 사람들이다. 이들이 예수 그리스도를 믿고 하나님을 아버지로 모시는 날이 속히 오도록 먼저 믿은 우리가 하나님 자녀답게 모든 것에 선함과 평안과 기쁨으로 살아야 하는 것이다. "하나님은 모든 사람이 구원을 받으며 진리를 아는 데에 이르기를 원하시느니라"(딤전 2:4)

하나님을 우리 아버지로

독일 유학 시절 나는 모든 것이 궁핍했고, 누구 하나 도와줄 손길이 없었다. 당시 내가 학교에 나가고 아내가 일하러 가려면 누군가가 낮 동안 어린 자녀 셋을 돌봐주어야 했다. 그러나 머나먼 이국땅에서 생면부지의 우리를 도와 줄 사람은 없었다. 오직 하나님만이 도움이요, 피난처이셨다.

우리 부부는 아침저녁으로 하나님 아버지를 부르며 간절히 기도했다.

그때 인근 독일 교회에서 우리의 어려운 소식을 듣고 남선교회 멤버들이 달려왔다. 그들이 주 안에서 한 형제 된 우리를 경제적으로 지원하며 자녀들을 돌봐주었고, 어려운 난관을 극복할 수 있게 해주었다. 그때 나는 독일 교회를 통하여 하나님이 나의 하나님일 뿐 아니라 우리의 아버지 되심을 생생히 경험할 수 있었다.

만일 하나님의 자녀라면 우리도 누군가에게, 이 땅에서 신음하고 아파하는 이들에게 이 자녀 됨을 나누어야 하지 않을까? 나의 하나님을 넘어 우리의 하나님이 될 수 있도록 해야 하지 않을까? "이같이 너희 빛이 사람 앞에 비치게 하여 그들로 너희 착한 행실을 보고 하늘에 계신 너희 아버지께 영광을 돌리게 하라"(마 5:16)

하나님은 하늘에 계신 우리의 아버지이시다. 그분은 전능하신 창조주이시다. 거룩하신 아버지이시다. 모든 사람의 아버지이시다. 그리고 나의 아버지이시다. 이 얼마나 놀라운 은혜인가? 이제 무엇이든 두려워하지 말라. 근심하지 말라. 이 하나님 아버지께서 세상 끝날까지 함께하시며 세밀하게 돌보실 것이다. 이 자상한 돌봄은 글로 다 표현할 수 없다. 그저 이렇게 고백할 뿐이다. "하나님은 참 좋으신 우리 하나님 아버지이시다!"

뿐만 아니라 그분의 자녀라고 한다면 그에 합당한 모습으로 살라. 거룩하고 선하신 아버지를 닮아가라. 온 세상 모두가 다 하나님 아버지를 믿고 부를 수 있도록 주 예수 그리스도 다시 오시는 날까지 빛의 자녀로 살라. 하나님께서는 나와 우리의 아버지이시며, 세상의 모든 잃어버린 자들을 오늘도 기다리시는 사랑 많으신 아버지이시다.

"아버지께서는 주님의 자녀인 당신에게 관심이 많다."_오스왈드 챔버스

전능하신 창조주 하나님
본질상 진노의 자녀인 우리를 구원하시고
친밀한 아바 아버지가 되어주심에
감사와 찬양을 올려드립니다.

주께서 아버지이시니 나는 두렵지 않습니다.
부족하지 않습니다.
염려하지 않습니다.
아버지께서 언제든 선하고 복되게 인도하심을 믿습니다.

하나님 아버지,
내게 은혜를 주사 하나님을 더 알게 하시고
아버지를 닮은 성품으로 무엇에든 선하고 의롭고 진실하게 행하여
하나님을 영화롭게 하는 거룩한 자녀로 살게 하소서.

하늘에 계신 우리 아버지여,
자녀들을 성령 안에서 하나 되게 하시고,
이 땅 모든 자들이 하나님을 아버지로 부르는
그날이 속히 오도록 우리를 빛의 자녀로 사용하여 주소서.

예수님의 이름으로 기도합니다. 아멘.

3

놀라운 그 이름으로 인한 행복

"아버지의 이름을 거룩하게 하시며"

이름은 중요하다. 그 대상의 존재, 의미, 인격, 관계가 모두 이름으로 부터 시작되기 때문이다. 이름으로 우리는 서로를 알게 되고, 이름으로 서로의 교제가 시작되고, 이름으로 서로의 사귐을 쌓아가고, 이름을 기억하고 높임으로 서로를 존중한다. 이름을 부름으로 나와 너, 서로의 만남이 이어지는 것이다. 이 이름의 중요성을 시인 김춘수는 이렇게 표현한다.

내가 그의 이름을 불러 주기 전에는

그는 다만

하나의 몸짓에 지나지 않았다.

내가 그의 이름을 불러 주었을 때

그는 나에게로 와서

꽃이 되었다.

쉬지 않는 기도

261

내가 그의 이름을 불러 준 것처럼

나의 이 빛깔과 향기에 알맞은

누가 나의 이름을 불러다오.

하나님께서는 우리가 형질로 만들어지기 전부터 우리를 아셨고(시 139:16), 죄인 된 우리를 찾아오셨고, 우리의 이름을 불러 주셨다(시 147:4, 사 43:1). 그리고 하나님 자신의 이름을 친히 우리에게 계시하셨다. 그리하여 그 이름으로 하나님을 부르고, 하나님을 알고, 하나님께 나아가 구원을 얻게 하셨다.

성경에는 하나님을 부르는 수많은 이름들이 나온다. 그 이름들의 절정에 예수(마 1:21) 임마누엘(마 1:23) 그리스도(마 1:18)가 있다. 예수는 인간적인 호칭으로 그 뜻은 '구원'이다. 임마누엘은 신적인 호칭으로 그 뜻은 '하나님이 우리와 함께하시다'이다. 그리스도는 직분적인 호칭으로 그 뜻은 '기름부음을 받은 자'이다. 그런데 이 세 이름이 하나님의 독생자 안에서 하나가 되다니 참으로 신비하다. 진정 예수는 임마누엘(우리와 함께하시는 하나님)이시고, 임마누엘이시니 그리스도(기름부음 받은 구원자)이시다. 그 이름의 뜻을 새기며 이렇게 고백해보자.

"예수는 임마누엘이시고, 임마누엘은 그리스도이시다."

예수 임마누엘 그리스도, 오늘 우리는 이 이름으로 하나님의 사랑을 알게 되었다. 이 이름을 믿음으로 죄 사함 받고 의로운 하나님 자녀가 되었다. 이 이름으로 하나님과 사귐을 누리며, 이 이름으로 기도하고, 이 이름으로 신령한 복을 받아 풍성한 삶을 산다. 그야말로 이 세상 가장 존귀하고 보배로운 놀라운 이름인 것이다.

그러므로 우리는 하나님의 이름이 높임 받고 영광스럽게 여겨지도록 온 마음과 힘을 다해 힘써야 한다. 마치 온 천하 만물 중에 하나밖에 없는 최고의 보화요 성물을 소유한 것처럼 하나님의 이름이 소중하고 거룩하게 여겨지도록 힘을 다해야 하는 것이다. "왕이신 나의 하나님이여 내가 주를 높이고 영원히 주의 이름을 송축하리이다 내가 날마다 주를 송축하며 영원히 주의 이름을 송축하리이다"(시 145:1-2)

아버지의 이름을 거룩하게

예수님께서 제자들에게 가르치신 하나님을 향한 첫 번째 간구는 "아버지의 이름을 거룩하게 하시며"이다. 거룩은 영광과 관련이 깊다. 하나님께서는 거룩하시며, 그 거룩함을 통해 영광을 나타내시기 때문이다. 그래서 예수님은 "아버지여, 아버지의 이름을 영광스럽게 하옵소서"(요 12:28)라고도 기도하셨다. 그렇다면 아버지의 이름은 어떻게 거룩히 여김을 받고 영광스럽게 되는가?

첫째로 전심으로 하나님을 예배해야 한다. 하나님께서 사람을 지으시고 구원하신 목적은 우리의 찬송과 예배를 받으시기 위함이다(사 43:21). 예배는 하나님을 가장 존귀히 여기고, 영광스럽게 높여드리는 행위이다. 오늘도 하나님께서는 진실로 예배하는 자들을 찾으시며, 예배로 자신을 존귀히 여기는 자를 존귀히 여기시며 하늘의 신령한 복을 베푸신다.

"사람의 제일 되는 목적은 하나님을 영화롭게 하는 것과 영원토록 그

를 즐거워하는 것이다."_웨스트민스터 교리문답 제1문

그러므로 우리는 다른 무엇보다 예배자가 되길 소망해야 한다. 하나님은 우리를 먼저 예배자로 부르시고 그 다음 일꾼으로 사용하신다. 이 순서가 바뀌지 않아야 한다. 하나님께서 가장 기뻐하시는 것은 그의 자녀들이 하나님께 예배하는 것이다. 무엇이든 예배가 우선이다. 예배에 성공해야 한다. 날마다 주일마다 영과 진리로 예배드리는 것이 하나님의 이름을 가장 거룩히 여기고 영광스럽게 하는 것이다.

둘째로 그리스도의 교회를 세워야 한다. 교회는 그리스도의 몸이다(엡 1:23). 즉 그리스도의 실존을 경험하는 신앙 공동체요, 그리스도의 뜻을 이루는 사명 공동체요, 그리스도의 충만을 누리는 축복 공동체인 것이다. 오직 교회에서만 우리는 살아계신 하나님을 경험하고, 죽어가는 영혼들이 살아나며, 결코 잃어버리지 않는 영원한 복을 받아 누릴 수 있다.

그래서 제네바를 거룩한 도시로 세우고자 했던 칼빈은 교회 세움의 중요성을 이렇게 강조했다. "너희가 이 나라를 세우려면 먼저 그리스도가 계신 교회부터 세워라." 교회가 바로 서야 그 공동체가 속한 나라도 민족도 역사도 바로 설 수 있다.

그러므로 무엇보다 먼저 하나님이 기뻐하는 바로 그 교회, 세상의 희망이 되는 바로 그 교회, 우리가 대를 이어 복 받는 바로 그 교회를 힘써 세워 가라. "하나님을 찬미하며 또 온 백성에게 칭송을 받으니 주께서 구원 받는 사람을 날마다 더하게 하시니라"(행 2:47)

셋째로 하나님의 자녀로 거룩하게 살아야 한다. 그리스도인은 세상에 살지만(in the world) 세상에 속하지 않았다(not in the world). 그들은 세상으로

부터 부름 받아(out of the world) 다시 세상으로 파송되는(into the world) 구별된 사람들이다.

그리스도인이란 말 자체가 그리스도를 따르는 사람들, 곧 예수를 나의 주 그리스도로 삼아 무엇에든지 그리스도처럼 행하는 사람을 가리킨다. 성경은 우리를 "그리스도의 향기"(고후 2:15)라고 이야기한다. 언제 어디서나 그리스도의 제자로서 거룩하게 살아야 한다는 것이다. 무엇에든지 참되고, 경건하고, 의롭고, 정결하고, 사랑받을 만하고, 칭찬받을 만하게 살아가는 것이다.

뿐만 아니라 이런 저런 고난을 당할 때도 예수 임마누엘 그리스도의 이름으로 항상 기뻐하고 쉬지 않고 기도하며 범사에 감사하고 선으로 악을 이기며 살아감으로 하나님의 이름을 높이는 것이다. 이와 같은 하나님 자녀의 거룩한 삶을 작가 이승우는 이렇게 표현했다. "만일에 우리가 향나무처럼 우리를 치는 도끼날에조차 향을 뿌려, 그 흉기를 향기로 바꿀 수 있다면, 아, 그럴 수만 있다면."

언제 어디서나 그리스도인

피아노의 거인으로 불리는 쇼팽(Fryderyk Chopin)은 인생이 불행한 사람이었다. 전쟁통에 조국 폴란드를 떠나 파리에서 일생을 고독하게 보냈다. 또 폐결핵이 심해 항상 죽음의 두려움 가운데 살았다.

하루는 파티가 열렸는데 친구들이 그를 놀래켜주려고 방의 불을 끄고 보자기를 쓴 채 괴상하고 음산한 소리를 냈다. 그는 놀라서 잠시 멈칫하더니 금세 침착하게 피아노 앞에 앉아 그 방의 분위기를 즉흥으로 연주했다.

이 곡이 바로 그 유명한 '장송 행진곡'이다. 그는 상황이 어떠하든 음악가로서 언제 어디서나 작곡을 할 수 있는 사람이었던 것이다.

하나님께서는 우리에게 새 이름을 주셨다. 성도요 그리스도인이라는 이름이다. 그렇다면 우리는 상황이 어떠하든 언제 어디서나 그 이름에 합당하게 살아야 한다. 하나님의 이름을 거룩히 여기는 삶을 보여주어야 한다. 기쁠 때나, 슬플 때나, 인생의 대로를 거닐 때나, 사망의 음침한 골짜기를 지날 때나, 어떠한 형편에도 오직 하나님의 이름만을 영화롭게 하는 삶을 살아야 하는 것이다.

어떻게 그 이름을 높여 드릴 것인가? 전심으로 하나님을 예배하라. 그리스도의 교회를 세워라. 하나님의 자녀로 거룩하게 살아라. 이같은 거룩한 삶을 통하여 주의 이름은 거룩하게 되고, 하나님께 영광이 돌려지며, 온 세상은 주님의 살아계심을 보게 될 것이다.

"만일 누가 말하려면 하나님의 말씀을 하는 것 같이 하고 누가 봉사하려면 하나님이 공급하시는 힘으로 하는 것 같이 하라 이는 범사에 예수 그리스도로 말미암아 하나님이 영광을 받으시게 하려 함이니 그에게 영광과 권능이 세세에 무궁하도록 있느니라 아멘"(벧전 4:11)

제 3 일 밤 의 기 도

하나님 아버지,
예수 놀라운 그 이름을 계시해 주셔서
그 이름으로 우리가 하나님을 알고 구원을 얻어
하나님 자녀로 풍성한 삶을 살게 하시니 감사합니다.

거룩하신 하나님 아버지,
나로 인해 주의 이름이 거룩해지기 원합니다.
언제나 먼저 예배드림으로 주의 이름이 거룩해지기 원합니다.
그리스도의 교회가 세워지므로 주의 이름이 거룩해지기 원합니다.
우리의 거룩한 삶을 통하여 주의 이름이 거룩해지기 원합니다.

언제 어디서나 무엇에든지 사랑받는 자, 칭찬받는 자로 살아
나로 인하여 주의 나라 주의 뜻이 이루어지며
주의 이름이 높임 받기를 원합니다.
세세무궁토록 주님의 이름만 영광을 받으소서.

예수님의 이름으로 기도합니다. 아멘.

4

하나님 나라가 이루어지는 행복

"아버지의 나라가 오게 하시며"

언젠가 프랑스 영화 〈로베로 장군〉을 본 적이 있다. 작중에는 나치에 저항하던 프랑스 레지스탕스들이 붙잡혀 처형을 당하는 장면이 나온다. 잡혀온 한 프랑스 젊은이가 처형을 앞두고 몹시 억울해 하며 자신을 변호한다. "나는 평범한 시민일 뿐이오. 나는 정말 아무것도 하지 않았소. 결코 저항 운동을 한 적이 없단 말이오."

그러자 옆에서 이를 듣고 있던 한 레지스탕스가 그에게 엄하게 말했다. "전쟁이 5년이나 되었소. 그동안 우리 프랑스인들이 수많은 피를 흘렸고, 수많은 도시들이 파괴되었소. 지금 조국은 멸망 직전에 놓여 있소. 그런데도 당신은 아무 일도 하지 않았단 말이오? 당신이 아무 일도 하지 않았다는 것, 그것이 바로 당신이 죽어야 할 이유요."

오늘 우리가 살고 있는 이 땅의 현실을 보라. 곳곳에서 눈물짓고 고통당하는 이들의 탄식 소리가 들려온다. 불의와 부정, 탐욕과 음란, 비리와 거짓, 분열과 싸움, 악의와 악독이 난무하는 세상, 그야말로 하나님 나라를 빼앗긴 채 우리는 살아가고 있다.

이런 비인간화의 현실 속에서 그리스도인으로서 우리는 무엇을 하였는가? 혹시 나는 아무 책임이 없다며 핑계를 대고 있지는 않은가? 아무 일도 하지 않았다는 것, 그것이 바로 하나님께서 우리를 심판하실 이유가 될지도 모른다. "악하고 게으른 종아 (중략) 이 무익한 종을 바깥 어두운 데로 내쫓으라 거기서 슬피 울며 이를 갈리라 하니라"(마 25:26,30)

사명이란 무엇인가? 그것은 인생의 목적이요, 살아야 할 이유요, 필생의 과업이다. 나에게는 이 사명이 있는가? 만일 사명이 없다면 살아도 사는 것이 아니다. 사명을 모르면 사람답게 사는 것이 아니다. 사명이 불분명하면 성공해도 불만이요 불안이요 허무일 뿐이다.

하나님께서는 우리를 그리스도인으로 택하시고 필생의 사명을 주셨다. 그것이 바로 하나님 나라이다. 하나님 나라는 창세 전에 세운 하나님 아버지의 계획이고, 성경 전반에 흐르는 핵심적인 주제이며, 교회의 위대한 사명이고, 모든 그리스도인의 영원한 비전이다. 어떤 직종, 어떤 직위, 어떤 환경에 있든지 그리스도인이라면 누구나 하나님 나라를 소망하며 이 땅에 이루어가야 하는 것이다.

하나님 나라는 예수님께서 세상에 오신 목적이기도 하다. 그래서 주께서 공생애를 시작하시면서 가장 먼저 선포하신 말씀이 하나님 나라에 관한 것이었다. "회개하라 천국이 가까이 왔느니라"(마 3:2) 뿐만 아니라 예수님은 우리 인생 제일의 사명도 이 하나님 나라에 있음을 분명히 말씀하셨다. "그런즉 너희는 먼저 그의 나라와 그의 의를 구하라 그리하면 이 모든 것을 너희에게 더하시리라"(마 6:33)

나라가 오게 하시며

예수님께서는 우리에게 하나님의 나라가 임하기를 기도하라고 말씀하신다. "아버지의 나라가 오게 하시며." 그렇다면 아버지의 나라, 곧 천국은 어떻게 우리에게 임하게 되는가?

첫째로 하나님의 주권이 이루어질 때 하나님 나라가 이루어진다. 나라를 구성하는 세 가지 요소는 영토, 백성, 주권이다. 이 중에 가장 중요한 것이 주권이다. 아무리 영토가 있고 백성이 있어도 주권이 없으면 나라가 아니다. 누군가에게 나라를 빼앗긴 것이다. 무엇보다 다스릴 수 있는 권한, 곧 주권이 있어야 나라도 든든히 서는 것이다.

하나님 나라는 그 누구보다 하나님의 주권이 온전히 이루어지는 나라이다. 이 하나님의 나라는 먼저 내 안에 이루어진다. 예수님을 나의 주 그리스도로 믿고, 성령으로 말미암아 하나님의 다스림을 받을 때 내 안에 하나님의 주권이 서는 것이다. "예수께서 대답하여 이르시되 하나님의 나라는 볼 수 있게 임하는 것이 아니요 또 여기 있다 저기 있다고도 못하리니 하나님의 나라는 너희 안(in your heart, among yours)에 있느니라"(눅 17:20-21)

또한 우리가 서로를 사랑하고 존중하는 인격적인 공동체를 실현할 때 너와 나 우리 관계 안에 하나님 나라가 이루어진다. 그리하여 하나님의 평안, 정의, 기쁨이 넘치는 공동체가 이루어지는 것이다. "하나님의 나라는 먹는 것과 마시는 것이 아니요 오직 성령 안에 있는 의와 평강과 희락이라"(롬 14:17)

우리의 삶 가운데서 하나님의 주권을 상실하면 그만큼 하나님의 나라도 잃어버리게 된다. 그래서 우리는 하나님의 주권을 빼앗기지 않도록 언제 어디서든 무엇에든지 신앙을 고백해야 한다. "예수는 나의 주 그리스도 하나님이십니다." 이렇게 신앙이 고백되고 그것이 실현되는 자리에 하나님 나라는 이루어진다.

"할렐루야 찬양하세 내 모든 죄 사함 받고 주 예수와 동행하니 그 어디나 하늘 나라"(찬 438장)

둘째로 복음이 땅끝까지 증거 될 때 하나님 나라가 이루어진다. 하나님 나라는 예수 그리스도를 통해서 우리에게 주어지는 은혜이다. 따라서 예수가 증거 되고, 예수를 믿는 자들이 늘어나고, 예수의 제자들이 삶의 증인으로 살아갈 때 그곳에 하나님 나라가 이루어진다. "오직 성령이 너희에게 임하시면 너희가 권능을 받고 예루살렘과 온 유대와 사마리아와 땅끝까지 이르러 내 증인이 되리라 하시니라"(행 1:8)

크리스천의 목적은 증인(순교자) 되는 것이다. 우리가 행하는 모든 수고와 과업은 궁극적으로 땅끝까지 증인의 사명을 감당하기 위함이다. 이 일을 위하여 때로는 지역과 문화와 장벽을 넘어야 하기에 우리의 능력만으로는 벅차다. 그래서 하나님께서는 예수 그리스도의 증인으로 살아가려는 자들에게 특별한 실력과 능력과 권능과 축복을 베풀어 주신다.

"하나님 아버지여, 땅 끝까지 이르러 증인되기 원합니다. 온 땅에 하나님 나라가 이루어지도록 나를 축복하시고 사용해주소서. 오늘 지금 여기에서 작은 것부터 헌신하겠으니 나를 증인으로 사용하소서."

셋째로 예수 그리스도의 재림으로 하나님 나라가 이루어진다. 예수님께서 다시 오시는 날 하늘로부터 새 하늘과 새 땅이 내려와서 하나님 나라가 완성된다. 이때 우리는 하나님 나라를 이 땅에 세우는 일에 어떻게 헌신하였는지, 어떻게 이 사명을 감당했는지를 두고 심판받게 될 것이다. 착하고 신실한 종이었는지, 악하고 게으른 종이었는지 다 드러나게 되는 것이다.

당신은 어떤 종인가? 당장 내가 어떤 종인지 스스로 진단해볼 수 있다. 다음의 간구에 기쁨으로 '아멘'하면 착하고 신실한 종이다. 그러나 '노(no)멘'하면 악하고 게으른 종이다.

"마라나타, 주 예수여 어서 오시옵소서. 아멘."

그대 사랑으로 나를 불사를 수 있다면

하나님 나라는 이미 예수 그리스도를 통하여 이 땅에서 시작되었다. 그러나 아직 완성되지는 않았다. 부활 승천하신 그리스도께서 다시 오시는 날에 새 하늘 새 땅의 하나님 나라는 이루어지게 될 것이다.

하나님 나라는 이미와 아직 사이에 있다. 이 둘 사이에서 우리는 이 땅 곳곳에 잃어버린 하나님 나라를 세워가야 한다. 이것이 우리 인생 제일의 사명이다. 내가 살고 있는 곳에서부터 시작해서 전파되고 확장되어 땅 끝까지 이르러 하나님 나라를 세워가는 것이다. 이것이 크리스천의 존재 목적이요, 필생의 사명이다.

"내가 달려갈 길과 주 예수께 받은 사명 곧 하나님의 은혜의 복음을 증언하는 일을 마치려 함에는 나의 생명조차 조금도 귀한 것으로 여기지 아니하노라"(행 20:24)

사도 바울은 이 사명을 위하여 자신의 생명조차 아낌없이 바칠 수 있다고 말한다. 그렇다면 다시 처음의 질문으로 돌아가자. 나에게는 분명한 사명이 있는가? 그 사명을 감당할 믿음과 헌신이 있는가? 사명은 부담인 동시에 행복이다. 쓰임 받는 행복, 드려지는 행복, 채워지는 행복, 되어지는 행복을 날마다 경험하기 때문이다. 그러므로 이제 망설임 없이 하나님께 자신을 드려라. 세상이 알지 못하는 풍성한 하늘의 행복을 경험하게 될 것이다.

그대 사랑으로

나를 불사를 수 있다면

한 줌의 재로 스러져도

나는 행복하고 행복하겠어요.

제 4 일 밤 의 기 도

하나님 아버지,
독생자 예수께서 임마누엘로 세상에 오셔서
이 땅에 하나님 나라가 임하게 하시니 감사합니다.

예수를 나의 주 그리스도로 믿고
주님의 완전한 다스림을 받아서
우리 가운데 의와 평강과 희락이 넘치는
하나님 나라가 이루어지게 하소서.

그럼에도 이 땅 곳곳은
여전히 어둠과 죄악으로 가득합니다.
주여 성령으로 권능을 받고 증인이 되어
지금 여기부터 땅끝까지 교회를 세워가며
온 땅에 하나님 나라를 비추어가도록 나를 사용하소서.

오 성령이시여, 충만히 임하시옵소서.
마라나타 주 예수여, 어서 오시옵소서.

예수님의 이름으로 기도합니다. 아멘.

5

하나님 뜻이 이루어지는 행복

"아버지의 뜻이 하늘에서와 같이
땅에서도 이루어지게 하소서"

크리스천이 인생을 살아가며 가장 궁금해 하는 것은 무엇일까? 바로 하나님의 뜻이다. 그래서 인생의 중요한 기로에 있을 때 우리는 묻는다. "하나님의 뜻은 무엇입니까? 가르쳐 주세요." 갑작스런 시련과 고난을 당할 때도 우리는 묻는다. "주님, 주의 뜻은 무엇입니까? 왜 나에게 이런 시련을 주십니까?"

그러나 하나님의 뜻은 무궁하고 창대하여 한낱 인간이 헤아릴 수 없다. 그래서 더 자주 물을 수밖에 없고, 또 오해하거나 실수하게 되는 것이 하나님의 뜻이다. 종종 보면 기도 꽤나 한다는 사람들이 하나님의 뜻을 잘못 해석하여 낭패에 빠지는 것을 본다. 때로는 하나님의 뜻을 곡해하여 하나님의 이름을 욕되게 하기도 한다. "기도해보니까 하나님이 이렇게 하라고 하셨다." 그런데 사실은 자기 관심, 자기 욕심일 뿐 하나님과 전혀 상관없는 일들도 많다. 그러므로 우리는 하나님의 뜻을 바르게 분별하고 바르게 행하여 살아가는 동안 나로 인하여 주의 뜻이 실현되고, 주의 이름이 높여지는 은혜가 있어야 한다.

"인간이 가질 수 있는 가장 위대한 지식은 하나님의 뜻을 아는 것이고, 인간이 행할 수 있는 가장 위대한 업적은 하나님의 뜻을 행하는 것이다."
_조지 트루엣(George W. Truett)

사람은 두 종류가 있다. 먼저 하나님의 뜻을 이루는 의의 도구로 쓰임 받는 사람이다. 성경의 다윗, 베드로, 바울과 같은 하나님의 신실한 일꾼들이다. 반면 하나님의 뜻을 가로막는 불의의 도구도 있다. 아간, 사울, 가룟 유다와 같은 불순종의 사람들이다.

중요한 것은 이 둘의 경계가 영원한 게 아니라는 사실이다. 불의의 도구로 살아가던 사람이 회개하고 돌이키는 경우도 있고, 의의 도구로 쓰임 받던 사람이 한 순간 불의의 도구로 전락할 수도 있다. 방금 전 신앙고백을 했던 베드로에게 예수님께서 하신 책망을 기억하는가? "사탄아 내 뒤로 물러가라 네가 하나님의 일을 생각하지 아니하고 도리어 사람의 일을 생각하는도다"(막 8:33)

우리가 하나님의 뜻이 아닌 사람의 뜻(욕심 탐욕 자랑)에 붙잡히면 그 순간 사탄의 도구가 된다. 그래서 우리는 늘 가난한 마음으로 나를 주장하지 않고 의의 도구로 쓰임 받을 수 있도록 주의 뜻을 구해야 한다(롬 6:13).

일평생 하나님의 뜻을 구하며 기도로 살았던 4세기 수도자 에바그리우스(Evagrius)는 말한다. "언제나 주님의 뜻대로 이루어지기를 간구하라. 당신의 구하는 것 모두가 항상 당신에게 선하고 유익한 것이 아닌 반면에 주님은 언제나 당신에게 선하고 유익한 것을 바라시기 때문이다."

하나님의 뜻에 대한 이해

성경에서 제시하는 궁극적인 하나님의 뜻은 하나님 나라이다. 하나님의 나라가 이 땅에 이루어지는 것, 그것이 가장 위대한 하나님의 뜻이다.

이 뜻을 이루기 위해 하나님께서 예수로 성육신하셔서 세상에 오셨다. 이 뜻을 이루기 위해 예수께서 십자가에 죽으시고, 부활하시고, 승천하시고, 하나님 보좌 우편에서 앉아 계시다가 다시 재림하신다. 이 뜻을 이루기 위해 예수께서 성령을 보내셔서 우리의 삶 가운데 동행하신다.

얼핏 보면 세상의 주관자들이 역사를 이끌어가는 것 같지만, 사실은 성령 하나님께서 인간의 모든 폐해와 악행 속에서도 이 하나님의 뜻을 이루기 위해 신실하게 일하고 계신다. 그래서 예수님께서는 우리에게 "아버지의 뜻이 하늘에서와 같이 땅에서도 이루어지도록" 기도하라고 말씀하셨다. 왜냐하면 성령님을 통하여 이 땅에서 아버지의 뜻이 이루어져 갈 때 하나님의 나라도 임하기 때문이다.

그렇다면 구체적으로 어떤 아버지의 뜻이 이루어져야 하는가? 성경은 우리에게 다섯 가지 하나님의 뜻을 계시하고 있다.

하나, 모든 사람이 구원받는 것(요 6:39-40)

둘, 거룩하게 사는 것(살전 4:3-4)

셋, 쉬지 않고 기도하는 것(살전 5:16-18)

넷, 성령의 충만을 받는 것(엡 5:17-18)

다섯, 선을 행하며 고난 받는 것(벧전 3:17)

아마도 크리스천이라면 이 다섯 가지를 몰랐다고 할 사람은 없을 것이다. 이것들은 이미 우리가 충분히 알고 있는 하나님의 뜻이다. 다만 그것에 충실하지 못했을 뿐이다. 많은 크리스천이 이미 알고 있는 하나님의 뜻에 순종하지 않으면서 모르는 하나님의 뜻만 붙잡고 씨름하곤 한다. 그것은 어리석은 일이요, 하나님의 뜻을 가리는 일이다.

그러므로 하나님을 뜻을 구하는 이들이 먼저 가져야 할 것은 순종의 자세이다. 매일의 일상에서 이미 알고 있는 하나님의 뜻에 순종하며 살라. 그러면 하나님께서 모르는 뜻까지도 알려주시며 인도하실 것이다. 때로는 도저히 납득할 수 없는 하나님의 뜻일지라도 예수님처럼 자신을 비우고 낮추고 복종하라.

일반적으로 권위자의 뜻 앞에 취할 수 있는 태도는 다섯 가지가 있다. 하나, 반역이다. 내 안의 탐욕에 이끌려 그분의 뜻보다는 자기 야망을 수단과 방법을 가리지 않고 이루는 것이다. 둘, 불복이다. 자신의 야망과 생각에 반하기에 그분의 뜻을 거부하는 것이다. 셋, 굴복이다. 내 맘과는 다르지만 마지못해 억지로 그분의 뜻에 따르는 것이다. 넷, 순종이다. 그분의 뜻을 알고 기꺼이 따르며 행하는 것이다. 다섯, 복종이다. 그 뜻을 다 알지 못하지만 그분을 신뢰하며 즐겁게 행하는 것이다. 반역, 불복, 굴복, 순종, 복종, 이중에서 당신은 주님 앞에 어떤 태도를 취하고 있는가?

이삭은 아버지 아브라함의 뜻을 다 알지 못했지만 기꺼이 그 뜻에 따라 번제단의 제물이 되어 복종했다. 그러자 어려운 중에도 농사를 지으면 백배가 열리는 복을 누리는 믿음의 조상이 되었다. 동정녀 마리아는 천사로부터 성령으로 아기를 잉태할 것이라는 황당한 소식을 들었지만 기꺼이 "주의 여종이오니 말씀대로 내게 이루어지이다"(눅 1:38)라며 복종했다.

그러자 이 세상 가장 복된 여인으로 칭송받는 자가 되었다. 구레네 시몬은 그저 구경하다 얼떨결에 예수님의 십자가를 대신 지게 되었다. 그는 억지로 굴복하였지만, 그것만으로도 복을 받아 대를 이어가는 믿음의 가문을 이루었다. 당신은 하나님의 뜻 앞에 어떤 태도를 취하고 있는가? 어떤 경우에도 반역하거나 불복하지 말라. 정 안되면 굴복이라도 하라.

재차 강조하지만 이 모든 것은 내 힘으로 되는 것이 아니다. 순종과 복종은 내가 아니라 내 안의 성령께서 일하실 때 가능하다. 매일 십자가 앞에 서는 수밖에는 다른 방법이 없다. 하늘 보좌를 버리고 인간의 몸으로 세상에 오신 우리 주 예수 그리스도를 바라보라. 십자가에 죽기까지 복종하신 그리스도 앞에 무릎을 꿇어라. 나는 죽고 내 안에 거하시는 그리스도의 영 성령께서 내 안에 순종의 마음, 복종의 마음을 주실 때까지 엎드리는 것이다.

아버지의 뜻 다 알 수 없지만

오래 전 성지순례에 참여하여 예루살렘의 겟세마네를 걸은 적이 있다. 마치 예수님께서 기도하셨을 것 같은 넓적한 바위 근처에 이르렀을 때, 한 올리브나무 밑에 누군가가 남겨놓은 쪽지를 보게 되었다. 거기에는 놀랍게도 이런 글이 적혀 있었다.

나 아버지의 뜻 다 알 수 없지만
한 가지 아는 것은 아버지의 뜻 선한 것이라네.
나 지금 아버지의 뜻 다 알 수 없지만

나 아버지의 뜻 기쁨으로 순종하려네.

우리는 결코 하나님의 뜻을 다 알 수 없다. 그러나 분명한 사실 두 가지가 있다. 우리를 향한 하나님의 뜻은 항상 선하다는 것과 우리에게는 성경을 통해 이미 알게 된 하나님의 뜻이 있다는 것이다.

그렇다면 이제 무엇을 해야 하는가? 선하신 주님을 신뢰하며 이미 알고 있는 하나님의 뜻에 순복하는 것이다. 오늘 다시 주님의 뜻에 순종하고 복종하기를 결단하라. 그러면 놀랍게도 나로 인해 이 땅에 하나님의 뜻이 이루어지며, 하나님 나라가 더욱 든든히 서는 은혜를 보게 될 것이다.

"내 주여 뜻대로 행하시옵소서. 내 모든 일들을 다 주께 맡기고 저 천성 향하여 고요히 가리니 살든지 죽든지 뜻대로 하소서."(찬 549장)

제
5
일
밤
의
기
도

하나님 아버지,
죽을 수밖에 없는 무지한 죄인에게
하나님을 알려 주시고 주의 뜻 구하며 살게 하시니
감사와 찬양을 올려드립니다.

아버지의 뜻이 하늘에서 이루어진 것 같이
이 땅에서도 이루어지길 원합니다.
내가 알지 못하는 하나님의 뜻을 구하기보다
이미 알고 있는 하나님의 뜻을 이루어가게 하소서.

때때로 이해할 수 없는 일을 만날지라도
하나님 아버지께서 선하신 줄 믿고
이삭처럼 마리아처럼 즐겨 순복하게 하셔서
이 땅에 주의 뜻, 하나님 나라가 온전히 이루어지게 하소서.

내 힘으로 불가하오니, 오 성령이시여
십자가 사랑을 부어주셔서
언제든 하나님의 뜻에 순종 복종하게 하소서.
살든지 죽든지 날 주관 하셔서 뜻대로 하소서.

예수님의 이름으로 기도합니다. 아멘.

6

일용할 양식이 주어지는 행복

"오늘 우리에게 일용할 양식을 주시고"

작가 김훈은 수필집 『밥벌이의 지겨움』에서 이런 인상적인 고백을 남겼다. "밥에는 대책이 없다. 한 두끼를 먹어서 되는 일이 아니라, 죽는 날까지 때가 되면 반드시 먹어야 한다. 이것이 밥이다. 이것이 진저리나는 밥이라는 것이다."

그의 이야기처럼 인생에서 가장 시급하고 절박한 문제가 있다면 그것은 밥, 양식의 문제이다. 먹는 문제가 해결되지 않으면 그 어떤 이상도 이념도 비전도 헛소리에 불과하다. 정치도 문화도 경제도 종교도 다 허공의 메아리일 뿐이다. 지금 당장 배를 채울 것이 없는데 그게 다 무슨 소용이란 말인가?

그래서 중국 고문에는 "임금은 백성을 하늘로 여기고 백성은 먹을 것을 하늘로 여긴다(王者以民人爲天, 而民人以食爲天)"는 말이 있다고 한다. 지도자는 백성을 하나님 섬기듯 귀중히 여기고, 백성의 가장 절실한 문제인 일용할 양식을 걱정하지 않도록 보살펴야 한다는 것이다. 이렇듯 인간사 가장 기본적인 문제는 양식의 문제이다. 모든 문제는 먼저 양식이 해결되고 나서야 그 다음으로 나아갈 수 있다.

일용할 양식에 대한 태도

주기도의 전반부에서 하나님을 향한 세 가지 간구(하나님의 이름, 하나님의 나라, 하나님의 뜻)를 마친 뒤, 예수님께서는 이어서 인간을 향한 기도를 가르쳐주신다. 그 첫 번째가 일용할 양식에 관한 것이다. "오늘 우리에게 일용할 양식을 주시고." 우리가 매일 구해야 할 오늘의 양식에는 네 가지 신앙적 의미가 있다.

첫째로 일용할 양식은 하나님께로부터 온다. 양식은 하나님의 은혜로 우리에게 주어진다. 물론 사람의 수고도 들어가겠지만, 그와는 비교할 수 없는 하나님의 은혜가 온 세상 자연 만물에서 작용하기에 우리는 일용할 양식을 얻을 수 있는 것이다. 그래서 한 시인은 빵을 받아들고 이렇게 노래했다.

이 빵 배후에는 방앗간이 있고,
그 배후에는 농부의 수고가 있고,
그 배후에는 미풍과 비와 해가 있고,
그 배후에는 이 땅의 비옥함이 있고,
그 배후의 하나님의 손길이 있다.

사도 야고보는 "온갖 좋은 은사와 온전한 선물이 다 위로부터 빛들의 아버지께로부터"(약 1:17) 내려오는 것이라고 말씀한다. 그러므로 우리는 일용할 양식 앞에 먼저 하나님께 감사해야 한다. 감사할 때 평안하고 만족하며 풍성을 누릴 수 있다(빌 4:18).

또한 언제나 일용할 양식으로 자족할 수 있어야 한다. 모든 것이 항상 풍족할 수는 없다. 그때마다 우리는 그리스도 안에서 자족의 비결을 배워야 한다. 자족하지 못하면 불만이 되고, 다투게 되고, 도둑질하게 되고, 빼앗게 된다. 이런 불의한 욕망은 나를 무너뜨리고, 우리를 무너뜨리고, 세상을 무너뜨리는 단초가 된다.

그래서 지혜자는 이렇게 기도한다. "곧 헛된 것과 거짓말을 내게서 멀리 하옵시며 나를 가난하게도 마옵시고 부하게도 마옵시고 오직 필요한 양식으로 나를 먹이시옵소서 혹 내가 배불러서 하나님을 모른다 여호와가 누구냐 할까 하오며 혹 내가 가난하여 도둑질하고 내 하나님의 이름을 욕되게 할까 두려워함이니이다"(잠 30:8-9)

둘째로 일용할 양식은 오늘의 '모든' 필요이다. 일용할 양식을 위한 간구가 단지 육신의 먹거리에만 그쳐서는 안 된다. 인간은 영적 존재이다. 의식주는 물론이거니와 매일매일 정신적으로, 영적으로 요청되는 모든 필요를 구해야 한다.

좋은 책, 훌륭한 스승, 소중한 만남, 행복한 가정 등은 좋은 정신적 양식이다. 그러나 정신적으로 가득 채워지고 육체적으로 필요한 모든 것이 주어졌다고 해도 우리 안에는 공허와 두려움이 여전히 자리하고 있다.

이는 영적인 양식으로 해결해야 한다. 곧 예수 그리스도와 그분의 말씀을 공급받는 것이다. 17세기 철학자 블레즈 파스칼(Blaise Pascal)은 고백했다. "사람의 마음 속에는 누구나 공허가 있다. 주께서 내 마음 속에 오셔서 나를 채울 때까지 나는 참 만족을 모르는 인생이었다."

이렇듯 생명의 떡이신 예수를 믿고 매일 주님의 말씀을 먹어야 우리는 전인적으로 만족할 수 있고 강건할 수 있는 것이다. "예수께서 이르시되 나는 생명의 떡이니 내게 오는 자는 결코 주리지 아니할 터이요 나를 믿는 자는 영원히 목마르지 아니하리라"(요 6:35)

셋째로 일용할 양식은 '오늘' 구해야 한다. 이스라엘 백성이 먹었던 만나를 기억하는가? 그들은 매일 아침 광야에 나가서 하늘로부터 내리는 오늘의 만나를 얻었다. 만일 어떤 이가 욕심으로 내일 몫까지 거둬오면 다 썩고 말았다. 또 게을러서 만나를 거둬오지 않으면 그날은 굶어야했다. 그 야말로 딱 오늘 먹을 분량의 일용할 양식이었던 것이다.

일용할 양식은 오늘 구해야 한다. 매일 먹이시고 매일 입히시는 하나님을 신뢰하며 오늘의 필요를 구하면 결코 주리지 않을 것이다. 여기서 구한다는 것은 단순히 앉아서 기도만 하는 것이 아니다. 입으로 기도할 뿐만 아니라(Ask), 눈과 발로 찾고(Seek), 손으로 두들기며(Knock) 온몸으로 구하는 것이다. 이렇게 구할 때 하나님께서는 자녀에게 각양 좋은 것으로 풍성하게 내리실 것이다.

"구하라 그리하면 너희에게 주실 것이요 찾으라 그리하면 찾아낼 것이요 문을 두드리라 그리하면 너희에게 열릴 것이니"(마 7:7)

넷째로 일용할 양식은 선교적 사명이다. 오늘의 양식을 간구하는 주체는 '나'가 아니라 '우리'이다. 즉 하나님께서 은혜로 베푸시는 양식은 나 혼자 먹는 것이 아니라 함께 나눠 먹는 것이다.

우리는 할 수 있는 대로 주위에 주린 자가 있지 않도록 살펴 섬겨야 한다. 내 배를 채울 뿐 아니라 오늘의 양식이 필요한 자들에게 그 양식을 나눠주어야 한다. 존 웨슬리는 "할 수 있는 대로 많이 벌라. 할 수 있는 대로 많이 저축하라. 할 수 있는 대로 많이 나누라"고 말했다. 그리스도인의 소유는 나누고 공유하여 함께 풍성한 세상을 만들기 위해 존재하는 것이다.

나아가 육신의 양식만이 아니라 생명의 양식인 그리스도를 나누어야 한다. 빵과 함께, 빵으로 그리스도의 사랑을 보여주면서 궁극적으로는 생명의 떡이신 그리스도의 복음을 온 세상에 전해야 한다.

"'내' 빵이란 없다. 모든 빵은 우리 것으로 내게 주어진 것이다. 나를 통해 다른 이들에게, 다른 이들을 통해 내게 주어진 것이다."_마이스터 에크하르트(Meister Eckhart)

너희가 주어라

하루는 예수님께서 갈릴리 언덕에서 말씀을 전하시다가 저녁 때가 되었다. 제자들은 듣는 무리를 걱정하며 예수님께 말했다. "벌써 저녁이 되어 사람들이 기진한데 어떻게 할까요? 마을로 보내어 먹고 오도록 할까요?" 그러자 예수님은 의외의 말씀을 하신다. "갈 것 없다. 너희가 먹을 것을 주어라."

그때 제자 중 하나인 빌립이 한 소년을 데려왔다. 소년은 떡 다섯 개와 물고기 두 마리가 담긴 도시락을 들고 있었다. 예수님께서는 그것을 받아 하늘을 우러러 감사 기도를 하셨다. 그러자 기적이 일어났다. 그 도시락 하나로 5천 명이 배불리 먹고도 열두 광주리가 남은 것이다. 이 오병이어의 주님께서 오늘도 우리에게 말씀하신다. "너희가 먹을 것을 주어라."

1988년 어느 날 한 크리스천 젊은이가 청량리 역전을 거닐다가 쓰러져 있는 할아버지를 보았다. 순간, 그의 마음에 이런 음성이 들려왔다. "나 아직 먹지 못했다. 너는 언제까지 나를 이 차가운 길바닥 위에 눕혀 놓을 작정이냐?" 이어서 "지극히 작은 자 하나에게 한 것이 곧 내게 한 것"(마 25:40)이라는 주님의 말씀이 떠올랐다.

이에 청년은 그 노인을 도왔고, 그런 이들을 꾸준히 돕기 시작했다. 그가 바로 밥퍼 목사 최일도이다. 그의 순종으로 시작된 다일공동체의 사역은 현재 전 세계 10개국 12분원으로 확장되어 수많은 영혼들의 빈곤 해결과 교육 문제에 도움을 주고 있다.

분명 성경은 이 세상에 빈곤이 그치지 않을 것이라고 말씀한다(신 15:11, 마 26:11). 그러므로 예수님께서 재림하셔서 이 세상을 완전히 통치하시기까지 인간의 힘으로 세상 양식의 문제를 완벽하게 해결할 수는 없을 것이다. 우리는 다만 오늘 내게 주어진 것으로 오늘 내 곁의 사람들과 나눌 수 있을 뿐이다. 비록 오병이어의 작은 도시락 밖에 없을지라도 바로 그것으로 함께 나누는 것이다. 그런데 바로 그 자리에 기적의 주님께서 함께하신다. 그 주님으로 인하여, 또한 우리의 작은 정성을 통하여 오늘 이 시대에도 오병이어의 기적은 계속 될 것이다.

"너희가 먹을 것을 주어라."

제6일 밤의 기도

하나님 아버지
우리를 자녀 삼으시고
날마다 일용할 양식으로 먹여주심에 감사합니다.

그러나 우리는 어리석게도
그 양식에 자족하거나 감사하지 않고 불평하며
도리어 근심하고 욕심내고 다투었으니
키리에 엘레이손, 주여 긍휼히 여기시고 용서하소서.

오, 생명의 떡이신 그리스도시여
날마다 우리를 영혼의 양식인 말씀으로 풍성케 하소서.
주어진 환경에 자족하고 범사에 감사하며
오늘 행복한 하늘의 부요자로 살게 하소서.

그리하여 주께서 내게 주신 그 은혜를
가난한 자, 소외된 이웃들과 나누게 하셔서
그날의 오병이어 기적이 오늘 이곳에 일어남을 보게 하소서.

예수님의 이름으로 기도합니다. 아멘.

7

죄를 사함받는 행복

"우리 죄를 용서하여 주시고"

사람은 어떻게 살아야 행복할까? 이 질문은 인류 역사 이래로 지금껏 계속 이어져 온 질문이다. 당신은 인생 행복의 비결을 알고 있는가?

사람이 행복하게 살기 위해서는 기본적으로 세 가지 요소를 갖추어야 한다. 자족, 평안, 거룩이다. 자족이란 주어진 하루하루에 감사하고 만족할 수 있는 넉넉한 태도이다. 평안이란 지나간 허물을 사함 받아 자유를 누리는 행복한 마음이다. 거룩이란 닥쳐올 여러 가지 시험과 환난에도 자신을 정결하게 지키는 올곧은 자세이다. 그런데 신기하게도 이 인생 행복의 해답이 모두 다 주기도에 들어 있다.

"오늘 우리에게 일용할 양식을 주시고"(자족)

"우리가 우리에게 잘못한 사람을 용서하여 준 것같이 우리 죄를 용서하여 주시고"(평안)

"우리를 시험에 빠지지 않게 하시고 악에서 구하소서"(거룩)

예수님께서는 주기도를 통하여 우리가 주 안에서 행복하게 살 수 있도록 은혜를 베푸셨다. 이 사실을 믿고, 그대로 기도하고, 그대로 살아가면 진정 사람답고 행복한 삶을 살아가게 될 것이다.

의인인 동시에 죄인

예수님께서 가르쳐주신 인간을 향한 두 번째 간구는 죄 용서의 기도이다. "우리 죄를 용서하여 주시고." 물론 우리는 예수 십자가 대속을 믿음으로 이미 죄를 용서받고 의롭다함을 얻었다(롬 3:24).

하지만 인간의 연약함과 불순종으로 인하여 여전히 매순간 죄의 유혹 속에 살아가고, 실제로 실패할 때도 많음을 솔직하게 인정해야 한다. 영적으로는 하나님 편에서 의롭다함을 받았으나 육신으로는 여전히 죄 가운데 살아가는 의인이자 죄인인 것이다. 그렇다면 우리는 어떤 죄를 저지르는 죄인인가?

먼저 하나님께서 금하신 악한 일을 행한 죄인이다. 십계명 비롯하여 하나님께서 우리에게 금하신 여러 가지 명령과 세상의 법규를 어기며 사는 것이다.

또한 하나님께서 명하신 선한 일을 하지 못한 죄인이다. 곧 오늘의 구원(빌 2:12)을 이루지 못하는 것이다. 예수 그리스도를 따라 용서하고, 사랑하고, 봉사하고, 기도하고, 복종하고, 전도하며 살아야 하는데 우리는 자주 그렇게 행하지 못한다.

나아가 마음으로 악한 것을 품은 죄인이다. 육신의 연약함으로 인하여 우리 안에는 때마다 시마다 악한 마음이 일어나곤 한다. 비록 행동으로 옮기진 않더라도 그 속에 미움, 시기, 분노, 혈기, 근심, 불만, 거짓, 탐욕, 음란 등이 가득한 것이다(마 5:28, 요일 3:15).

이런 죄들이 무서운 것은 하나님과 우리의 관계를 단절시킨다는 데 있다. 죄 가운데 있으면 심적 갈등에 빠지고(롬 7:24) 하나님과 점차 멀어진다. 하늘의 신령한 은혜와 능력을 받을 수 없는 것이다.

"여호와의 손이 짧아 구원하지 못하심도 아니요 귀가 둔하여 듣지 못하심도 아니라 오직 너희 죄악이 너희와 너희 하나님 사이를 갈라 놓았고 너희 죄가 그의 얼굴을 가리어서 너희에게서 듣지 않으시게 함이니라"(사 59:1-2)

그래서 하나님께서는 우리에게 회개를 요청하신다. 회개해야 하나님과의 관계가 회복되고, 내 안에 하나님 나라가 이루어지기 때문이다. 예수님께서는 공생애를 시작하시면서 무엇보다 먼저 사람들에게 회개를 촉구하셨다. "하나님의 나라가 가까이 왔으니 회개하고 복음을 믿으라"(막 1:15)

여기서 '가까이 왔다'는 완료형으로 이미 세상 가운데 들어왔다는 사실을 알려준다. 곧 진실로 회개하는 마음, 회개하는 자리로부터 이미 하나님 나라는 임한 것이다. 자신의 죄를 철저히 회개하고 삶을 돌이킨 삭개오에게 예수님께서 하셨던 말씀을 들어보라. "오늘 구원이 이 집에 이르렀으니 이 사람도 아브라함의 자손임이로다"(눅 19:9)

진정한 성경적 회개

그렇다면 회개는 어떻게 해야 하는가? 진정한 회개란 무엇인가?

첫째로 날마다 하나님께 죄를 자백하라. 앞서 이야기한 대로 모든 그리스도인은 십자가 대속을 믿음으로 영적 의인이 되었지만 그럼에도 여전히 육적 죄인으로 살아갈 때가 많다. 하지 말아야 할 악한 죄, 선을 행치 못한 허물의 죄, 마음에 일어나는 내적 죄 가운데 살아가는 것이다.

따라서 우리는 날마다 하나님께 나아가 자백하고 용서를 구해야 한다. 예수님께서는 목욕한 자도 발은 씻어야 한다고 말씀하셨다(요 13:10). 십자가 대속으로 원죄를 비롯하여 모든 죄에 대해 죄 사함 받고 의인이 되었을지라도 매일 저지르는 죄에 대해서는 회개해야 함을 말씀하신 것이다. 그러므로 때마다 시마다 이렇게 자백하며 하나님께 나아가라.

"오 키리에 엘레이손, 주여 나를 불쌍히 여기소서."

둘째로 회개에 합당한 열매를 맺어라. 예수 십자가 대속을 믿음으로 죄사함 받고 의인이 된 것은 말로 다할 수 없는 하나님의 은혜이다. 독생자 예수 그리스도께서 우리를 대신하여 자기 생명으로 죄값을 치르셔서 우리를 구원하신 것이다. 그러므로 주어진 은혜에 합당한 삶을 살아야 한다.

한 복음주의 활동가는 "회심의 기본적 행동은 하나님 나라, 곧 예수께서 가져온 좋은 소식을 향해 충성의 방향을 바꾸는 것"이라고 말했다. 회개는 단지 마음의 문제가 아니다. 지나간 삶의 방식을 벗어버리고 새롭게 선한 삶을 살아야 하는 것이다. 필요하다면 나의 잘못으로 고통당한 이웃에게 직접 용서를 구하고, 그 피해에 상응하는 보상도 치러야 한다(눅 19:8). 결코 입으로만 주여 주여 하는 싸구려 회개가 되어서는 안 된다. "그러므로 회개에 합당한 열매를 맺고 속으로 아브라함이 우리 조상이라 말하지 말라 내가 너희에게 이르노니 하나님이 능히 이 돌들로도 아브라함의 자손이 되게 하시리라"(눅 3:8)

셋째로 정결한 양심을 구하라. 연약한 인간의 의지만으로는 진정한 회개에 이를 수 없다. 회개를 향한 의지에 성령의 은혜가 불같이 임해야 비로소 진정한 회개가 이루어지는 것이다. 따라서 회개하는 자는 성령께서 마음에 임하실 때까지 죄에 대해 애통해하며 기다려야 한다. 그리하여 죄로부터 정결케 되는 은혜를 누릴 뿐만 아니라, 나아가 연약한 심령이 강건해져 반복되는 죄를 이기는 강한 심령이 되게 해달라고 간구해야 한다. "주께서 심지가 견고한 자를 평강하고 평강하도록 지키시리니 이는 그가 주를 신뢰함이니이다"(사 26:3)

진정한 회개의 사람은 같은 잘못을 이후에 범하지 않거나 그 빈도를 점차 줄여가게 된다. 결국 그 죄에서 완전히 벗어나 자유하게 되는 것이다. 이는 성령으로 내 속사람이 새롭게 되는 영적 수술이라 할 수 있다. 그러므로 다시 같은 죄에 빠져들지 않도록 심지가 굳은 사람, 심령이 강건한 사람으로 변화되기를 간구하라. 주께서 은혜를 주실 것이다.

"주의 구원의 즐거움을 내게 회복시켜 주시고 자원하는 심령을 주사 나를 붙드소서"(시 51:12)

한 송이 눈처럼 작은 죄라도

재미있는 우화가 있다. 추운 겨울 참새가 비둘기에게 물었다. "너, 눈 한 송이의 무게가 얼마나 되는지 아니?" 비둘기는 귀찮다는 듯 힘없이 대답한다. "그런 걸 알아서 뭐해. 별것 아니겠지 뭐." 그러자 참새는 자신의 경험을 이야기해준다.

"넌 눈 한 송이의 무게가 별것 아니라고 했는데, 내 이야기를 들어봐. 내가 어느 날 큰 나무에 앉아 노래를 하고 있는데 눈이 오기 시작했어. 아

주 조용히 내려 사뿐사뿐 쌓이기 시작했지. 나는 심심풀이로 가지에 쌓이는 눈송이를 세어 보기로 했어. 그런데 말이야 정확하게 8백 74만 1천 9백 52송이가 내려앉을 때까지는 아무 일도 없었는데, 그 다음 한 송이가 내려앉자 그만 그 큰 나뭇가지가 부러지고 말았어."

별것 아닌 한 송이의 눈이 큰 나뭇가지를 부러뜨리듯, 지극히 작아 보이는 죄가 쌓이고 쌓여 누군가의 인생이 부러지는 것을 보곤 한다. 사울, 솔로몬, 아나니아와 삽비라, 그리고 우리 주변의 어떤 사람에 이르기까지 오늘도 죄로 인하여 넘어지고 부러지는 이들이 수없이 많다.

그러므로 겸손하게 매일 자신을 살펴 하나님 앞에 죄를 자백하고 진정으로 회개해야 한다. 날마다 하나님께 자백하라. 그 회개에 합당한 열매를 맺어라. 죄를 이기는 정결한 양심을 구하라. 그리하면 비로소 평안과 자유를 누리며 날마다 죄를 이기는 행복한 인생길을 가게 될 것이다.

"죄 사함을 경험한 사람은 실로 얼마나 행복한가! 그 안전과 기쁨은 말로 다할 수 없다."_존 스토트

제 7 일 밤 의 기 도

하나님 아버지,
우리가 예수 십자가 대속을 믿음으로
죄를 용서 받고 의롭다 함을 얻어
하나님의 자녀 되게 하심을 감사합니다.

오 주 하나님,
저희는 의인인 동시에 죄인임을 고백합니다.
하지 말아야 할 계명을 범한 허물 많은 죄인입니다.
해야 할 선한 일을 하지 못한 부덕한 죄인입니다.
유혹을 이기지 못하고 반복해서 죄에 빠지는 연약한 죄인입니다.

키리에 엘레이손, 우리를 불쌍히 여기소서.
날마다 진실로 회개하게 하시며
십자가 보혈로 정결케 하사 거룩하게 살게 하소서.

오 파라클레토스 성령이시여
이제는 십자가 은혜를 힘입어
우리의 심령이 새로워지고, 믿음의 심지가 굳어져서
날마다 죄를 이기고 승리하게 하소서.

예수님의 이름으로 기도합니다. 아멘.

8

용서하고 용서받는 행복

"우리가 우리에게 잘못한 사람을
용서하여 준 것같이"

마가복음 2장에는 중풍병자와 네 동료의 이야기가 나온다. 예수님께서 어느 집에 계실 때 네 사람이 한 중풍병자를 들것에 매어 찾아왔다. 집 안팎으로 무리가 들어차 진입이 어렵자 그들은 그 집 지붕을 뚫고 중풍병자를 달아 내린다. 예수님께서는 그들의 믿음을 보시고 중풍병자를 향해 말씀하신다. "작은 자야 네 죄 사함을 받았느니라"(막 2:5)

거기서 이를 지켜보던 서기관 몇 사람은 예수님을 신성모독자로 여긴다. 그러자 예수님께서 사람들을 향해 아주 기묘한 말씀을 하신다. "네 죄 사함을 받았느니라 하는 말과 일어나 네 상을 가지고 걸어가라 하는 말 중에서 어느 것이 쉽겠느냐 그러나 인자가 땅에서 죄를 사하는 권세가 있는 줄을 너희로 알게 하려 하노라"(막 2:9-10)

이는 죄 사함의 기적이 질병에서 고침 받는 것보다 더 큰 기적이요, 중요한 사건임을 말해준다. 당신은 인생의 가장 큰 기적, 가장 큰 행복을 무엇이라 생각하는가? 큰 재물을 얻는 것인가? 죽을병에서 고침 받는 것인가? 그것은 바로 죄를 용서받는 것이다.

생각해보라. 죄를 용서받으면 더 이상 죄의 저주가 나를 덮칠 수 없다. 죄로 인한 불안에 시달릴 필요가 없다. 죄의 장벽이 허물어져 하나님과 더 가까워진다. 죄 사함으로 인하여 평안, 기쁨, 자유, 용기, 치유, 회복, 화목, 사명, 영생과 같은 하늘의 축복이 따라온다. 그야말로 죄 사함은 가장 큰 축복이요, 가장 놀라운 기적인 것이다.

놀랍게도 크리스천은 모두 다 이런 죄 사함의 은혜를 누리는 자들이다. 우리는 예수 십자가 대속을 믿고 우리의 죄를 자백하여 용서받고 의롭다함을 얻은 하나님 자녀가 되었다. 때로는 연약하여 죄에 넘어지기도 하지만, 그럼에도 날마다 회개하여 정결한 양심을 유지하고 점점 더 거룩해져 하늘에 속한 신령한 복(엡 1:3)을 누리며 살아간다. "허물의 사함을 받고 자신의 죄가 가려진 자는 복이 있도다"(시 32:1)

회개의 윤리성

예수님께서는 우리가 하나님께 회개하기 전에 먼저 해야 할 일이 있다고 말씀하신다. 그것은 남을 용서하는 일이다. "우리가 우리에게 잘못한 사람을 용서하여 준 것같이." 이는 회개의 윤리성에 관한 말씀이다. 용서받는 은혜는 용서하는 책임과 함께 간다는 것이다(마 6:14-15). "누가 누구에게 불만이 있거든 서로 용납하여 피차 용서하되 주께서 너희를 용서하신 것 같이 너희도 그리하고"(골 3:13)

그동안 살아오면서 누군가를 용서하지 못해 불행하게 사는 사람을 참 많이 만나봤다. 용서하지 않으면 그것이 미움과 원망이 되어 자신을 불행하게 만든다. 식욕이 없고, 잠도 편히 못자고, 인간관계도 비뚤어지고, 기도도 안 되고, 바른 생각도 못하고, 판단도 잘못하고, 결국 건강까지 잃게 된다. 남을 용서하지 못하면 정신은 물론 육과 영이 모두 병드는 것이다.

이렇듯 남을 용서할 줄 모르면 더 이상 하나님의 은혜가 나에게 머물지 않는다. 곧 나 자신을 위해서라도 용서해야 하는 것이다. 인생이 귀하거든, 목숨이 아깝거든 용서하라. 그렇다면 내 맘대로 되지 않는 미움과 원망을 떨쳐버리고 용서할 수 있는 방법은 무엇인가?

첫째로 자기 자신부터 살펴라. 용서의 첫 단계는 자기성찰이다. 누군가와 관계가 계속해서 악화되면 상대방이 아닌 나를 먼저 돌아보아야 한다. 상대가 정말 문제인 경우도 있지만, 또한 내 자신이 문제인 경우도 많다. 특히 매사에 다른 사람이 잘못되었다고 생각하는 사람은 자기 안에 독선과 편협이 없는지 따져봐야 한다.

그런 성찰 없이 함부로 말하고, 쉽게 분노하고, 자기주장만 고집부리면 객관성을 잃어버려 관계 회복이 더욱 어려워진다. 우리는 모두 연약하고 죄 많은 인간일 뿐이다. 자기 자신을 먼저 돌아보는 겸손과 지혜가 있어야 한다. "어찌하여 형제의 눈 속에 있는 티는 보고 네 눈 속에 있는 들보는 깨닫지 못하느냐"(마 7:3)

둘째로 긍휼의 마음으로 이해하라. 제1차 세계대전을 배경으로 한 영화 〈서부 전선 이상 없다〉를 보면 양측 군인이 서로 대치하는 장면이 나온다. 그 긴장되는 순간에 폴 버머라는 사람이 적을 향해 겨눈 총을 거두며 일어나 이렇게 절규한다.

"친구여, 나는 그대들을 죽이고 싶지 않소. 당신들의 어머니는 내 어머니와 같이 자식을 전쟁터에 보내놓고 가슴 태우고 있는 한 어머니가 아니 겠소. (중략) 우리가 어떻게 적일 수 있소. 우리는 한 인간이오. 우리는 서로 불쌍한 인간이오. 그리고 우리는 서로 죄인이오." 그러자 그 소리를 듣던 적국 병사도 총부리를 내려놓고 서로 얼싸안는다.

이렇게 서로를 긍휼의 마음으로 바라보면 누구나 이해할 수 있고, 용서의 실마리를 찾을 수 있다. 그러니 용서가 어려울 땐 주님께 긍휼과 이해의 마음을 구하라. "마지막으로 말하노니 너희가 다 마음을 같이하여 동정하며 형제를 사랑하며 불쌍히 여기며 겸손하며 악을 악으로, 욕을 욕으로 갚지 말고 도리어 복을 빌라 이를 위하여 너희가 부르심을 받았으니 이는 복을 이어받게 하려 하심이라"(벧전 3:8-9)

셋째로 십자가를 의지하며 기도하라. 십자가를 바라볼 때 나의 죄를 용서하기 위해 피 흘려 돌아가신 예수님을 발견하게 된다. 그 은혜에 감격하게 된다. 그 사랑이 내 안에 임하게 된다. 자연스럽게 상대를 용서할 수 있는 마음의 여유와 능력이 일어난다.

따라서 누군가를 용서하기 힘들 때, 품어주기 어려울 때, 그를 먼저 바라보면 안 된다. 무엇보다 십자가를 바라보라. 십자가를 의지하며 기도하면 내 안에 계시는 그리스도의 영 성령으로 인하여 남을 용서하고 사랑할 수 있는 은혜가 임할 것이다.

"사랑의 주님이 날 사랑하시네. 내 모습 이대로 받으셨네. 사랑의 주님이 날 사랑하듯이 나도 너를 사랑하며 섬기리."

넷째로 믿음으로 무조건 용서를 시도하라. 남을 용서하고 사랑하라는 말씀은 우리의 감정이나 의지와 상관없이 주어진 하나님의 명령이다. 상대를 용서할 마음이 없어도, 상대가 사랑받을 자격이 없어도 그렇게 해야 하는 것이다.

때로는 '마음 없이 행동하는 것은 가식 아닌가'라는 의문이 들기도 한다. 그런 마귀의 속삭임에 속지 말라. 이것은 결코 가식이 아니다. 도리어 연약한 나 자신을 이기고 하나님의 명령에 순종하는 것이다. 언제나 하나님의 명령은 우선적으로 순종해야 한다. 용서하고픈 마음이 없어도 먼저 믿음으로 사랑을 고백하고 실천하는 것이다. 그러면 하나님께서 용서할 수 있는 마음과 능력을 부어 주실 것이다.

살아있는 동안 한 번이라도 더

인생의 막바지에 이른 사람들에게서 자주 보는 두 가지 모습이 있다. 바로 회개와 용서이다. 일평생 마음에 담아 두었던 것을 떠날 때가 되어서야 내려놓는 것이다. 회개와 용서 없이는 평안하게 죽음도 맞이할 수 없다. 천국에 들어가 영생을 누릴 수 없다. 더구나 사는 동안 행복하지 않다. 그런데도 죽음에 이르러서야 겨우 회개하고 용서하는 것은 참 안타까운 일이다. 진작 했으면 더 일찍 평안하고 더 일찍 자유하고 더 일찍 행복했을 텐데 말이다.

이제 더 이상 미루지 말자. 오늘 회개하고 오늘 용서하자. 이는 다른 누군가가 아니라 바로 나 자신을 위한 일이며, 오늘 우리의 삶을 행복으로 빚어가는 하나님의 명령이다.

찬미의 기도를 바치게 하소서.

살아 있을 때 이웃에게 한번이라도 더

따스한 격려의 말과 웃음을 주게 하소서.

(중략)

남이 몰라주어도 즐거울 수 있는 조그만 선행과 봉사를

한번이라도 더 겸손하게 실천하는 용기를 주소서.

_이해인, '하루가 평화롭게 하소서' 중에서

제
8
일
밤
의
기
도

하나님 아버지,
십자가 대속의 은혜를 믿고 죄 사함 받아
하나님 자녀로 평안을 누리며 살게 하시니
감사와 찬양을 올려드립니다.

그러나 우리 안의 죄성으로 인하여
이웃에게 거친 말을 하고 악을 행하면서도
용서를 구하거나 사과하지 않는 우리의 완악함을
오 키리에 엘레이손 주여, 용서하소서.

또 나에게 잘못한 이웃을 향해
미움과 원한을 품지 않게 하소서.
예수 십자가를 바라보며
용서하라 사랑하라는 주님의 말씀에 순종하여
무조건 용서하게 하소서.

오 파라클레토스 성령이시여,
내게 믿음을 더하셔서
날마다 평안과 자유로 가득한 복된 삶을 누리게 하소서.

예수님의 이름으로 기도합니다. 아멘.

9

악에서 승리하는 행복

"우리를 시험에 빠지지 않게 하시고
악에서 구하소서"

인생은 시험의 연속이다. 날마다 여러 가지 시험이 계속적으로 우리를 찾아온다. 물질 문제, 자녀 문제, 가정 문제, 건강 문제, 관계 문제, 신앙 문제 등 마치 지뢰밭을 걷는 것과 같은 형국이다. 언제 어디서 시험의 지뢰가 꽝하고 터질지 모른다. 다윗의 표현대로 "사망의 음침한 골짜기"(시 23:4)를 다니고 있는 것이다.

이런 시험 가득한 인생을 살면서 우리는 얄팍한 인간의 해결책이 아니라 본질적인 해답을 구해야 한다. 무엇으로 인생 시험을 이기고 승리할 수 있는가? 바로 기도이다. 곧 예수님께서 가르쳐주신 주기도로 인생 모든 시험을 이기고 참 행복을 누리는 것이다.

"일용할 양식"을 구함으로 오늘 넉넉한 자족을 누리게 된다. "죄 사함"을 구함으로 어제의 허물로부터 평안을 누리게 된다. 그리고 "시험에서의 보호"를 구함으로 내일을 대비하며 거룩을 누리게 된다. 이렇듯 주기도는 우리의 과거 현재 미래를 책임지는 완전한 기도요, 인생 모든 것으로부터 승리하는 비결이다.

시험에 대한 성경적 이해

예수님께서는 험악한 세상을 살아가는 제자들에게 시험과 악으로부터 보호받기를 간구하라고 말씀하셨다. "우리를 시험에 빠지지 않게 하시고 악에서 구하소서." 이는 시험에 관한 세 가지 이해를 전제하고 있다.

첫째로 누구든지 시험에 빠질 수 있다. 시험은 보편적이다. 인생을 살아가는 누구나 시험을 당할 수 있다. 우리 모두가 시험을 당하며 살아간다. 세상에 시험을 당하지 않는 사람은 단 한 사람도 없다. 그러므로 자기 과신을 버리고 할 수 있는 대로 시험을 당하지 않도록 깨어 기도해야 한다.

"근신하라 깨어라 너희 대적 마귀가 우는 사자 같이 두루 다니며 삼킬 자를 찾나니"(벧전 5:8)

특히 신앙 공동체의 지도자들이 시험에 들지 않도록 깨어 기도해야 한다. 그들이 시험 당하면 먼저는 하나님의 이름이 모독을 받기 때문이요, 또한 교회에 큰 악영향을 주기 때문이다. 따라서 공동체의 리더들은 늘 기도해야 하며, 우리는 그들을 위해 중보해야 한다. 그들의 강건함이 교회의 평안이며, 나의 평안이다(딤전 2:2).

둘째로 시험은 예방할 수 있다. 신앙을 지키며 세상을 거슬러 살아가다 보면 자연스레 시험을 당하게 된다. 그러나 더 많은 경우 자신의 연약함으로 당하지 않아도 될 시험을 자초하기도 한다. 따라서 믿음을 붙들고 성경의 가르침대로 살면 상당수의 시험은 당하지 않을 수 있다. 시험을 예방할 수 있는 몇 가지 방법을 소개해본다.

하나, 범사에 감사하라. 감사는 영혼의 보약이다. 심령이 감사로 강건해지면 시험은 왔다가도 슬며시 사라진다. 마치 육신이 건강하면 감기가 왔다가도 금세 사라지는 것과 같다. 그러니 감사함으로 속사람이 늘 강건케 되기를 구하라(엡 3:16). 감사로 내 속이 강건해지면 시험을 예방하며 설령 왔더라도 금방 떠나갈 것이다.

둘, 빛의 자녀답게 살라. 유유상종(類類相從)이란 말이 있다. 사람은 서로 비슷한 동류끼리 오가며 사귄다는 뜻이다. 어둠이 있는 곳에는 어둠의 자녀들이 몰리는 법이다. 흔히들 시험 당했다, 속았다고 하는데 사실은 당한 것이 아니다. 생각해보라. 오히려 내 안에 시험 거리들을 가득 지고 살았던 것은 아닌가? 이미 내 주변이 시험 당할 만한 환경과 상황으로 조성된 것은 아닌가? 오늘의 실패와 시험 당함을 무조건 사람 탓, 환경 탓해선 안 된다. 내 스스로 강건해져야 한다. 이제라도 어둠의 옛 생활을 확실히 청산하고 빛으로 나오라. 빛의 자녀로 살면 어두움은 사라지고 영화롭게 찬란한 인생이 시작될 것이다.

"너희가 전에는 어둠이더니 이제는 주 안에서 빛이라 빛의 자녀들처럼 행하라 빛의 열매는 모든 착함과 의로움과 진실함에 있느니라"(엡 5:8-9)

셋, 시험에 들지 않게 기도하라. 복음서에는 예수님께서 십자가 고난을 앞두고 제자들(베드로, 야고보, 요한)과 함께 겟세마네 동산을 찾으신 이야기가 나온다. 예수님은 그들에게 부탁하셨다(마 26:35-42). "내가 저기 가서 기도하는 동안에 나와 함께 깨어 있으라." 그러나 그들은 피곤하여 잠에 빠져든다. "너희가 나와 함께 깨어있을 수 없더냐"라고 나무라신 주님은 다시 그들에게 부탁하셨다. "시험에 들지 않게 깨어 기도하라." 그런 뒤 십자가를 앞두고 더욱 간절히 기도하셨다.

"예수께서 힘쓰고 애써 더욱 간절히 기도하시니 땀이 땅에 떨어지는 핏방울 같이 되더라."(눅 22:44)

결국 어떻게 되었는가? 땀이 피가 되도록 기도하신 주님은 인류 역사상 가장 큰 시험 환난에도 사명을 완수하셨지만, 잠에 빠진 제자들은 닥쳐온 시험에 넘어지고 주님을 배반했다.

이는 제자들만의 이야기가 아니다. 시험은 누구에게나 온다. 세상 사는 동안 우리는 계속 시험을 당할 것이다. 큰 일, 중요한 일, 어려운 일, 복되는 일을 앞두고 시험이 올 수도 있다. 그러나 두려워하지 말라. 시험은 얼마든지 예방할 수 있고 약화시킬 수 있고 이길 수 있다. 범사에 감사하라. 빛의 자녀답게 행하라. 무엇보다 기도하라.

"적은 기도라도 마귀의 큰 시험을 이긴다."_마틴 루터

셋째로 시험은 축복의 과정이다. 시험은 가능한 피해야 한다. 그러나 이미 당한 시험은 넉넉히 이기며 축복의 과정으로 삼아야 한다. 하나님께서 시험 거리들을 세상에 두신 것은 그 고난으로 인하여 오히려 우리를 유익하게 인도하시기 위함이다. 곧 시험을 통해서 우리가 복을 받고 굳센 믿음의 사람으로 성숙하게 되는 것이다.

"내 형제들아 너희가 여러 가지 시험을 당하거든 온전히 기쁘게 여기라 이는 너희 믿음의 시련이 인내를 만들어 내는 줄 너희가 앎이라 인내를 온전히 이루라 이는 너희로 온전하고 구비하여 조금도 부족함이 없게 하려 함이라"(약 1:2-4)

그러므로 어차피 당해야 할 시험이라면, 이미 당하는 시험이라면 믿음으로 용기 있게 맞서라. 믿음으로 찬송하고, 믿음으로 기도하며 담대히 감

당하는 것이다(마 26:30).

우리는 이겨놓고 싸운다

조선 시대 최고의 모사를 꼽는다면 단연 한명회를 들 수 있다. 그는 당대 왕의 장인이었고, 최고의 관직을 지냈으며, 많은 이들이 따랐던 사람이었다. 말년에 그는 유자광의 도전을 받아 주변 지인들로부터 염려를 받았는데 그때 이렇게 말했다고 한다. "난 언제나 지는 싸움은 안 해!"

우리는 날마다 무수한 시험거리들로부터 도전을 받는다. 개중에는 이 시험의 고통으로 인하여 신음하거나 억장이 무너진 이들도 있을 것이다. 그러나 분명한 것은 그리스도인은 언제든 지는 싸움은 안 한다는 사실이다.

승리의 주 예수 그리스도께서 십자가와 부활로 이미 다 이겨놓으셨다. 우리에게는 승리의 교본 성경이 있고, 승리의 공동체 교회가 있다. 또 날마다 예수의 이름으로 기도하고, 순간마다 함께 하시는 보혜사 성령께서 도우신다. 그러니 질래야 질 수가 없다. 믿음의 싸움은 승리가 약속된 싸움이다. 이김이 보증된 싸움이다. 성령께서 우리와 동행하시며 모든 시험을 넉넉히 이기게 하실 것이다. 그러니 한 가지만 기억하라. "우리는 이미 승리했다!" 이렇게 확신하며 믿음으로 살면 날마다 시험을 이기고 승리하는 인생이 될 것이다.

"이것을 너희에게 이르는 것은 너희로 내 안에서 평안을 누리게 하려 함이라 세상에서는 너희가 환난을 당하나 담대하라 내가 세상을 이기었노라"(요 16:33)

제 9 일 밤 의 기 도

하나님 아버지,
오늘도 시험 많은 세상에 살면서
아주 넘어지지 않고 다시 일어나 하루를 살게 하셨으니
그 은혜로 인하여 감사와 찬양을 드립니다.

오 파라클레토스 성령이시여,
피해야 할 시험은 피하게 하시고
당해야 할 고난이라면 믿음으로 잘 견디게 하소서.
보다 온전하고, 보다 강건한 하나님의 사람으로
성숙해지는 전화위복의 기회가 되게 하소서.

이미 승리하신 주님께서 우리에게 승리를 약속하셨으니
어떤 시험과 환난도 두려워하지 않게 하소서.
늘 깨어 말씀과 기도로 성령을 좇아 행하게 하시어
모든 시험과 악에서 넉넉히 이기게 하소서.

예수님의 이름으로 기도합니다. 아멘.

10

기도한 대로 살아가는 행복

"나라와 권능과 영광이 영원히 아버지의 것입니다 아멘"

구함의 법칙에 대해 들어보았는가? 누구나 인생은 구하는 대로 이루어져 간다는 의미를 담고 있다. 이에 따르면 오늘은 어제 구함의 결과이고, 내일은 오늘 구함의 결과이다. 즉 날마다 무엇을 구하며 사느냐가 그의 인생을 결정하는 것이다. 문득 시대의 지성이라 불리던 한 석학이 노년에 남겼던 고백이 생각난다.

"지금 이 순간 내 인생을 되돌아보니 나는 실패했습니다. 무엇보다 동행자가 없었습니다. 가까이 지낸 모든 사람이 경쟁자였고, 심지어 가족들까지도 진실로 사랑하지 못했습니다. 나는 작은 명예와 학문은 얻었는지 모르지만 사랑의 실패자요, 인생의 실패자입니다."

이렇듯 진정으로 구해야 할 것을 구하지 않으면 그 많은 것을 이뤄도 인생은 허무해지고 만다. 소위 '성공한 실패자'가 되고 마는 것이다. 이는 세상 최고의 부와 명성을 구하고 누렸던 솔로몬도 마찬가지였다. 그는 자신의 생을 돌아보며 "헛되고 헛되며 헛되고 헛되니 모든 것이 헛되도다"(전 1:2)라고 탄식했다. 시대의 석학도, 부요한 왕도 이럴진대 하물며 평범한 우리는 어떠하겠는가? 그러므로 우리는 인생을 위해 무엇을 구해야 할지를 바로 알아야 한다. 그로 인하여 인생의 행복과 성패가 결정되기 때문이다.

나라와 권능과 영광이 영원히

주기도는 인간이 구해야 할 가장 중요한 내용이 무엇인지, 무엇부터 구하며 살아야 하는지를 가르쳐준다. 인생 가장 필요하고 중요한 내용이 여기 다 들어 있다. 그러므로 누구든 참된 인생을 살고 싶다면 주기도로 기도하라. 그러면 참으로 행복하고 위대한 삶을 살게 될 것이다. 지금까지 살펴본 주기도는 크게 네 부분으로 나눌 수 있다.

먼저 기도의 대상이다. "하늘에 계신 우리 아버지." 기도는 막연한 대상이 아니라 그 기도를 받으시고, 들으시고, 응답하시는 하나님께 하는 것이다. 그분은 하늘에 계신 창조주로서 예수 그리스도를 통해 우리를 구원하셨고, 날마다 동행하시며 기도에 응답하시는 우리 아버지이시다.

다음은 하나님을 향한 간구이다. "아버지의 이름을 거룩하게 하시며 아버지의 나라가 오게 하시며, 아버지의 뜻이 하늘에서와 같이 땅에서도 이루어지게 하소서." 하나님의 자녀는 누구나 아버지의 이름과 나라와 뜻을 위해 기도한다. 이는 하나님께서 이루실 뿐만 아니라 우리 또한 믿음과 사랑으로 함께 이루어가야 할 사명이요, 비전이다.

그 다음은 인간을 향한 간구이다. "오늘 우리에게 일용할 양식을 주시고, 우리가 우리에게 잘못한 사람을 용서하여 준 것 같이 우리 죄를 용서하여 주시고, 우리를 시험에 빠지지 않게 하시고 악에서 구하소서." 이는 우리의 생존과 행복을 위한 절대적 조건이다. 곧 자족하고 평안하고 거룩하게 살게 하는 기도인 것이다.

이처럼 사람이 사람답게, 그리고 하나님의 자녀답게 살아가려면 먼저 인생의 목적과 사명이 분명해야 하고, 그 다음 오늘 자족하며 평안하고 거룩하게 생활해야 한다. 이것이 바로 주기도의 핵심적인 간구의 내용이다.

그리고 끝으로 송영이다. "나라와 권능과 영광이 영원히 아버지의 것입니다. 아멘." 송영은 하나님께 감사하고 찬송하며 영광을 돌리는 것이다. 주기도를 송영으로 마치는 것은 다음의 세 가지 의미가 있다.

첫째로 우리 기도의 목적이 무엇인지 알려준다. 기도의 궁극적 목적은 우리의 필요나 소원을 이루는 것이 아니다. 먼저 아버지 하나님을 높이고 찬양하기 위함이다. 송영은 인간의 욕심과 욕망을 물리치고 정직과 순복으로 하나님 앞에 서게 한다. 이처럼 하나님을 찬양하고 높이고 정직한 마음으로(시 51:10-12) 나아가면 하나님께는 영광이요 우리에게는 평화가 이루어진다. 그래서 언제나 기도의 마지막은 하나님을 높이는 찬송을 드려야 하는 것이다. "나라와 권능과 영광이 영원히 아버지의 것입니다!"

둘째로 우리 기도의 근거가 무엇인지 알려준다. 세상의 부조리와 죄악 속에도 우리는 왜 계속 기도할 수 있는가? 무엇이 우리를 기도하게 하는가? 모든 것이 변해도 변하지 않는 한 분 하나님이 계시기 때문이다. 하나님께서는 지금도 살아계셔서 기도를 듣고 응답하신다. 이를 믿기에 세상의 상황이나 여건에 좌우되지 않고 우리는 기도할 수 있는 것이다. 그래서 겸손하게 나라와 권능과 영광이 영원히 아버지의 것임을 선언하는 것이다.

셋째로 우리 기도의 능력이 무엇인지 알려준다. 신앙생활을 하다보면 누구나 낙심할 때가 있다. 인간의 죄성과 연약함 때문에, 때로는 공동체의 분열과 허물 때문에 절망하기도 한다. "이같이 못난 내가 어떻게 이 땅에 하나님 나라를 일구며, 이같이 부족한 우리가 어떻게 교회다운 교회를 이룬단 말인가?"

그러나 기도를 포기해서는 안 된다. 왜냐하면 이 모든 일은 우리에게 달린 것이 아니기 때문이다. 주기도는 우리의 의심과 불신을 물리친다. 나라와 권능과 영광이 영원히 아버지의 것이기에 기쁨과 소망을 품고 끝까지 간구할 수 있는 것이다.

이제 우리가 주기도로 기도하고, 주기도로 산다면 어떤 경우에도 복되고 잘되고 형통하게 될 것이다. 모든 나라와 권능과 영광이 영원히 아버지의 것이기 때문이다. 또 우리 가정이 주기도로 기도하고, 주기도로 산다면 평안하고 넉넉한 복된 가문이 될 것이다. 모든 나라와 권능과 영광이 영원히 아버지의 것이기 때문이다. 이 땅의 교회와 성도들이 주기도로 기도하고 주기도로 산다면 이 땅에 푸르고 푸른 하나님의 나라 선진 한국, 통일 한국, 선교 한국이 될 것이다. 모든 나라와 권능과 영광이 영원히 아버지의 것이기 때문이다.

아멘 이후가 중요하다

우리는 이 모든 간구를 "아멘"으로 마친다. 아멘은 기도한 내용에 믿음, 충성, 헌신의 뜻을 담아 드리는 마지막 확인 도장과 같다. 기도한 대로 믿기를, 기도한 대로 살기를 결단하는 것이다. 더 이상 이론의 여지는 없다. 아멘 했으면 나라와 권능과 영광의 주인이신 아버지께서 그 선하신 뜻대로 이루어 가실 것이다. 우리가 비록 연약하고 부족한 존재일지라도, 아멘 한 대로 신실하게 살면 바로 나를 통하여 이 땅에 하나님의 이름이 거룩하여지고, 하나님 나라와 뜻이 이루어지게 될 것이다.

17세기 프랑스에 위대한 군인이 되길 꿈꾸는 니콜라 에르망(Nicholas Herman)이라는 사람이 있었다. 그런데 전쟁 중 부상을 입는 바람에 꿈을 포기하고 한 수도원에 들어가 수사가 되었다. 수도원 주방에서 청소와 부엌일을 하는 것이 처음엔 맘에 들지 않았으나 예배 중 은혜를 경험하고 주어진 상황에 '아멘' 하기로 결단한다.

이후 그는 아멘 한 대로 하나님을 사랑하고 섬기는 일을 인생의 목적으로 삼고 부엌일을 감당했다. 그러면서 매일 일상에서 체험한 하나님의 임재 경험을 주변인들에게 편지로 나누며 살았다. 세상을 떠난 뒤 그는 로렌스형제라는 이름으로 알려졌으며 그가 했던 말과 편지는 『하나님의 임재 연습』이란 책으로 묶여 전세계 크리스천에게 영감을 주는 기독교 고전 중 하나가 되었다.

이처럼 아멘 이후가 중요하다. 오늘 당신도 기도하며 아멘 했는가? 이제 기도한 대로 이뤄질 줄 믿어야 한다. 믿음을 가지고 고백한 대로 살아야 한다. 그리할 때 신실하신 하나님 아버지께서 그 기도를 들으시고 응답하실 뿐 아니라, 반드시 그 인생을 돌보시며 책임져 주실 것이다.

"주님의 음성을 들을 수 있도록 겸손한 마음을 주옵소서. 주님을 섬길 수 있도록 사랑을 더하여 주옵소서. 주님을 섬길 수 있도록 믿음을 주옵소서. 나를 위하여 몸 바치신 주님, 저도 주님께 '아멘'으로 살아가겠습니다."

_다그 함마르셸드(Dag Hammarskjold)

제 10 일 밤 의 기 도

하나님 아버지,
주기도를 통하여 우리가
무엇을 구하며 살아야 하는지 가르쳐주셔서
복되고 위대한 인생을 살게 하시니 감사합니다.

주기도로 기도할 때
세상이 어떠하든 우리의 기도가 응답될 것을 믿습니다.
나라와 권세와 영광이 영원히 아버지의 것이기 때문입니다.

때때로 낙심하고 절망도 하겠지만
완전히 쓰러지지 않고 다시 일어나 기도하기를 다짐합니다.
나라와 권세와 영광이 영원히 아버지의 것임을 믿기 때문입니다.

오 파라클레토스 성령이시여,
날마다 우리가 주기도의 삶을 살게 하셔서
언제나 어디서나 주의 나라 주의 뜻 이루어지게 하소서.
'아멘' 했으면 그대로 살아내도록 겸손과 사랑과 믿음을 더하소서.

예수님의 이름으로 기도합니다. 아멘.

나를 즐기렴

지금 나는 40년 목회 여정을 마무리하는 중이다. 이제껏 걸어온 길을 되돌아보니 가진 것 없어 고생한 적은 많았어도, 무언가를 어렵다고 느낀 적은 별로 없었다. 그런데 막상 사역을 마감하고 은퇴하려니 어려운 일 아닌 것이 없다. 아름답게 퇴장하기란 얼마나 어려운지 순간순간 섭섭한 일, 아쉬운 일, 두려운 일, 막막한 일들이 파도처럼 나를 덮쳐온다.

감사하게도 이 와중에 '쉬지 않는 기도'가 나를 살렸다. 때마다 시마다 요동하지 않도록 나를 지켜주었다. 만일 이 기도를 몰랐다면 어땠을까? 그야말로 주님께서 나를 위해 베풀어 주신 놀라운 은혜요, 축복이었다. 이 기도로 말미암아 나는 잠깐 근심하더라도 이내 회복하여 오랜 평안과 감사를 누리게 되었다. 얼마나 한량없는 은혜인지….

처음에는 나 역시 쉬지 않고 기도하는 것이 가능할지 몰랐다. 그저 막연히 목사로서 기도하는 사람이 되고자 바라왔을 뿐이다. 그렇게 갈망하고 묵상하던 중에 번뜩 생각이 떠올랐다. 성령의 지혜가 임하여 세 번의 정시기도와 네 마디 항시기도로 끊임없이 하나님을 바라보게 된 것이다.

- 정시기도　　　사도신경으로 드리는 아침의 기도

　　　　　　　　십계명으로 드리는 정오의 기도

　　　　　　　　주기도로 드리는 밤의 기도

- 항시기도　　　"오, 키리에 엘레이손."

　　　　　　　　"오, 하나님 아버지."

　　　　　　　　"오, 예수 그리스도."

　　　　　　　　"오, 파라클레토스."

　다년간 이 정시기도와 항시기도를 묵상하고, 강의하고, 훈련하고, 반복하고, 보완하면서 이제는 나만이 아니라 모든 크리스천이 누릴 만한 좋은 '기도의 틀'이 되었다는 확신이 든다. 다른 누구보다 내 자신부터 이 쉬지 않는 기도를 통해 일상의 매순간 하나님을 바라보고 의식하며 행동하게 되었다. 그 후로 모든 것이 기쁨과 감사의 제목들이다.

　평생을 짓눌러오던 기도의 부담에서 벗어났다. 언제 어디서나 기도하게 되었다. 심지어 실수와 죄 가운데서도 바로 그 자리에서 기도하게 되었다. 말을 많이 안 해도 더 깊은 기도, 오랜 기도, 풍성한 기도를 하게 되었다.

　성경적으로 균형 있는 신앙을 갖게 되었다. 그리스도로 충만하여 하나님의 부요와 풍성을 얻게 되었다. 이로 인해 죄의 유혹에 쉽게 빠지지 않게 되었다. 어떤 상황이든 평안을 누리게 되었다. 주님의 성품을 닮아가는 매력 있고 강건한 사람이 되었다. 영감과 지혜로 매순간 주의 뜻에 민감하게 반응하게 되었다. 내 능력보다 백배나 더 귀하게 쓰임 받게 되었다. 날마다 하나님과 동행하는 임마누엘 구원을 보고 누리며 놀라게 되었다. 이 것이 바로 쉬지 않는 기도의 은혜이다. 할렐루야!

그럼에도 여전히 많은 이들이 기도에 힘겨워하는 것을 본다. 분주한 일상에 떠밀리고, 기도의 부담에 시달리고, 훈련의 부족으로 인하여 점점 더 기도와 멀어지는 것이다. 그런 이들에게 다시 한 번 이야기하고 싶다. 기도는 어떤 거창한 일이 아니다. 기도는 사랑이다. 하나님과의 친밀한 사 귐을 나누는 것이다. 사랑하는 사람을 떠올리듯 하나님을 생각하고, 사랑 하는 사람과 함께 하듯 하나님과 동행하는 것이다. 그렇게 매순간 하나님 을 누리고 즐기며 사는 것, 이것이 쉬지 않는 기도이다.

이제 비로소 진정한 기독교가 무엇인지 퍼즐이 완성되어 간다. 하나님 아버지, 그리스도 예수, 그리스도의 영 성령, 그리고 그 안에서 누리는 동 행, 평안, 자유, 기쁨, 감사, 환희, 승리 등 실로 어마어마한 은혜가 이미 우 리 안에 차고 넘친다. 쉬지 않는 기도로 그것을 꺼내어 누리기만 하면 된 다. 자, 이제 다시 시작이다. 쉬지 않는 기도를 통하여 날마다 주님과 사귀 며 그분을 즐기자.

당신 입에서 나온 두 마디가
내 삶을 바꾸었어요.
"나를 즐기렴."
(중략)
기도의 밤 후에

그분이 노래하실 때

그분은 내 삶을 바꾸셨어요.

"나를 즐기렴."

『기도』 오강남 저, 김영사

『기도의 삶』 아빌라의 성 테레사, 이상원 역, 크리스천다이제스트

『기도의 원 그리기』 마크 배터슨 저, 안정임 역, 더드림

『기도의 정석』 조기연 저, 대한기독교서회

『리처드 포스터 기도』 리처드 포스터 저, 송준인 역, 두란노

『마틴 루터의 기도』 마틴 루터 저, 유재덕 역, 브니엘

『매튜헨리 기도』 매튜 헨리 저, 김동완 역, 복있는사람

『사귐의 기도』 김영봉 저, IVP

『스펄전의 기도 레슨』 찰스 스펄전 저, 유재덕 역, 샘솟는기쁨

『시대를 바꾼 존 웨슬리의 기도』 존 웨슬리 저, 강선규 역, NCD

『잔느 귀용의 친밀한 기도』 잔느 귀용 저, 김진선 역, 두란노

『칼빈의 기도론』 존 칼빈 저, 원광연 역, 크리스천다이제스트

『프랭크 루박의 기도일기』 프랭크 루박 저, 배응준 역, 규장

『필로칼리아』 1~5권, 니코디모스 외 저, 엄성옥 역, 은성

『5만 번 응답 받은 뮬러의 기도 비밀』 홍일권 저, 생명의말씀사

『사도신경』 제임스 패커 저, 김진웅 역, 아바서원

『사도신경 해설』 칼 바르트 저, 신경수 역, 크리스천다이제스트

『칼 바르트가 읽은 주의 기도 사도신조』 칼 바르트 저, 최영 역, 다산글방

『강영안 교수의 십계명 강의』 강영안 저, IVP

『십계명』 제임스 패커 저, 김진웅 역, 아바서원

『기도』 칼 바르트 저, 오성현 역, 복있는사람

『주기도문』 제임스 패커 저, 김진웅 역, 아바서원

『마르틴 루터 대교리문답』 마틴 루터 저, 최주훈 역, 복있는사람

『하이델베르크 교리문답으로 보는 사도신경 십계명 주기도문』 코르넬리스 프롱크 저, 임정민 역, 그책의사람들

『고통의 문제』 C. S. 루이스 저, 이종태 역, 홍성사

『내 삶을 바꾼 한 구절』 박총 저, 포이에마

『너의 죄를 회개하라』 존 스토트 저, 김명희 역, IVP

『당신의 하나님은 누구인가?』 J. B. 필립스 저, 홍병룡 역, 아바서원

『사귐의 기도를 위한 기도선집』 김영봉 편저, IVP

『사막 교부들의 금언집』 남성현 역, 두란노

『세상을 가슴 뛰게 할 교회』 웨인 코데이로 저, 장택수 역, 예수전도단

『신도의 공동생활』 디트리히 본회퍼 저, 문익환 역, 대한기독교서회

『아일랜드 축복기도』 신현림 편저, 사과꽃

『오스왈드 챔버스와 함께하는 하루』 오스왈드 챔버스 저, 스데반 황 역, 토기장이

『존 웨슬리의 일기』 존 웨슬리 저, 김영운 역, 크리스천다이제스트

『칼 바르트』 에버하르트 부쉬 저, 손성현 역, 복있는사람

『토마스 아 켐피스의 그리스도를 본받아』 토마스 아 켐피스 저, 박동순 역, 두란노

『하나님과 함께하는 하루』 매튜 헨리 저, 김순희 역, 생명의말씀사

『하나님의 사람』 성 버나드 저, 심이석 역, 크리스천다이제스트

『회심의 변질』 알렌 크라이더 저, 박삼종 외 역, 대장간

쉬지 않는
기도 연습

김석년 지음

샘솟는
기쁨

{ 차 례 }

<u>WORKBOOK</u> **쉬지 않는 기도 연습**   비매품

초판 1쇄 인쇄 2020년 2월 06일 / 초판 2쇄 발행 2022년 4월 14일
지은이 김석년 / 발행인 강영란 / 편집 권지연 / 디자인 트리니티 / 마케팅 이진호
펴낸곳 도서출판 샘솟는기쁨
전화 (02)517-2045 / 팩스 (02)517-5125(주문) / 이메일 atfeel@hanmail.net

쉬지 않는 기도 연습

{ 기도문 사용설명서 }

이 워크북은 쉬지 않는 기도를 훈련하기 위해 고안된 기도문 모음
집이다. 기도 생활을 다시 새롭게 시작하고 싶은 사람, 나아가 쉬
지 않고 기도하기를 습득(習得), 터득(攄得), 체득(體得)하기 원하는 다
음의 특별한 태도를 유지할 것을 제안한다.

하나, 먼저 『쉬지 않는 기도』를 한 번 이상 반드시 완독하라.

둘, 이 책을 소지하고 아침, 정오, 밤마다 시간을 정해 정시기도
를 하라.

셋, 정시기도를 처음 시작할 때는 제시된 기도문을 그대로 고
백하라.

넷, 정시기도 사이에 하루 최소 30번 이상 네 마디의 항시기도
를 드려라.

다섯, 주제와 의미를 더 깊이 묵상하길 원할 때 해당 해설을 찾아
다시 정독하라.

여섯, 사도신경, 십계명, 주기도 전문을 고백한 뒤 해당 주제로 기
도하면 더 좋다.

일곱, 잊거나 부득한 사정으로 놓쳤더라도 때에 맞춰 다시 시작
하라.

여덟, 연습 기간 동안 나의 영적, 외적 변화를 간단하게 기록하라.

아홉, 하나님을 향한 사랑으로 언제 어디서나 기도를 시작하라.

열, 일평생 죽는 순간까지 기도자로 살 것을 다짐하라.

"기도는 모든 것을 변화시킨다. 무엇보다 내 자신을, 그리스도를
닮은 존재로 변화시킨다."

day
01

아침의 기도

말씀
나는 주의 힘을 노래하며 아침에 주의 인자하심을
높이 부르오리니 주는 나의 요새이시며 나의 환난
날에 피난처심이니이다 (시 59:16)

찬양
주의 인자는 끝이 없고 그의 자비는 무궁하며
아침마다 새롭고 늘 새로우니
주의 성실이 큼이라 성실하신 주님

샘플 기도
아, 행복한 새날입니다. 감사합니다.
오늘도 하나님의 사랑받은 자로서 자녀답게 살겠습니다.
이 아침, 주님을 향한 나의 신앙을 다시 새롭게 고백합니다.

나는 전능하신 아버지 하나님, 천지의 창조주를 믿습니다.
나는 그의 유일하신 아들, 우리 주 예수 그리스도를 믿습니다.
그는 성령으로 잉태되어 동정녀 마리아에게서 나시고,
본디오 빌라도에게 고난을 받아 십자가에 못박혀 죽으시고,
장사된 지 사흘 만에 죽은 자 가운데서 다시 살아나셨으며,
하늘에 오르시어 전능하신 아버지 하나님 우편에 앉아 계시
다가,
거기로부터 살아있는 자와 죽은 자를 심판하러 오십니다.
나는 성령을 믿으며,
거룩한 공교회와 성도의 교제와 죄를 용서 받는 것과

몸의 부활과 영생을 믿습니다. 아멘.

오 주 하나님, 오늘 하루 언제 어디서나 무엇에든지
신앙고백적 삶을 살게 하시어
오늘도 나로 인하여 주의 나라 주의 뜻 이루어지게 하소서.
예수님의 이름으로 기도합니다. 아멘.

나의 기도

day
01

정오의 기도

말씀

내가 주의 말씀을 지키려고 발을 금하여 모든
악한 길로 가지 아니하였사오며 주께서 나를
가르치셨으므로 내가 주의 규례들에서 떠나지
아니하였나이다 주의 말씀의 맛이 내게 어찌 그리
단지요 내 입에 꿀보다 더 다니이다 주의 법도들로
말미암아 내가 명철하게 되었으므로 모든 거짓 행위를
미워하나이다 주의 말씀은 내 발에 등이요 내 길에
빛이니이다 (시 119:101-105)

찬양

주님 약속하신 말씀 위에서 영원토록 주를 찬송하리라
소리높여 주께 영광 돌리며 약속 믿고 굳게 서리라
굳게 서리 영원하신 말씀 위에 굳게 서리
굳게 서리 그 말씀 위에 굳게 서리라 (찬 546)

샘플 기도

오 하나님 아버지, 우리에게 신실한 사랑의 법도를 베푸셔서
하나님 백성으로 하루하루 살아가게 하시니
감사와 찬양을 올려 드립니다.

오전에도 은혜로 살았습니다. 감사합니다.
그럼에도 때때로 원치 않는 실수와 죄를 범했으니
키리에 엘레이손, 나를 불쌍히 여기소서.

이제 오후 시간도 하나님 자녀로 합당하게 살기 원합니다.

나를 도우소서.

하나님 외에 다른 신을 섬기지 않겠습니다.
우상을 섬기지 않겠습니다.
하나님의 이름을 망령되게 하지 않겠습니다.
주일을 기억하여 거룩히 준비하겠습니다.
부모님을 공경하겠습니다. 살인하지 않겠습니다.
간음하지 않겠습니다. 도둑질하지 않겠습니다.
거짓말하지 않겠습니다. 탐욕하지 않겠습니다.

오 주 하나님, 내 힘으로 불가하오니 십자가 사랑을 부어주셔서
남은 하루도 저로 인하여 주의 나라 주의 뜻 이루어지게 하소서.

예수님의 이름으로 기도합니다. 아멘.

나의 기도

day
01

🌙

밤의 기도

말씀
또 기도할 때에 이방인과 같이 중언부언하지 말라
그들은 말을 많이 하여야 들으실 줄 생각하느니라
그러므로 그들을 본받지 말라 구하기 전에
너희에게 있어야 할 것을 하나님 너희 아버지께서
아시느니라 (마 6:7-8)

찬양
기도하는 이 시간 주께 무릎 꿇고
우리 구세주 앞에 다 나아가네
믿음으로 나가면 주가 보살피사
크신 은혜를 주네 거기 기쁨 있네
기도 시간에 복을 주시네
곤한 내 마음 속에 기쁨 충만하네 (찬 361)

샘플 기도
오늘도 은혜로 살았습니다.
감사합니다.
이 하루 주께서 행하신 모든 일에
찬양과 영광을 돌립니다.

주님 뜻대로 살기에도 부족한 하루임에도
나의 연약함으로 실수한 것 많사오니,
키리에 엘레이손, 주여 나를 긍휼히 여기소서.
이 밤에 주께서 친히 가르쳐주신 기도로 간구하오니 받으시옵
소서.

하늘에 계신 우리 아버지,
아버지의 이름을 거룩하게 하시며
아버지의 나라가 오게 하시며,
아버지의 뜻이 하늘에서와 같이 땅에서도 이루어지게 하소서.
오늘 우리에게 일용할 양식을 주시고,
우리가 우리에게 잘못한 사람을 용서하여 준 것 같이
우리 죄를 용서하여 주시고,
우리를 시험에 빠지지 않게 하시고 악에서 구하소서.
나라와 권능과 영광이 영원히 아버지의 것입니다. 아멘.

오 주 하나님, 우리의 힘으로 불가하오니
보혜사 성령의 능력으로
이 밤에도 주의 나라 주의 뜻 이루어지게 하소서.

예수님의 이름으로 기도합니다. 아멘.

나의 기도

....

....

....

....

....

....

day 02

말씀

너의 하나님 여호와가 너의 가운데에 계시니 그는
구원을 베푸실 전능자이시라 (습 3:17)

아침의 기도

찬양

좋으신 하나님
좋으신 하나님
참 좋으신 나의 하나님

샘플 기도

오 하나님 아버지,
사도들로부터 전승된 신앙고백을 통하여
성부 성자 성령 삼위일체 하나님을 마음으로 믿고
입으로 고백하게 하시니 감사와 찬양을 드립니다.

스스로 계시는 전능하신 하나님,
여호와 주만이 하나님이고, 구원자이십니다.
평생에 오직 여호와만을 높이고 찬양하며 섬기고자 하오니
오늘 이 아침, 나의 찬양과 경배와 인생을 받으시옵소서.

오, 파라클레토스 성령이시여
날마다 아버지 하나님과 더 친밀하게 지내는 자녀 되게 하소서.
먼저 하나님을 구하고 하나님만을 섬기며 범사에 감사하게 하

소서.
고난 중에도 하나님을 더욱 신뢰하고,
매사에 구별된 하나님 자녀로서 거룩하게 살게 하소서.

성부 성자 성령 삼위일체 하나님
세세무궁토록 영광을 받으소서!

예수님의 이름으로 기도합니다. 아멘.

나의 기도

day 02

정오의 기도

말씀

이스라엘아 들으라 우리 하나님 여호와는 오직 유일한
여호와이시니 너는 마음을 다하고 뜻을 다하고 힘을
다하여 네 하나님 여호와를 사랑하라(신 6:4-5)

찬양

나 무엇과도 주님을 바꾸지 않으리
다른 어떤 은혜 구하지 않으리
오직 주님만이 내 삶에 도움이시니
주의 얼굴 보기 원합니다
주님 사랑해요 온 맘과 정성 다해
하나님의 신실한 친구되기 원합니다

샘플 기도

하나님 아버지,
이 세상 창조자요 구원자이신 여호와 하나님을
비천한 우리에게 계시해주시니
오직 주님께 찬양과 영광을 올려 드립니다.

오직 여호와만이 하나님이시고,
우리 예배의 대상이십니다.
사는 날 동안 하나님만을 높이고 경배하게 하소서.
마음과 뜻과 힘과 목숨을 다해 하나님만 사랑하길 원하오니,
오 성령이시여, 나에게 계시의 영을 더하여 주옵소서.

내 모든 것을 아낌없이 하나님께 드리오니
내 인생을 주관하시고
내 마음을 새롭게 하셔서
날마다 평안과 환희에 찬 구원의 노래가 울리게 하소서.
나와 내 집은 오직 하나님만 섬기겠습니다.

예수님의 이름으로 기도합니다. 아멘.

나의 기도

day
02

밤의 기도

말씀

이같이 너희 빛이 사람 앞에 비치게 하여 그들로 너희
착한 행실을 보고 하늘에 계신 너희 아버지께 영광을
돌리게 하라 (마 5:16)

찬양

아버지 사랑합니다
아버지 경배합니다
아버지 채워 주소서
당신의 사랑으로

샘플 기도

전능하신 창조주 하나님
본질상 진노의 자녀인 우리를 구원하시고
친밀한 아바 아버지가 되어주심에
감사와 찬양을 올려드립니다.

주께서 아버지이시니 나는 두렵지 않습니다.
부족하지 않습니다.
염려하지 않습니다.
아버지께서 언제든 선하고 복되게 인도하심을 믿습니다.

하나님 아버지,
내게 은혜를 주사 하나님을 더 알게 하시고

아버지를 닮은 성품으로 무엇에든 선하고 의롭고 진실하게 행
하여
하나님을 영화롭게 하는 거룩한 자녀로 살게 하소서.

하늘에 계신 우리 아버지여,
자녀들을 성령 안에서 하나 되게 하시고,
이 땅 모든 자들이 하나님을 아버지로 부르는
그날이 속히 오도록 우리를 빛의 자녀로 사용하여 주소서.

예수님의 이름으로 기도합니다. 아멘.

나의 기도

day 03

말씀

이는 만물이 주에게서 나오고 주로 말미암고 주에게로
돌아감이라 그에게 영광이 세세에 있을지어다 아멘
(롬 11:36)

아침의 기도

찬양

주 하나님 지으신 모든 세계 내 마음 속에 그리어 볼 때
하늘의 별 울려퍼지는 뇌성 주님의 권능 우주에 찼네
주님의 높고 위대하심을 내 영혼이 찬양하네
주님의 높고 위대하심을 내 영혼이 찬양하네 (찬 79)

샘플 기도

하나님 아버지,
존재의 근원이시고, 창조주이시며, 역사의 주관자이신 주님께
찬양과 경배와 영광을 드립니다.
인생의 제일원리는 창조주 하나님을 믿고 섬기는 것이니
먼저 신령과 진정으로 예배하는 자가 되게 하소서.

오 주 하나님, 나만의 부르심의 사명을 발견하게 하시어
천천히 꾸준히 즐기면서 주님과 함께 그 길 가게 하소서.
때때로 이해할 수 없는 고난이 있을지라도
모든 것을 합하여 선으로 이끄시는 하나님의 섭리를 믿고
더욱 기도로, 감사로, 십자가 사랑으로 살아가도록 이끌어주
소서.

보혜사 성령이시여,
우리의 눈과 귀를 열어 만물의 탄식소리를 듣게 하시며
믿음으로 마음으로 행동으로 응답하게 하소서.
생각은 크게 하고, 나부터, 할 수 있는 것부터,
작은 것부터, 바로 지금 행하게 하시어
저로 인하여 주의 나라 주의 뜻이 바로 서게 하소서.

만물이 다 주께로부터 나오고, 주께로 돌아감이니
세세무궁토록 영광을 받으시옵소서.

예수님의 이름으로 기도합니다. 아멘.

나의 기도

day
03

정오의 기도

너를 위하여 새긴 우상을 만들지 말고 또 위로 하늘에 있는 것이나 아래로 땅에 있는 것이나 땅 아래 물 속에 있는 것의 어떤 형상도 만들지 말며 그것들에게 절하지 말며 그것들을 섬기지 말라

말씀
아버지께 참되게 예배하는 자들은 영과 진리로 예배할 때가 오나니 곧 이 때라 아버지께서는 자기에게 이렇게 예배하는 자들을 찾으시느니라 하나님은 영이시니 예배하는 자가 영과 진리로 예배할지니라 (요 4:23-24)

찬양
완전하신 나의 주 의의 길로 날 인도하소서
행하신 모든 일 주님의 영광 다 경배합니다
예배합니다 찬양합니다 주님만 날 다스리소서
예배합니다 찬양합니다 주님 홀로 높임 받으소서

샘플 기도
하나님 아버지,
우리를 사랑하사 독생자 예수 그리스도를 보내시고
성령으로 믿어 하나님 자녀를 삼아 주셔서
자유와 풍성을 누리게 하시니 감사와 찬양을 드립니다.

그럼에도 욕심과 교만에 눈이 가려 좋으신 하나님을
우상으로 바꾸며 살았던 우리의 무지함을 용서하소서.
오 성령이시여,

하나님을 축소하는 불신의 우상에서
하나님을 대체하는 혼합의 우상에서
하나님을 이용하는 미신의 우상에서 우리를 지켜주소서.

이제는 우상에서 완전히 떠나 하나님만 바르게 예배하기 원합니다.
하나님은 영이시니 영과 진리로 예배하기 원합니다.
이 마음 이 결단 지켜주셔서 자손대대 형통한 자로 삼으시고
언제든 주의 나라 주의 교회를 위해 사용하여 주소서.

예수님의 이름으로 기도합니다. 아멘.

나의 기도

day 03

밤의 기도

말씀

만일 누가 말하려면 하나님의 말씀을 하는 것 같이
하고 누가 봉사하려면 하나님이 공급하시는 힘으로
하는 것 같이 하라 이는 범사에 예수 그리스도로
말미암아 하나님이 영광을 받으시게 하려 함이니
그에게 영광과 권능이 세세에 무궁하도록 있느니라
아멘 (벧전 4:11)

찬양

약할 때 강함 되시네 나의 보배가 되신 주 주 나의 모든 것
주 안에 있는 보물을 나는 포기할 수 없네 주 나의 모든 것
예수 어린양 존귀한 이름 예수 어린양 존귀한 이름

샘플 기도

하나님 아버지,
예수 놀라운 그 이름을 계시해 주셔서
그 이름으로 우리가 하나님을 알고 구원을 얻어
하나님 자녀로 풍성한 삶을 살게 하시니 감사합니다.

거룩하신 하나님 아버지,
나로 인해 주의 이름이 거룩해지기 원합니다.
언제나 먼저 예배드림으로 주의 이름이 거룩해지기 원합니다.
그리스도의 교회가 세워지므로 주의 이름이 거룩해지기 원합니다.
우리의 거룩한 삶을 통하여 주의 이름이 거룩해지기 원합니다.

언제 어디서나 무엇에든지 사랑받는 자, 칭찬받는 자로 살아
나로 인하여 주의 나라 주의 뜻이 이루어지며
주의 이름이 높임 받기를 원합니다.
세세무궁토록 주님의 이름만 영광을 받으소서.

예수님의 이름으로 기도합니다. 아멘.

나의 기도

day
04

나는 그의 유일하신 아들, 우리 주 예수 그리스도를
믿습니다

말씀
주는 그리스도시요 살아 계신 하나님의
아들이시니이다 (마 16:16)

아침의 기도

찬양
예수 우리 왕이여 이곳에 오소서
보좌로 주여 임하사 찬양을 받아 주소서
주님을 찬양하오니 주님을 경배하오니
왕이신 예수여 오셔서 좌정하사 다스리소서

샘플 기도

오 하나님 아버지,
성자 예수님을 세상에 보내셔서
그리스도 나의 주로 믿게 하시고
하나님 자녀로 구원받게 하시니 감사와 찬양과 영광을 돌립니다.

예수님은 그리스도 나의 주 하나님이십니다.
날마다 더욱 주의 이름을 높이고 찬양하며 전하기 원합니다.
언제 어디서나 무엇에든지 신앙고백적 삶을 살고자 하오니
성령이시여, 절대 불변하는 강한 믿음을 더하시옵소서.

삶이 고달플지라도 예수 그리스도 나의 주님을 진실로 믿어
어떤 시련과 환난도 넉넉히 이기는 구원을 보게 하소서.

오 주 하나님, 뜨겁게 믿는 자 되게 하소서.
큰 믿음, 산 믿음, 오직 믿음의 사람으로 날마다 일어나게 하소서.

예수, 나의 주 그리스도 하나님
주님 밖에는 나의 복이 없나이다.

예수님의 이름으로 기도합니다. 아멘.

나의 기도

너는 네 하나님 여호와의 이름을 망령되게 부르지 말라

day
04

정오의 기도

말씀
왕이신 나의 하나님이여 내가 주를 높이고 영원히
주의 이름을 송축하리이다 내가 날마다 주를 송축하며
영원히 주의 이름을 송축하리이다 (시 145:1-2)

찬양
왕이신 나의 하나님 내가 주를 높이고
영원히 주의 이름을 송축하리이다

샘플 기도
하나님 아버지,
천지에 있는 이름 중 가장 귀한 주의 이름을 계시해주셔서
우리가 날마다 하나님을 알고 믿게 하시니
그 은혜에 찬양과 영광을 올려드립니다.

예수 그 이름을 믿고 죄 사함 받아 하나님 자녀 되게 하시고,
예수 그 이름으로 기도하여 응답받게 하심도 감사합니다.

그럼에도 때로는 주의 이름을 망령되이 하였음을 자백합니다.
하나님의 이름을 높이는 예배에 힘을 다하지 않았고,
함부로 욕되이 주의 이름을 부르기도 했으며
하나님 자녀답게 경건하고 바르게 살지 못해
그 이름 욕되게 하였으니

키리에 엘레이손, 주여 나를 불쌍히 여기소서.

이제는 무엇에든지 주의 이름만을 높이고
찬양하며 살고자 하오니, 성령이시여 도우소서.
오직 하나님만 영화롭게 하고, 주 안에서 즐거이 살겠나이다.

예수님의 이름으로 기도합니다. 아멘.

나의 기도

_____

_____

_____

_____

_____

_____

_____

_____

_____

_____

_____

_____

day 04

밤의 기도

말씀
하나님의 나라는 먹는 것과 마시는 것이 아니요 오직
성령 안에 있는 의와 평강과 희락이라 (롬 14:17)

찬양
내 영혼이 은총 입어 중한 죄짐 벗고 보니
슬픔 많은 이 세상도 천국으로 화하도다
할렐루야 찬양하세 내 모든 죄 사함받고
주 예수와 동행하니 그 어디나 하늘나라 (찬 438)

샘플 기도
하나님 아버지,
독생자 예수께서 임마누엘로 세상에 오셔서
이 땅에 하나님 나라가 임하게 하시니 감사합니다.

예수를 나의 주 그리스도로 믿고
주님의 완전한 다스림을 받아서
우리 가운데 의와 평강과 희락이 넘치는
하나님 나라가 이루어지게 하소서.

그럼에도 이 땅 곳곳은
여전히 어둠과 죄악으로 가득합니다.
주여 성령으로 권능을 받고 증인이 되어
지금 여기부터 땅끝까지 교회를 세워가며

온 땅에 하나님 나라를 비추어가도록 나를 사용하소서.

오 성령이시여, 충만히 임하시옵소서.
마라나타 주 예수여, 어서 오시옵소서.

예수님의 이름으로 기도합니다. 아멘.

나의 기도

27

그는 성령으로 잉태되어 동정녀 마리아에게서 나시고

day 05

말씀

보라 처녀가 잉태하여 아들을 낳을 것이요 그 이름은
임마누엘이라 하리라 (마 1:23)

아침의 기도

찬양

슬픈 마음 있는 사람 예수 이름 믿으면
영원토록 변함없는 기쁜 마음 얻으리
예수의 이름은 세상의 소망이요
예수의 이름은 천국의 기쁨일세 (찬 91)

샘플 기도

성부 성자 성령 삼위일체 하나님,
성부 하나님의 계획하심과
성령 하나님의 개입하심 가운데
성자 하나님께서 마리아에게 성육신하셔서
우리 가운데 찾아오셨음에 감사와 찬양과 영광을 드립니다.

하나님의 본체이심에도 하나님과 동등 됨을 취하지 아니하시고
오히려 자기를 비우고 낮추어 인간의 몸으로 세상에 오신
예수님의 복종과 겸손을 진정 닮고 싶습니다.
오 성령이시여, 내 안에 겸손한 마음 가난한 심령을 허락하소서.

하나님께서 우리와 함께하심이 세상 가장 좋은 것인 줄 믿고
오늘도 주님의 사랑 가운데 거하면서

무엇에든지 주님께 묻고, 주님께 배우며, 주님을 따르는
임마누엘의 하루가 되게 하소서.
날마다 더욱 겸손히 오직 그리스도만 따르게 하소서.

예수님의 이름으로 기도합니다. 아멘.

나의 기도

day
05

정오의 기도

말씀
이는 엿새 동안에 나 여호와가 하늘과 땅과 바다와
그 가운데 모든 것을 만들고 일곱째 날에 쉬었음이라
그러므로 나 여호와가 안식일을 복되게 하여 그 날을
거룩하게 하였느니라 (출 20:11)

찬양
나는 하나님을 예배하는 예배자입니다
내가 서 있는 곳 어디서나 하나님을 예배합니다
내 영혼 거룩한 은혜를 향하여
내 마음 완전한 하나님 향하여
이곳에서 바로 이 시간 하나님을 예배합니다

샘플 기도
하나님 아버지,
한 날을 택하여 주의 날로 정하시고
우리가 그날을 구별하여 복을 얻게 하시니
구원의 경륜과 섭리에 찬양과 영광을 돌립니다.

그러나 주의 날을 거룩히 지키라는 말씀에
온전히 순종하지 못할 때가 많음을 자백하오니
키리에 엘레이손, 주여 긍휼히 여겨주소서.

주의 날은 거룩한 날,

온전히 하나님만 예배하기 원합니다.
주의 날은 안식의 날,
성령의 임재 가운데 모두가 평안하기 원합니다.
주의 날은 복 받는 날,
예수 임마누엘 구원으로 기뻐하길 원합니다.

이제 평생토록 주일을 거룩히 지키며
신령과 진정으로 예배할 것을 마음에 확정하였사오니
성령이시여, 주일의 은혜가 매일의 일상으로 이어져
주의 나라 주의 뜻을 이루는 삶의 예배도 드리게 하소서.

예수님의 이름으로 기도합니다. 아멘.

나의 기도

....

....

....

....

....

....

....

....

day
05

밤의 기도

아버지의 뜻이 하늘에서와 같이 땅에서도 이루어지게
하소서

말씀
마리아가 이르되 주의 여종이오니 말씀대로 내게
이루어지이다 하매 천사가 떠나가니라(눅 1:38)

찬양
내 주여 뜻대로 행하시옵소서
온 몸과 영혼을 다 주께 드리니
이 세상 고락간 주 인도하시고
날 주관하셔서 뜻대로 하소서(찬 549)

샘플 기도
하나님 아버지,
죽을 수밖에 없는 무지한 죄인에게
하나님을 알려 주시고 주의 뜻 구하며 살게 하시니
감사와 찬양을 올려드립니다.

아버지의 뜻이 하늘에서 이루어진 것 같이
이 땅에서도 이루어지길 원합니다.
내가 알지 못하는 하나님의 뜻을 구하기보다
이미 알고 있는 하나님의 뜻을 이루어가게 하소서.

때때로 이해할 수 없는 일을 만날지라도
하나님 아버지께서 선하신 줄 믿고

이삭처럼 마리아처럼 즐겨 순복하게 하셔서
이 땅에 주의 뜻, 하나님 나라가 온전히 이루어지게 하소서.

내 힘으로 불가하오니, 오 성령이시여
십자가 사랑을 부어주셔서
언제든 하나님의 뜻에 순종 복종하게 하소서.
살든지 죽든지 날 주관하셔서 뜻대로 하소서.

예수님의 이름으로 기도합니다. 아멘.

나의 기도

day
06

아침의 기도

본디오 빌라도에게 고난을 받아 십자가에 못 박혀 죽으시고

말씀
우리가 아직 죄인 되었을 때에 그리스도께서 우리를 위하여 죽으심으로 하나님께서 우리에 대한 자기의 사랑을 확증하셨느니라 (롬 5:8)

찬양
나 같은 죄인 살리신 주 은혜 놀라워 잃었던 생명 찾았고 광명을 얻었네 (찬 305)

샘플 기도

오 하나님 아버지,
예수 그리스도께서 세상에 오셔서
숱한 고난을 당하시고 십자가에 죽으신 그 은혜를 믿음으로
우리가 의롭다함을 받고 하나님 자녀가 되었으니
온 생애를 다해 감사와 찬양을 올립니다.

그러나 여전히 내 안에는 나라는 가시가 너무나 많아
나와 내 이웃들을 마구 찔러 고통 받고 있사오니
키리에 엘레이손, 나를 불쌍히 여기소서.
날마다 나는 죽고 내 안에 사시는 그리스도로 살게 하소서.

오 성령 하나님이시여,
내 안에 사시는 그리스도와 함께 그리스도를 따라

더 용감하게 신앙고백하게 하소서.
더 진실하게 기도하게 하소서.
더 기쁨과 감사로 살아가게 하소서.
더 뜨겁게 사랑하게 하소서.

십자가 은혜를 힘입어 오늘 다시 시작하오니
주여 매사에 나와 동행하소서.

예수님의 이름으로 기도합니다. 아멘.

나의 기도

네 부모를 공경하라

day
06

정오의 기도

말씀
자녀들아 주 안에서 너희 부모에게 순종하라 이것이
옳으니라 (엡 6:1)

찬양
사철에 봄바람 불어 있고 하나님 아버지 모셨으니
믿음의 반석도 든든하다 우리집 즐거운 동산이라
고마워라 임마누엘 예수만 섬기는 우리집
고마워라 임마누엘 복되고 즐거운 하루하루 (찬 559)

샘플 기도

하나님 아버지,
부모님을 통하여 이 세상에 왔고,
그 사랑의 수고로 자라 장성한 사람이 되어
하나님 자녀로 오늘을 살고 있으니 은혜요 감사입니다.

부모님을 공경하는 것이 마땅한 도리임에도
이런 저런 핑계를 대며 효도하지 못했으니
키리에 엘레이손, 주여 용서해주소서.

오 성령이시여, 부모가 하나님의 대리인임을 깨달아
형편에 상관없이 존경과 감사를 표하게 하시고
힘을 다해 봉양할 수 있도록 우리를 인도하소서.

부모님뿐 아니라 주변의 어르신들과
또 복음으로 나를 낳고 양육해준
영혼의 목자에게도 사랑과 존경을 표하며
함께 주의 나라 주의 교회를 세워가게 하소서.

오 주여,
부모님과 나, 목자와 나, 우리의 만남이
언제나 의와 희락과 화평이 넘치는 천국이 되게 하소서.

예수님의 이름으로 기도합니다. 아멘.

나의 기도

day
06

밤의 기도

말씀
예수께서 이르시되 나는 생명의 떡이니 내게 오는
자는 결코 주리지 아니할 터이요 나를 믿는 자는
영원히 목마르지 아니하리라 (요 6:35)

찬양
우물가의 여인처럼 난 구했네 헛되고 헛된 것들을
그때 주님 하신 말씀 내 샘에 와 생수를 마셔라
오 주님 채우소서 나의 잔을 높이 듭니다
하늘 양식 내게 채워주소서 넘치도록 채워주소서 (찬 93)

샘플 기도
하나님 아버지
우리를 자녀 삼으시고
날마다 일용할 양식으로 먹여주심에 감사합니다.

그러나 우리는 어리석게도
그 양식에 자족하거나 감사하지 않고 불평하며
도리어 근심하고 욕심내고 다투었으니
키리에 엘레이손, 주여 긍휼히 여기시고 용서하소서.

오, 생명의 떡이신 그리스도시여
날마다 우리를 영혼의 양식인 말씀으로 풍성케 하소서.
주어진 환경에 자족하고 범사에 감사하며

오늘 행복한 하늘의 부요자로 살게 하소서.

그리하여 주께서 내게 주신 그 은혜를
가난한 자, 소외된 이웃들과 나누게 하셔서
그날의 오병이어 기적이 오늘 이곳에 일어남을 보게 하소서.

예수님의 이름으로 기도합니다. 아멘.

나의 기도

day
07

아침의 기도

장사된 지 사흘만에 죽은 자 가운데서 다시
살아나셨으며

말씀
사망아 너의 승리가 어디 있느냐 사망아 네가 쏘는
것이 어디 있느냐 우리 주 예수 그리스도로 말미암아
우리에게 승리를 주시는 하나님께 감사하노니 (고전
15:55,57)

찬양
주 하나님 독생자 예수 날 위하여 오시었네
내 모든 죄 다 사하시고 죽음에서 부활하신 나의 구세주
살아계신 주 나의 참된 소망 걱정 근심 전혀 없네
사랑의 주 내 갈 길 인도하니 내 모든 삶의 기쁨 늘
충만하네

샘플 기도
영광의 주 아버지 하나님,
그리스도께서 부활하셔서 세상을 이기는 놀라운 권능을
교회에 주셨음에 감사와 찬양을 올려드립니다.
이 땅의 교회가 죄와 죽음에 매인 이들에게
예수 부활의 생명과 승리를 힘 있게 선포하고 전하게 하소서.

오늘 우리 앞에 놓인 어떤 과업이든
부활하신 주님께서 맡기신 일로 알아
상하(上下), 귀천(貴賤), 가능 여부를 따지지 말고

40

감사와 충실로 감당하게 하소서.

성령 하나님이시여, 나의 눈을 여셔서
지금 나와 함께 하시는 그리스도를 보게 하소서.
무엇에든지 기도로 감사로 주님과 동행하게 하셔서
이 땅에 의와 평강, 희락의 하나님 나라가 세워지게 하소서.

나는 날마다 죽고 내 안에 사시는 그리스도로 인하여
새 힘을 얻어 오늘 하루 무엇이든 넉넉히 이기게 하소서.

예수님의 이름으로 기도합니다. 아멘.

나의 기도

살인하지 말라

day
07

정오의 기도

말씀
둘째는 이것이니 네 이웃을 네 자신과 같이 사랑하라
하신 것이라 이보다 더 큰 계명이 없느니라 (막 12:31)

찬양
네 맘과 정성을 다하여서 주 너의 하나님을 사랑하라
네 몸을 아끼고 사랑하듯 형제와 이웃을 사랑하라
주께서 우리게 명하시니 그 명령 따라서 살아가리
(찬 218)

샘플 기도
하나님 아버지,
독생자 예수 그리스도께서 십자가에서 죽으셔서
본래 죽었어야 할 나를 살리시고
귀한 자녀 삼아주셨으니 감사와 찬양을 드립니다.

나뿐 아니라 모든 이웃들이 이런 사랑을 받은
귀하고 존엄한 존재이건만
그동안 내 몸처럼 사랑하고 섬기지 못했음을 용서하소서.

오 주여, 내 안의 분노 시기 증오를 소멸시켜 주시고,
곤고한 날 극단적인 생각에서 지켜주소서.
온 세상 피조물의 탄식소리를 듣게 하시어
오늘 내가 할 수 있는 일부터 회복을 실천하게 하소서.

이웃에 대해 무례히 행하지 않게 하시며
소자의 영혼을 실족시키지 않도록 마음과 입술에 지혜를 주소서.

모든 생명이 영원히 주의 것이오니
오 성령이시여, 항상 두렵고 떨림으로 그들을 섬기게 하시고
나로 인해 주의 나라 주의 교회가 더욱 든든히 서게 하소서.

예수님의 이름으로 기도합니다. 아멘.

나의 기도

day
07

밤의 기도

말씀
이르시되 때가 찼고 하나님의 나라가 가까이 왔으니
회개하고 복음을 믿으라 하시더라(막 1:15)

찬양
보혈을 지나 하나님 품으로 보혈을 지나 아버지 품으로
보혈을 지나 하나님 품으로 한 걸음씩 나가네
존귀한 주 보혈이 내 영을 새롭게 하시네
존귀한 주 보혈이 내 영을 새롭게 하네

샘플 기도

하나님 아버지,
우리가 예수 십자가 대속을 믿음으로
죄를 용서 받고 의롭다 함을 얻어
하나님의 자녀 되게 하심을 감사합니다.

오 주 하나님,
저희는 의인인 동시에 죄인임을 고백합니다.
하지 말아야 할 계명을 범한 허물 많은 죄인입니다.
해야 할 선한 일을 하지 못한 부덕한 죄인입니다.
유혹을 이기지 못하고 반복해서 죄에 빠지는 연약한 죄인입니다.

키리에 엘레이손, 우리를 불쌍히 여기소서.
날마다 진실로 회개하게 하시며

십자가 보혈로 정결케 하사 거룩하게 살게 하소서.

오 파라클레토스 성령이시여
이제는 십자가 은혜를 힘입어
우리의 심령이 새로워지고, 믿음의 심지가 굳어져서
날마다 죄를 이기고 승리하게 하소서.

예수님의 이름으로 기도합니다. 아멘.

나의 기도

day
08

아침의 기도

하늘에 오르시어 전능하신 아버지 하나님 우편에
앉아 계시다가 거기로부터 살아있는 자와 죽은 자를
심판하러 오십니다

말씀

주께서 호령과 천사장의 소리와 하나님의 나팔
소리로 친히 하늘로부터 강림하시리니 그리스도
안에서 죽은 자들이 먼저 일어나고 그 후에 우리 살아
남은 자들도 그들과 함께 구름 속으로 끌어 올려
공중에서 주를 영접하게 하시리니 그리하여 우리가
항상 주와 함께 있으리라 (살전 4:16-17)

찬양

주님 다시 오실 때까지 나는 이 길을 가리라 좁은 문
좁은 길 나의 십자가 지고
나의 가는 이 길 끝에서 나는 주님을 보리라 영광의
내 주님 나를 맞아 주시리
주님 다시 오실 때까지 나는 일어나 달려가리라
주의 영광 온 땅 덮을 때 나는 일어나 노래하리
내 사모하는 주님 온 세상 구주시라 내 사모하는 주님
영광의 왕이시라

샘플 기도

하나님 아버지,
우리 주 예수 그리스도께서 승천하시어
우리에게 보혜사 성령을 보내시고,
하늘에 거하는 영광의 소망을 주시며,

46

지금도 우리를 위해 하나님 우편에서 간구해주시니
감사와 찬양을 올려드립니다.

다시 오겠다고 약속하신 그리스도시여,
마지막 그날 이 땅에 이루어질 하나님 나라를 소망하며
오늘 하루 준비하는 마음으로 살고자 합니다.
순결한 신부로서 더욱 거룩하게 하소서.
선한 청지기로서 더욱 성실하게 하소서.
신실한 천국 시민으로서 더욱 신앙으로 살게 하소서.

오 보혜사 성령이시여,
오늘 먼저 해야 할 일이 무엇인지 알게 하시고
게으름 피우거나 핑계하지 않게 하시며
주신 일 무엇이든 바로 지금 즐겨 행하게 하소서.
마라나타, 주 예수여 어서 오시옵소서.

예수님의 이름으로 기도합니다. 아멘.

나의 기도

_____

_____

_____

_____

_____

day
08

정오의 기도

말씀

음행을 피하라 사람이 범하는 죄마다 몸 밖에
있거니와 음행하는 자는 자기 몸에 죄를 범하느니라

(고전 6:18)

찬양

나 이제 주님의 새 생명 얻은 몸
옛것은 지나고 새 사람 이로다
그 생명 내 맘에 강같이 흐르고
그 사랑 내게서 해같이 빛난다
영생을 누리며 주 안에 살리라
오늘도 내일도 주 함께 살리라 (찬 436)

샘플 기도

하나님 아버지!
우리가 허물과 죄악 가운데 살아감에도 불구하고
오래도록 참으시고, 다시 돌아오기를 기다려 주시니
그 크신 사랑과 은혜에 감사드립니다.

내 안에 음란과 간음이 있음을 자백하오니
오, 키리에 엘레이손 주여 나를 긍휼히 여기소서.
예수 그리스도의 십자가 대속을 믿고 의지하오니
주의 보혈로 나의 죄를 사하시고 깨끗하게 하소서.

이제 음란한 것을 보지 아니하며,
더러운 말을 하지 아니하고,
죄 짓는 기회는 멀리하며,
매사를 살피시는 하나님을 경외하고,
주의 말씀을 사모하며 살고자 하오니
성령이시여, 순간마다 나를 붙들어주소서.

오 주여, 내 속에 정한 마음을 창조하시고
정직한 영으로 새롭게 하소서.
언제 어디서든 빛과 같이 신선하고 밝게 살아가게 하소서.

예수님의 이름으로 기도합니다. 아멘.

나의 기도

day
08

밤의 기도

말씀

누가 누구에게 불만이 있거든 서로 용납하여 피차
용서하되 주께서 너희를 용서하신 것 같이 너희도
그리하고 (골 3:13)

찬양

사랑의 주님이 날 사랑하시네
내 모습 이대로 받으셨네
사랑의 주님이 날 사랑하듯이
나도 너를 사랑하며 섬기리

샘플 기도

하나님 아버지,
십자가 대속의 은혜를 믿고 죄 사함 받아
하나님 자녀로 평안을 누리며 살게 하시니
감사와 찬양을 올려드립니다.

그러나 우리 안의 죄성으로 인하여
이웃에게 거친 말을 하고 악을 행하면서도
용서를 구하거나 사과하지 않는 우리의 완악함을
오 키리에 엘레이손 주여, 용서하소서.

또 나에게 잘못한 이웃을 향해
미움과 원한을 품지 않게 하소서.

예수 십자가를 바라보며
용서하라 사랑하라는 주님의 말씀에 순종하여
무조건 용서하게 하소서.

오 파라클레토스 성령이시여,
내게 믿음을 더하셔서
날마다 평안과 자유로 가득한 복된 삶을 누리게 하소서.

예수님의 이름으로 기도합니다. 아멘.

나의 기도

day 09

아침의 기도

나는 성령을 믿으며
거룩한 공교회와 성도의 교제와 죄를 용서 받는 것과

말씀
무릇 하나님의 영으로 인도함을 받는 사람은 곧
하나님의 아들이라 (롬 8:14)

찬양
허무한 시절 지날 때 깊은 한숨 내쉴 때
그런 풍경 보시며 탄식하는 분 있네
고아 같이 너희를 버려두지 않으리
내가 너희와 영원히 함께 하리라
성령이 오셨네 성령이 오셨네
내 주의 보내신 성령이 오셨네
우리 인생 가운데 친히 찾아오셔서
그 나라 꿈꾸게 하시네

샘플 기도
전능하신 아버지 하나님,
죄인 된 우리에게 성령을 보내셔서
예수 그리스도를 믿게 하시고,
진리로 인도하여 주시니 감사와 찬양을 올립니다.

우리를 그리스도의 몸으로 이끄신 보혜사 성령이시여,
우리가 한 형제자매로서 공교회성을 회복케 하소서.
그리스도 안에서 성도의 교제를 누리며
서로의 잘못과 허물을 용서하고 보듬어

하나님 기뻐하시는 바로 그 교회
세상의 희망이 되는 바로 그 교회
대를 이어 복 받는 바로 그 교회를 세워가게 하소서.

진리의 영 성령이시여,
우리 안에 거하심에 감사합니다.
사랑합니다.
가난한 마음으로 기다리오니 충만하게 임하소서.

이제 성령으로 말미암아 회개하고 용서하여 저로 인하여
이 땅에 그리스도의 나라와 그 뜻이 이루어지게 하소서.

예수님의 이름으로 기도합니다. 아멘.

나의 기도

....

....

....

....

....

....

....

....

....

....

....

....

day
09

정오의 기도

도둑질하지 말라
네 이웃에 대하여 거짓 증거하지 말라

말씀
각각 은사를 받은 대로 하나님의 여러 가지 은혜를
맡은 선한 청지기같이 서로 봉사하라(벧전 4:10)

찬양
나의 죄를 정케 하사 주의 일꾼 삼으신
구세주의 넓은 사랑 항상 찬송합니다
나를 일꾼 삼으신 주 크신 능력 주시고
언제든지 주 뜻대로 사용하여 주소서(찬 320)

샘플 기도
하나님 아버지,
우리를 주의 청지기로 삼아주시고
많은 것을 맡겨주셔서
아버지의 풍성을 누리며 살게 하시니 감사합니다.

그러나 종종 청지기의 본분을 잃고
탐욕과 거짓에 눈이 멀어
악한 일을 자행했음을 참회합니다.

세상에 살면서 이런 저런 도둑질을 하였고,
주께서 주신 소중한 시간과 은사를 허비했으며,
마땅히 드려야 할 십일조를 온전히 드리지 못했습니다.

또 거짓과 험담으로 이웃에게 상처를 주었으며
공동체의 화평과 질서를 깨뜨렸으니
오 키리에 엘레이손, 크신 은혜로 용서를 베푸소서.

이제 무엇에든지 감사하고 자족하며 살기 원합니다.
진실한 말, 온화한 말, 감사의 말을 하며 살기 원합니다.
오 보혜사 성령이시여, 우리의 맘과 혀를 주장하시어
오늘도 나의 삶과 말로 인하여
주의 나라 주의 뜻 이루어지게 하소서.

예수님의 이름으로 기도합니다. 아멘.

나의 기도

day 09

말씀

내 형제들아 너희가 여러 가지 시험을 당하거든
온전히 기쁘게 여기라 이는 너희 믿음의 시련이
인내를 만들어 내는 줄 너희가 앎이라 인내를 온전히
이루라 이는 너희로 온전하고 구비하여 조금도
부족함이 없게 하려 함이라 (약 1:2-4)

찬양

너 시험을 당해 죄 짓지 말고 너 용기를 다해 곧 물리치라
너 시험을 이겨 새 힘을 얻고 주 예수를 믿어 늘 승리하라
우리 구주의 힘과 그의 위로를 빌라 주님 네 편에 서서
항상 도우시리 (찬 342)

샘플 기도

하나님 아버지,
오늘도 시험 많은 세상에 살면서
아주 넘어지지 않고 다시 일어나 하루를 살게 하셨으니
그 은혜로 인하여 감사와 찬양을 드립니다.

오 파라클레토스 성령이시여,
피해야 할 시험은 피하게 하시고
당해야 할 고난이라면 믿음으로 잘 견디게 하소서.
보다 온전하고, 보다 강건한 하나님의 사람으로
성숙해지는 전화위복의 기회가 되게 하소서.

이미 승리하신 주님께서 우리에게 승리를 약속하셨으니
어떤 시험과 환난도 두려워하지 않게 하소서.
늘 깨어 말씀과 기도로 성령을 좇아 행하게 하시어
모든 시험과 악에서 넉넉히 이기게 하소서.

예수님의 이름으로 기도합니다. 아멘.

나의 기도

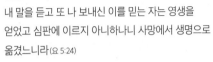

몸의 부활과 영생을 믿습니다
아멘

day
10

아침의 기도

말씀

내 말을 듣고 또 나 보내신 이를 믿는 자는 영생을
얻었고 심판에 이르지 아니하나니 사망에서 생명으로
옮겼느니라 (요 5:24)

찬양

예수 앞에 나오면 죄사함 받으며
주의 품에 안기어 편히 쉬리라
우리 주만 믿으면 모두 구원 얻으며
영생복락 면류관 확실히 받겠네 (찬 287)

샘플 기도

하나님 아버지,
그리스도를 믿는 우리에게 영생을 약속하시고
그날에 예수님처럼 살아날 소망을 주시며
오늘 그 생명을 누리며 살게 하시니 감사와 찬양을 드립니다.

보혜사 성령이시여,
주님의 음성을 들을 수 있도록 겸손한 마음을 주옵소서.
주님을 섬길 수 있도록 사랑의 마음을 더하여 주옵소서.
주님 안에 살 수 있도록 믿음을 주옵소서.

오늘도 심장을 드리는 마음으로 신앙을 고백하고 아멘 했사오니

정직한 마음과 충실한 행동이 뒤따르게 하시어
저로 하여금 제 주변에 하나님 나라와 뜻이 이뤄지게 하소서.
성령 하나님, 사랑합니다. 충만히 임하소서.
언제 어디서나 신앙고백의 삶으로 인도하소서.

예수님의 이름으로 기도합니다. 아멘.

나의 기도

day
10

정오의 기도

말씀
모든 지킬 만한 것 중에 더욱 네 마음을 지키라
생명의 근원이 이에서 남이니라(잠 4:23)

찬양
정결한 마음 주시옵소서 오 주님
정직한 영을 새롭게 하소서
나를 주님 앞에서 멀리하지 마시고
주의 성령을 거두지 마옵소서
그 구원의 기쁨 다시 회복시키시며
변치 않는 맘 내 안에 주소서

샘플 기도
하나님 아버지
예수를 구주로 믿어
우리 안에 하나님의 형상이 회복되고
거룩한 주의 자녀로 살게 하시니 감사합니다.

무엇보다 마음을 지키라고 하셨는데
우리는 그러지 못하여 온갖 탐심에 빠져 살았으니
키리에 엘레이손, 주여 이 죄인을 용서하여 주소서.

우리의 중심을 감찰하시는 성령이시여,
내 안에 어떤 탐심이 있는지 보게 하셔서

정직하게 자백하고 돌이키게 하소서.

이제 매일 말씀으로 기도하고,
무엇에든지 하나님을 경외하며
경건하고 바르게 살고자 하오니
성령이시여, 나를 말씀으로 거룩하게 하소서.

언제 어디서나 하나님 사랑 이웃 사랑으로 살고자 하오니
저로 인해 이 땅에 주의 나라 주의 뜻이 이뤄지게 하소서.

예수님의 이름으로 기도합니다. 아멘.

나의 기도

....

....

....

....

....

....

....

....

....

day 10

밤의 기도

나라와 권능과 영광이 영원히 아버지의 것입니다
아멘

말씀
주의 구원의 즐거움을 내게 회복시켜 주시고 자원하는
심령을 주사 나를 붙드소서 (시 51:12)

찬양
영광을 받으신 만유의 주여 우리가 명령을 따르리다
베푸신 은혜를 감사히 알고 진실한 맘으로 섬기겠네
구주의 은혜 주시는대로 영원히 받들어 섬기겠네
찬송하겠네 찬송하겠네 생명을 주시는 구주로다 (찬 331장)

샘플 기도
하나님 아버지,
주기도를 통하여 우리가
무엇을 구하며 살아야 하는지 가르쳐주셔서
복되고 위대한 인생을 살게 하시니 감사합니다.

주기도로 기도할 때
세상이 어떠하든 우리의 기도가 응답될 것을 믿습니다.
나라와 권세와 영광이 영원히 아버지의 것이기 때문입니다.

때때로 낙심하고 절망도 하겠지만
완전히 쓰러지지 않고 다시 일어나 기도하기를 다짐합니다.
나라와 권세와 영광이 영원히 아버지의 것임을 믿기 때문입니다.

오 파라클레토스 성령이시여,
날마다 우리가 주기도의 삶을 살게 하셔서
언제나 어디서나 주의 나라 주의 뜻 이루어지게 하소서.
'아멘' 했으면 그대로 살아내도록 겸손과 사랑과 믿음을 더하소서.

예수님의 이름으로 기도합니다. 아멘.

나의 기도

네 마디 항시기도

"오, 하나님 아버지." (마 6:9)
"오, 키리에 엘레이손." (눅 18:38)
"오, 파라클레토스." (요 14:16)
"오, 예수 그리스도." (마 1:18)

식사기도

하나님 아버지, 오늘도 밥상을 베풀어 주심에 감사합니다. 모든 것이 은혜입니다. 주님과 함께 먹고 마시는 이 양식으로 인하여 우리의 영·혼·몸이 강건하도록 지켜주소서.

세상에 밥으로 오셔서 우리를 살리신 그리스도시여, 그 밥을 먹고 힘내어 우리도 하나님 사랑, 이웃 사랑으로 살길 원합니다. 언제나 환한 얼굴, 밝은 마음, 굳센 믿음, 충실한 삶으로 이 땅에 하나님 나라를 세우려 합니다. 보혜사 성령이시여, 오늘도 우리를 새롭게 하시고 진리로 인도하소서. 감사로 애찬을 들겠습니다.

예수님 이름으로 기도합니다. 아멘.